记录：澳大利亚华人精英50人

雨萌 著

中国华侨出版社
·北京·

图书在版编目（CIP）数据

记录：澳大利亚华人精英50人 / 雨萌著 .—北京：中国华侨出版社，2024.2

ISBN 978-7-5113-9144-5

Ⅰ.①记… Ⅱ.①雨… Ⅲ.①华人–企业家–事迹–澳大利亚 Ⅳ.①K836.115.38

中国国家版本馆CIP数据核字（2023）第225491号

●记录：澳大利亚华人精英50人

著　　者：	雨　萌
责任编辑：	姜薇薇
经　　销：	新华书店
开　　本：	787毫米×1092毫米　1/16开　　印张：17　　字数：268千字
印　　刷：	天津睿和印艺科技有限公司
版　　次：	2024年2月第1版
印　　次：	2024年2月第1次印刷
书　　号：	ISBN 978-7-5113-9144-5
定　　价：	88.00元

中国华侨出版社　　北京市朝阳区西坝河东里77号楼底商5号　　邮编：100028
发行部：（010）64443051　　　　传　真：（010）64439708
网　　址：www.oveaschin.com　　E-mail：oveaschin@sina.com

如果发现印装质量问题，影响阅读，请与印刷厂联系调换。

推荐序
留在南半球的那些脚印

我捧着雨萌发给我的这本书稿，一半感动，一半敬畏。

这本《记录：澳大利亚华人精英50人》，书名很朴实，像我喜欢的澳大利亚郊外的草地，但文字又有许多飞翔的翅膀，让人想到这个世界依然有诗和远方。

50人，50个故事。50，一个很小的阿拉伯数字，背后是以大洋彼岸为背景的宽银幕大片，一个波澜壮阔的世界。

一个人叫故事。

一批人叫历史。

2016年的一个早晨，在墨尔本圣柯达路，我第一次与雨萌见面，她在晨光里捧着那本《澳中商圈》杂志。她是这本杂志的创始人。

洒在彩色封面上的阳光，桌上咖啡的香味。我一直记得那段极为美妙的时光，还有她语速很快、一脸笑容的风采。

我们在中国的时候，都有一段很长的传媒生涯，见面就像老友重逢。

我开始在《澳中商圈》杂志、微信、网站里读雨萌，读她心中很广远的世界。

记得《澳中商圈》最早的宗旨是用中文报道西方本土人士，用英文报道华人。杂志的封面以澳大利亚著名大企业CEO为主。比如，澳大利亚最大的Seek招聘网站的创始人之一Andrew Bassat先生，他在2008年向中国智联招聘投资2.2亿美元，成为中国智联的大股东。

澳大利亚当年著名的百货零售连锁公司 Target 和 Kmart 的 CEO Guy Russo，也曾经是中国麦当劳的 CEO，他通过《澳中商圈》杂志给予华人创业者很多中肯有益的建议。进军中国市场的著名的 A2 牛奶公司的 CEO Peter Nathan，不仅接受商圈采访，还亲自为商圈论坛站台。

《澳中商圈》在澳中之间架起了一座信息交流的桥梁，对中澳之间的重要交流均予以关注、报道。2018 年，汤臣倍健收购 Life-Space 之前，商圈采访了 Life-Space 益生菌品牌创始人 Craig Silbery；2015 年香港合生元收购澳大利亚著名保健品品牌 Swisse 之后，商圈两度采访不同的 CEO；蒙牛收购贝拉米奶粉品牌之后的产品溯源之旅，商圈也跟踪报道；等等。

《澳中商圈》的目光也一直关注着澳大利亚的华裔企业家。比如澳大利亚家喻户晓的中餐"女皇"——Dim Sum 的品牌传人 Elizabeth Chong，她的爷爷 1853 年来到澳大利亚，她的父亲创立了 Dim Sum 的广东点心品牌；又如年轻时即登上 *Elle Australia* 封面的澳大利亚自媒体女王 Margaret Zhang，她的粉丝达 90 万，后来被《时尚》中国聘任为总编。据说雨萌原本也想将这两位收录在本书中，但是考虑到她们的角色与书中其他人物稍有不同，才决定留在以后介绍。

后来，随着华人企业的蓬勃发展，商圈也越来越多地对华人进行中文报道，而英文部分则开始报道中国最前沿的商业信息，如李子柒、网红经济、哔哩哔哩、拼多多。商圈像鲜花绽放的花园，丰富而多彩。

《澳中商圈》总部在墨尔本，我在悉尼，但我经常在悉尼机场 VIP 休息室、高端餐厅和高尔夫球会所看到这本杂志。近 70 期杂志，无论中英文都是原创，在成本高昂和成熟记者人才极度匮乏的海外，实在是难能可贵。

雨萌像一个拾贝者，把许多闪光的贝壳串联成了项链，在历史长廊里闪烁。这些文章，有一种张力，唤醒生命里生生不息的希望。

疫情中，雨萌告诉我想出一本书，讲述华人精英50人。我相信，雨萌应该是最适合出这本书的人。许多人与我一样，期待能以文字的方式，去阅读这段历史。

我们2022年再次见面的时候，是在悉尼的Porter House酒店咖啡馆，又是6年前我们首次见面的那个场景。咖啡馆里播放的范尼·瓦比奥拉的 *Boulevard* 像是为她唱的。她述说着《记录：澳大利亚华人精英50人》的进展，书里有许多我熟悉的朋友，活跃在澳大利亚的华人实业家、金融家、艺术家。

我们聊起北半球曾经的时光，聊起中国、澳大利亚、西方和东方，关于我们共同经历过的，还有我们所看到和感受到的一切。

当时整个大环境似乎有一些伤感，但华人骨子里的百折不挠，更生出许多动人的故事。回望1818年麦世英来到澳大利亚，成为有历史记载的第一个来澳定居的华人，至今已经超过200年。200多年来，华人在澳大利亚经历了风风雨雨：最早备受压迫的金矿工人，后来白澳时代剩下的几经混血、无法讲中文的、寥寥无几的华人后代，在澳大利亚经历英国化、美国化到20世纪70年代多元文化之后众多从越南等国家来澳的东南亚华裔，以及最近30多年从中国大陆来澳奋斗的华人。

这本书就是在200多年历史底色中，回望澳中建交50多年历程，讲述50位代表人物的故事。雨萌的这本书实在是恰逢其时。

我知道，她在以这种特殊的方式，向一个时代敬礼。

雨萌邀请我为这本书作序。我无法拒绝她的真挚和信任。那个晚上，我捧着厚厚的书稿，阅读着一个个人物、一个个故事，第一次感受到，是几代华人前赴后继的脚步，在南半球这片原本陌生的土地上，印上了浓重的中国印记。

早期华人移民登上澳大利亚这片土地的时候，他们只能去矿场、牧场、农场帮工，后来进入城市生活，又只能成为"三把刀"，以菜刀、剃头刀、剪刀从事餐饮、理发、裁缝这些当时被视为底层的职业。而今天，华人移民活跃在各行各业，不仅高新科技领域有我们的科学家、工程师，在最新的商业领域也活跃着华人创业者的身影。

感谢雨萌，让我先睹了这本《记录：澳大利亚华人精英50人》。这里少了30多年前《北京人在纽约》里撕心裂肺的哭泣，多了中澳融通，全球视野。毕竟时代飞速发展，中国的面貌日新月异，海外移民自然也呈现不同的画卷。

在悉尼市政广场，有一座著名的雕塑《铜帆》，是在悉尼建城150周年时，由时任悉尼市副市长曾筱龙签署设立的，以纪念华人对这座城市的贡献。世界各地的游客，都会在这里阅读华人闯荡天下的故事，这成为乔治大街一道特殊的风景。我想说，是远涉重洋的一代又一代华裔，用他们的热情与勤奋，塑造着华夏子孙的形象。

他们的故事，不应该是一片浮云，而是悠长历史长廊里值得铭记的标签。

雨萌的这本书包括"财富人物""商界精英""青年翘楚"和"华人之光"四部分，这不是文字游戏，而是"50人的大合唱"。以华裔的名义，颂扬不屈的人类精神。

谢谢雨萌。三年心血的采编，让我们可以触摸文字里珍藏的心声，一起从历史的田埂里走出来，沐浴地球村新时代的阳光。

澳大利亚著名企业家、悉尼上海商会名誉会长／许仰东
2023年10月

前言

"你看见我有的过去,我推动你要的未来。"对出身于媒体世家,在中国 10 年、澳大利亚超过 20 年从事媒体工作的我来说,媒体前辈余先生的这句话始终在耳边回响。

媒体人的使命感促使我完成《记录:澳大利亚华人精英 50 人》一书。从最初脑海里萌发创意到最后把 50 人采访全部完成后交给出版社,横跨三年之久。大时代的任何一粒沙都足以影响这本书的进展,感恩的是,随着各方面恢复正常,这本书也如愿顺利出版。

回望 1818 年,有记载的第一个来澳华人麦世英定居澳大利亚距今已逾 200 年;自 1973 年时任澳大利亚总理惠特拉姆(Edward Gough Whitlam)正式访问中国,至今约有 50 年。在撰写本书时,恰又喜闻澳大利亚现任总理安东尼·阿尔巴尼斯(Anthony Albanese)将于 2023 年 11 月 4 日访问中国,这是 2016 年以来澳大利亚总理首次访问中国。这些历史的节点,对中澳关系、在澳华人有重要意义。

因此,中澳关系 50 年,华人精英 50 人,可谓恰逢其时。

2016 年 1 月,《澳中商圈》杂志也应运而生。从来澳读 MBA 到 2002 年开始做报纸、做豪华铜版纸周刊,我始终有一个终极梦想:做一份原创中英双语高端月刊,和澳大利亚主流杂志并驾齐驱地摆放在主流报刊架上,让它能真正代表如今中国新移民的形象。

心心念念，必有回响。在没有强大的财力背景，仅仅靠市场运作的情况下，商圈受到各界的极大认可。两任总理和各大名企 CEO 几乎都登过封面；每期杂志都会出现在总理、各州政府、各大商会和俱乐部的办公室，以及各大高端酒店餐厅、奢侈品店、高尔夫球会所等地。2018 年春节《澳中商圈》主办"预见 2018"高端商业论坛，澳大利亚前总理陆克文到会做主题发言。

然而，新冠疫情袭来，世界按下了暂停键，杂志的运营迅速转向网上：每周网络直播，举办"势不可挡网上峰会""全澳网上直播大赛"。同时在解封的缝隙坚持出版杂志。直到形势恶化的 2021 年，墨尔本封城 6 次，成为当时的"世界第一"。

告别杂志仿佛猝不及防，但大变革的时代也不容留恋。翻开商圈近 70 期杂志，仿佛一个时代的字典，沧海桑田，人来人往。商圈六年来的原创采访记录了无数企业的创业故事，这些故事不仅记录着历史，更激励着人心，这让我萌生了结集出书的想法。

在梳理 6 年里商圈报道过的人物故事时，更是感慨万千。疫情使众人经历了不同变局：有转为低调，艰难转型；有二代接班的；也有试图拨开迷雾寻找方向的；甚至还有破产的或官司缠身的……海外华人创业的足迹，走得绚烂，更走得艰难。

创业并不以成败论英雄，可在诸多因素下，如今书里的人物只有 40% 来自原商圈杂志报道过的人物。同时，因为以"创业澳大利亚"为主基调，科学家、政治人物和社区领袖等并没有选录。另外，对整个澳大利亚华人移民群体来说，50 人也只是浩瀚星辰中的几颗，而且受地域局限，多为来自墨尔本和悉尼的受访者。

当然，我也希望未来"创业澳洲"书籍形成系列，覆盖面更广，声声不息才能生生不息。

《记录：澳大利亚华人精英50人》共分为四部分："财富人物""商界精英""青年翘楚"和"华人之光"。

"财富人物"的主角们都在澳大利亚拥有一定规模的企业。其中祁岳、叶蓓玲和曾君是老移民白手起家的榜样；李卫、廖建君和庄骊是新移民创业的楷模；Jimmy Ye 和 Helen Tarrant 是跟随父母来澳的移二代；Jay Song 和 Michael Mai 是家族传承的模板；Gary Li 和 Bruce Yang 则是留学生创一代的代表。每个人的故事都是一部创业史诗，跌跌撞撞、一波三折，从早期成功到跌入谷底，再从谷底翻身，他们骨子里刻着百折不挠的企业家精神。

"商界精英"则是来自各行各业的新老移民：崔晓兵从事贸易、龚耕从事建筑设计、聂陶锦从事农业、乔艳君从事澳设备和培训输出、杨浩从事生物科技、Cherry Zhang 经营连锁加盟、江枫来自太阳能新能源、李敏做移民留学、Seven Yang 做政府服务、徐方推广尖端医学、马志刚从事地产中介、Crystal Tung 来自奶粉制造业、温小东创立海参网、陈玲玲从事葡萄酒贸易。无论是新移民还是老移民，深耕在传统行业还是新兴行业，是结合了澳中资源还是在澳从零开始，他们的故事都能为来澳创业者提供经验和借鉴。

"青年翘楚"则是前景最广阔的一个群体，主角们都是"80后""90后"的"野心家"。他们几乎都有留学生背景，英语流利，虽然没有中国经商经验，但思维开阔，敢想敢干，不仅可以链接中西，甚至能向全球拓展。即使是在疫情的打击下，这些年轻人似乎也只是摔一跤就爬起来继续前进，毕竟年轻，摔摔打打是常态。他们活跃在金融、地产、餐饮、珠宝、猎头、幼儿园、修车等行业，他们的幸福在于选择生意可以从兴趣出发，这正是 20 世纪 50 年代至 70 年代移民最梦寐以求的事情。在良好的教育背景下，他们的起点高，拥有广阔的国际视野，未来更是可以站在全球的高度上前行。

最后一部分是"华人之光"。基于本书以创业故事为主旨，为丰富人物的多面性，故增加了这部分。他们的故事体现了在澳大利亚创业的多元性，他们的经历更立体，让读者更着迷。

春华秋实，时光流逝，甘甜和苦涩在文字中愈加鲜活。岁月总是被推回到往昔，却又成为未来最可靠的凭证。出书是一种遗憾的艺术，永远不能完美，但《记录：澳大利亚华人精英 50 人》将推动怎样的未来？答案值得期待。

雨萌

2023 年 10 月

目录 CONTENTS

推荐序
前言

财富人物 WEALTH CREATORS

祁　岳　　　从借钱留学到"必为第一"
　　　　　　B1集团董事长 // 002

叶蓓玲　　　砥砺前行30年
　　　　　　知名保健品牌Homart创始人 // 007

廖建君　　　澳大利亚新能源领域的先行者 // 012

李　卫　　　中澳民间使者　三次创业打造天鹅庄
　　　　　　天鹅酿酒集团创始人 // 017

曾　君　　　笃志前行，虽远必达
　　　　　　EVERSTONE（澳斯顿）董事长 // 022

Jimmy Ye　　神奇般的经历铸就神奇的公司
　　　　　　ACY证券（ACY Securities）创始人 // 027

Jay Song　　立志打造百年地产企业
　　　　　　JINDING集团创始人 // 032

Michael Mai　一个创二代的成长历程
　　　　　　麦氏集团（MAI Group）CEO // 037

Gary Li　　　从留学生到中澳跨国教育领军人
　　　　　　爱德集团创始人 // 042

Bruce Yang　做有温度的建筑商
　　　　　　澳腾（Aultun）创始人 // 047

庄　骊　　　越挑战　越兴奋
　　　　　　澳大利亚首位华人特技飞行员 // 052

Helen Tarrant　澳大利亚商业地产教育领域的开拓者
　　　　　　Unikorn——独角兽创始人 // 057

商界精英 BUSINESS ELITES

崔晓兵　Northmore！向北！向北！走向极致！
　　　　　翊凯集团Northmore创始人 // 064

龚　耕　30年东西方理念融合的最佳践行者 // 069

聂陶锦　从中国企业家到澳大利亚农场主再到中澳慈善家 // 074

乔艳君　移民三部曲：苦难　成功　公益 // 079

杨　浩　蚂蚁般工作，蝴蝶般生活 // 084

Cherry Zhang　澳大利亚20年三遇经营危机　力挽狂澜 // 089

江　枫　光伏云平台专家
　　　　　首家澳大利亚认证华人新能源公司创始人 // 094

李　敏　破茧成蝶展翅飞，逆境中绽放光辉
　　　　　奥烨移民创始人 // 099

Seven Yang　搭建澳大利亚亚裔中小企业与政府的桥梁
　　　　　　AUGRANTS执行总裁 // 104

徐　方　将澳大利亚前沿生物科技推向中国和世界
　　　　　PURECELL集团联合创始人 // 109

马志刚　用心融入，享受每一天
　　　　　金典地产集团董事长 // 114

Crystal Tung　澳大利亚奶制品行业发展的见证者
　　　　　　CM-8和CBS国际公司创始人 // 119

温小东　每天一杯咖啡不如每天一盅海参
　　　　　海参网创始人 // 124

陈玲玲　离开光环，在澳大利亚寻找独立的新天地
　　　　　奥菲尔品牌创始人 // 129

青年翘楚 YOUTHS OF EXCELLENCE

Jeff Lee 华人非银行贷款机构开拓者
宏大资本创始人 // 136

Martin Zhang 从金诺到魔方
一代和二代移民的相辅相成 // 141

徐 媛 奔跑——向着光的方向
Labassa资本创始人 // 146

Mimi Gao 10年磨一剑，不变少年心
高盛集团创始人 // 151

Liam Zhou "大味"餐饮横空出世
"90后"Liam Zhou执掌美食天下 // 156

Cris Chen 流浪的富二代 扎根澳大利亚
喜凤台CEO // 161

Arthur Weng 天降大任，玉汝于成
天玉君承创始主理合伙人 // 166

Grace Green 熟谙中西、商农兼容的贷款专家 // 171

Jillian Xu 自我认知，自我探索，自我认可
Brilliantalent猎头公司创始人 // 176

Angela Hu 从规划的人生到绽放个性的品牌梦想
珠宝品牌Angela Jewellery创始人 // 181

王 沛 走出低谷 耕耘澳幼教市场 // 186

刘子暄 无关时机，只问发心
春天金融创始人 // 191

Jordan Ma 连续创业者
拥有一个特立独行的有趣灵魂 // 196

华人之光　PRIDES OF THE CHINESE COMMUNITY

谭跃继	我们要为这个世界留下什么？	
	里昂家庭博物馆馆主 // 202	
关　伟	跨越东西方文化的实验者与实践者 // 207	
Jenny Chen	从15岁的小留学生到堪培拉ACBC主席 // 212	
赵惠云	"玛丽"医生的故事	
	墨尔本VOGUE MEDICAL全科诊所创始人 // 217	
张　震	在澳大利亚崭露头角的华裔精神病专家 // 222	
宋　正	人工智能背后的智能	
	——宋教授的开挂人生 // 227	
翟慧娟	现代版的蝴蝶夫人	
	女高音歌唱家 // 232	
艾　琳	西方诗歌盛宴中的东方元素	
	华裔诗人、当代艺术家、独立策展人、艺术评论人 // 237	
路靖虹	环球航海，把家安在海上 // 242	
许建屏	向死而生，人生不设限	
	同舟瑜伽创始人 // 247	
宋大田	首位成功横渡英吉利海峡的澳大利亚华人 // 252	

后记 // 257

财富人物

WEALTH CREATORS

祁岳 从借钱留学到"必为第一"
B1集团董事长

祁岳的奋斗历程是澳大利亚华人企业家的经典代表。30年前借钱留学,从底层餐馆打工、经营餐馆、做贸易到投资矿业、地产开发,一步一个脚印,扎扎实实,不仅成就了多个里程碑级的项目,更为澳大利亚和华人社区做出巨大贡献,并获得了"新州州长多元文化奖"。

所有的磨难都是梦想的起点

祁岳出生在北京，衣食无忧。18岁去南京读大学，毕业后同学们纷纷出国，让祁岳十分羡慕。一个要好的同学知道了祁岳的心思，热情地鼓励她："如果你钱不够，我可以借给你。"一句话点燃了祁岳不甘平庸的内心。1989年1月祁岳踏上了澳大利亚的土地，落脚布里斯班。

在澳大利亚交了学费后，只剩下100多元钱，祁岳只能在房间过道搭两块木板睡觉，一不小心就翻身摔到地上，那时候她的梦想是有一张真正的床。每天上学，为了节省2毛钱的车费，她都是提前一站下车，走回住处。后来，一双篮球鞋鞋底竟然都磨破了。

4个月后终于放假了，可以好好打工赚钱了。当时澳大利亚经济萧条，工作十分难找，幸运的是，祁岳发现在离布里斯班1000多公里的汉密尔顿小岛上有一个餐馆招工，于是，她独自一人，拎着行李箱，坐了十几个小时的汽车，再转渡轮，几经周折，到了那家餐馆。作为一个年轻的女孩，在一个陌生国度，英文又不太好，有这样的勇气是非常难能可贵的。当时许多女性都是找对象嫁人，不但解决生存问题，更能解决身份问题，但祁岳只想靠自己工作赚钱、还债。

没有想到这样一点点坚持，注定了未来祁岳的与众不同。或许人生就是一个个岔路口，面对未知，你想要什么就决定了你的方向。

在岛上，祁岳努力工作之余，还和老板学管理，学做饭的手艺。本来只打算假期赚3000澳元就走，被老板诚意挽留，她一下干了一年，多赚了4万澳元！这对于当时的中国留学生来说，不啻一个天文数字。

带着巨款，祁岳回到布里斯班。有了经验，她就有资格去著名的大饭店打工了，很快她又晋升为管理人员。慢慢地，老板把餐馆都交给祁岳打理。祁岳不仅勤奋，而且有生意头脑，于是老板有心，祁岳有意，老板把一半股份卖给了祁岳，这时祁岳的4万澳元就发挥了大作用，使她从一个打工妹一跃成为老板。

在此后很长的一段时间里，祁岳几乎每天都见不着太阳，因为"从早上开门到晚上关门都待在餐厅里"。为了节省开支，从接待顾客到洗菜帮厨，从擦洗玻璃到打扫厕所，祁岳什么都做。甚至在午餐结束到准备晚餐之间的两个小时间隙，她还向餐厅的厨师学着做春卷、包馄饨，"尽量节约每一分钱"。

1990年，祁岳来澳大利亚不到两年，不但有了一张真正的床，而且有了一栋房，更令人想不到的是，之后还有了好几栋楼！人生不怕有梦想，就怕不敢想！

梦想有多大，成就就有多高

26岁有了生意，有了房子，有了汽车，家人又来到澳大利亚团聚，这对20世纪90年代的中国留学生而言，简直就是天花板级别的生活，可是祁岳没有止步于此。

中国加入WTO之后，经济高速发展，祁岳的一些国内伙伴希望她回去一起做点什么。于是，回国发展的念头慢慢浮出水面。

2006年，赴澳大利亚17年后，祁岳第一次回到北京。她感受到："那时的中国是一片巨大的机遇之地。每个中国人都充满活力和梦想，连走路都急匆匆的。"于是她说服澳大利亚的合作伙伴，带动他们进军北京，成立合资公司，投资领域扩大到酿酒、保健品生产、贸易……

B1 大楼交付仪式

生意顺风顺水之时，因为孩子们相继出生，她决定还是回到澳大利亚，并选择在悉尼定居。

在经商方面，祁岳有着独到的眼光。中国对矿产资源的需求加大，她就把投资重点放在矿产方面。她还看到，澳大利亚经济搭上中国发展的顺风车，保持了20多年的增长，民众手里的钱越来越多，对住宅的需求量在增加，于是祁岳的商业版图又扩展到房地产开发。

祁岳对房子始终有独特的情感。带着孩子们在悉尼定居以后，看房、买房，成了她闲暇的乐趣。后来，为了处理国内事务，祁岳又回中国住了一段时间，接触到中国的一批建筑公司。也就是从那时候开始，她真正对房地产开发产生了兴趣。当她再次返回悉尼的时候，就不只是看房子，而是看土地了。

2007年，就在祁岳相中并买下帕拉马塔市中心一栋2层商业旧楼后不久，金融危机席卷而来，重创澳大利亚房地产市场。"死气沉沉，没有一点活力。"祁岳至今依然记得当时举步维艰。雪上加霜的是，因认为祁岳的团队缺乏建设高层楼房的经验，以及对于华商固有的偏见，银行拒绝提供贷款。

摆在祁岳面前的似乎是一个绝境，可性格果敢、坚持梦想的她没有就此妥协。市场不好，那就打磨方案，静待时机。于是，祁岳利用等待市场转暖的时间，根据行情对楼宇规划进行调整，增加商业楼层，住宅则由最初计划的大户型调整为中小户型，并在房间设计上更加人性化。在确定主要目标买家是华人之后，细心的祁岳在细节上做起文章。"比如按照华人的喜好，我们将户型设计为方方正正的，而非圆形或弧形的。还有华人习惯炒菜，我们就将油烟管道设计为通往室外。"

2010年，大厦建设终于开始推进。祁岳明白，要赢得银行与市场信任，别无他法，唯有质量过硬。设计、用料、施工、管理……每一个环节，她都严格把关，毫不松懈。祁岳说，正如公司名称"B1"的谐音，"必为第一"是她经商最为坚守的信条。最终，在这个楼盘开盘的前三个月，祁岳就卖出70%的住宅。

2013年4月9日，一栋107米高、28层的高楼在悉尼帕拉马塔市拔地而起。当地政商界人士、侨领等前来为B1 Tower剪彩。新南威尔士州州长奥法雷尔说："祁岳的成就和贡献，是众多移民在这个国家做出巨大贡献的一个缩影。他们来到这个国家，抓住了机会。他们工作努力，同时回报社会。此建设项目的完成，又一次证明了移民的贡献。"

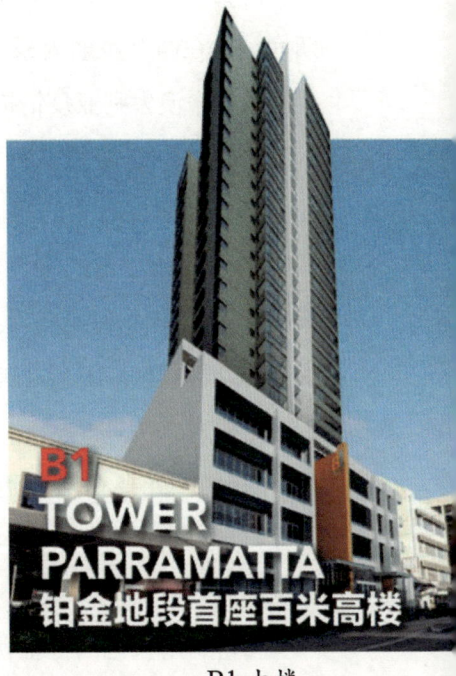

B1 大楼

祁岳在典礼上说，B1 Tower 的建成是澳大利亚多元文化的最好证明。"我们来自中国，在澳大利亚做生意，但我们和本地人在当地做事一样，大家都鼎力支持我，这是非常重要的。同时，这栋楼的建成也是一种女性能力的证明。"

截至 2017 年年初，B1 集团旗下拥有 9 家分公司，业务实现了房地产的全产业链覆盖，具体包括地产开发、项目管理、市场推广及销售、物业管理与出租以及二手房买卖等。B1 集团开发的重要住宅建筑包括：位于 Parramatta 的 B1 Tower；位于 Burwood 的 B1 Square；位于 Epping 的 B1 Chester 以及位于 Erskineville 的 CASA；Residences Ⅰ & Ⅱ 凯撒经典 1 期、2 期及联排别墅。同时，在新冠肺炎疫情暴发后，祁岳再次不惧挑战，在矿业方面做了很多相关的并购和发展。

回馈社会，奉献爱心，是真正的终极梦想

作为商人，祁岳果敢干练，精力旺盛，敢于面对困境和挑战；作为母亲，她慈爱体贴，富有耐心，她的 3 个子女都在澳大利亚出生、长大、工作，非常优秀并都有很好的发展。

能力越大，责任就越大。作为企业家，她把更多的爱心奉献给社会。疫情期间，她在两个星期内采购了第一批近 100 万元人民币的医疗防护物资运送到武汉。后来澳大利亚疫情扩散，她又为新州医疗机构捐赠口罩等紧缺物资。

2013 年祁岳获得"新州州长多元文化奖"，这是政府表彰对当地多元文化社会建设做出贡献者的最高奖项。新州州长致辞表示：新州是全世界最成功、最团结以及最和谐的多元文化社会之一。而祁岳作为华人社区的领袖，多年来积极推动澳大利亚多元文化的建设，她已经连续 8 年赞助"新州州长和谐晚宴"，同时连续 10 年支持当地的华文教育，连续 21 年担任澳大利亚华人公益金的信托人。

"我们不光要在当地建楼做生意，更重要的是为当地的就业、经济发展出力。"祁岳经常与当地政府沟通，讨论社区规划、支持基础设施建设、参与公共建筑设计……

祁岳利用自己的专业优势，为当地的发展贡献着来自华人的力量，也让华人的声音、华人的文化获得更多的重视。

砥砺前行 30 年
知名保健品牌 Homart 创始人 叶蓓玲

  2022 年 11 月 19 日，悉尼市中心著名的 Town Hall "市政厅"金碧辉煌，400 多位中西贵宾济济一堂，不仅有世界各地知名企业家、澳大利亚著名侨领和各届代表，更有新州的各大部长纷纷站台，这在疫情时期和中澳贸易还处于低潮的时刻，是相当不易的盛况。而所有宾客簇拥的却是一个纤小的女子，她从容优雅地接待着各个宾客，自信的笑容中散发着强大的气场。她就是澳大利亚知名保健品牌 Homart 的创始人叶蓓玲 Lynn Yeh！这场盛会就是澳大利亚 Homart 集团 30 周年的盛大庆典！

  整个庆典高潮迭起，不仅展示着 Homart 辉煌的历史，更有不断创新的未来。Homart 成立于 1992 年，经过 30 年的发展，已拥有绿芙 Spring Leaf、皇特维康 Top Life、Health & Nature、Autili、CHERI、Grand pawpaw 和宠物密码 PetMima 等澳大利亚知名品牌的健康食品、护肤品、奶制品和宠物保健品；拥有数百名员工，产品出口到亚洲、欧洲、美洲等 50 多个国家和地区；连续获得 18 项国际大奖。2008 年北京奥运会、2010 年上海世界博览会及 2016 年 G20 杭州峰会，Homart 都是澳大利亚国家馆唯一的健康产品供应厂商。

  今日的辉煌必有昨日的艰辛，听叶蓓玲回忆当初从中国台湾移民澳大利亚的往事，其奋斗的精神令人感动，让我们一同跟着回忆，听听 30 多年来的故事。

2万元创业，年轻女孩敏锐的商业嗅觉

刚来澳大利亚的新移民往往经过相当长一段时间的摸索，才能找到一个可以长久坚持的事业，但生长在企业家庭的 Lynn Yeh 对此具备天生的敏锐嗅觉。

"1989年，我19岁时，父母放弃在中国台湾的实业及所有一切，带着5个小孩来到澳大利亚，就为了给我们更好的教育及未来。当初不懂英文的父母真的很勇敢。我深深记得在飞机降落澳大利亚那一刻，父母再三叮嘱，要抱着破釜沉舟的精神，只进不退，勇敢向前，永不言弃！自此，我们5个兄弟姐妹时常彼此提醒，不敢懈怠。"

Lynn 硬是以不太流利的英语用一年的时间学完三年高中课程，考上了澳大利亚的名校新南威尔士大学。为了节省时间，Lynn 特意搬到学校附近去住，常常就是住所、学校、打工三点一线的生活。每次去图书馆，总是要待到关灯才舍得回家，在两年内她完成了本来要三年的学业。

后来在悉尼大学读硕士时，看到亚洲的游客越来越多，而且选购商品都是首选保健品时，Lynn 心有所动。Lynn 有着亚洲背景，她知道亚洲人需要什么。他们认为澳大利亚的保健品纯净，技术领先，值得信赖。因此，在1992年，她拿着自己仅有的2万元存款，成立了 Homart 药业。Lynn 说："在澳大利亚这个

Homart 澳大利亚 cGMP 药厂

地方，只要你努力、坚持不懈，还是有很多机会的。"

提起公司名字"活曼特"（Homart）的由来，Lynn 说："希望 Bring health to your home，把健康带到每个家庭。"Homart 不仅在澳大利亚各机场免税店、健康食品店、药房连锁店热卖，现在更驰名国际，各国代理商多为上市公司，迪拜最大的连锁药房也是其代理商。

Homart 部分产品

Homart 最具历史的主打品牌之一——Spring Leaf 的名字由来也很特别。Lynn 说，当时很希望把澳大利亚干净、天然健康食品的核心概念带出来，所以就请了很多专业人士帮忙。这个充满生命内涵、新鲜灵动的名字出自一位澳大利亚诗人。

或许真是上帝垂青，Lynn 敏锐地选准了赛道，Homart 成立以来的 30 年，也正是中国经济飞速发展的时期，大量富起来的游客来到澳大利亚，在疫情前，赴澳的中国游客总数达到一年上百万，中澳航班更是密集到一天都有几个航班。在这一黄金发展期，Lynn 马不停蹄来往于中澳之间，积极开拓中国市场，并受到 CCTV 和新华社等媒体的采访。

当然，如此热门的市场，竞争也是激烈的。Lynn 在接受采访时说："我的人生很简单，就是尽量做好每一项我该做的事情，其中包括企业、家庭、亲友、教会等，我尽心尽力将生活安排得平衡一些。而对公司的期许就像对自己小孩品行的要求一样，诚实（一本账）+ 负责（生产最好质量产品）+ 认真（做好品牌）+ 有爱心（回馈社会）= 受尊重的 Homart 企业。"

面对疫情挑战，急流勇进，更上一层楼

正当澳大利亚各种保健品牌蜂拥而上，市场各路将侯厮杀激烈之际，疫情突然而至。2020 年 2 月澳大利亚开始封城，各大店铺关闭，各大企业完全措手

不及。好在 Homart 根基深厚，无论资金、品牌、渠道、厂房、员工、产品，每一样都扎扎实实、根深叶茂，这是企业在遇到大旱之年亦能扛过来的主因。

Lynn 说："以往谈挑战，其实都还是可预期及可处理的，但新冠肺炎疫情，真是前所未遇的挑战。行内很多企业挺不过来，倒下的不少，但 Homart 为何能越战越勇，甚至使业绩上涨？主要是 Homart 有创业家的精神，有在跌倒后立即爬起来往前冲的斗志，有快速应变能力，并有具备创新能力和坚强战斗力的团队。这一帮跟着 Homart 近 30 年的好同事，把 Homart 当作自己的事业努力付出，有的自大学毕业跟着公司至今，在不同部门担任经理带领着团队。真感恩有这些志同道合的好伙伴，有了这些人才使 Homart 得以永续。"

疫情期间，Homart 将所有员工分成 A、B 两组轮职上班，并将工作场地彻底隔离，避免上班时接触感染。在疫情期间，真是困难重重：人员不足，工作时间不定，员工身心压力大，原料供应链的交货延迟而造成药厂生产延迟，出货运输公司的不稳定造成客人收货延期，许多免税店、药房关闭，甚至熬不过三年倒闭了……很幸运，Homart 熬过来了，且加强研发及培训团队，并加速开立许多电商平台旗舰店，不断有新产品上市，为 Homart 再创佳绩。

如今，Homart 药厂也由第一个 cGMP 药厂、二厂，到现今第三厂，有约两个足球场大、15000 平方米的规模。在 Homart 厂房园区，还有一个有 176 年历史的古迹，Homart 以此为基础，打造了一个记录澳大利亚药品保健品历史的博物馆，两层楼，十几个房间展示着珍贵的百年照片和物件，Homart 深厚的企业文化可见一斑。

30 多年来，Homart 自有品牌在世界各地皆与当地最强的保健医药公司达成长期合作协议，在各地有最专业的当地销售团队，同时每年不断研发生产新品，以满足市场需求，守护人们健康。近年来，也在各大电商平台建立品牌旗舰店，使用户线上选购更便利，为用户提供更多产品资料和及时的在线服务。

Homart 药厂一直坚持"品质至上"的信念，并以高品质及严谨办厂的管理态度赢得行内的肯定与美誉，荣获多个奖项，并承接许多国际著名品牌的生产及研发重任，成为诸多品牌坚实的生产后盾。

坚持慈善　科技领先　未来可期

Lynn 说，30 多年来，自己的时间都安排得满满的，她不觉得这样有压力，而是很习惯这样的生活。高效的生活方式早就熔铸在她的性格之中，并让她乐在其中。澳大利亚联邦政府多元文化部这样评价她："Lynn 是澳大利亚的骄傲，她推动了对社会的贡献，为不同文化背景的数百名员工提供了工作就业机会，不仅在澳大利亚支援当地最大的食品救济组织 Foodbank，赞助皇家飞行医生服务组织，也为中国的赈灾、慈善活动奉献爱心，通过不懈的努力，这个有中澳文化积淀的企业品牌逐渐成长为一个享誉世界的国际领导品牌。"

随着高科技的日新月异，Homart 在不断研发新产品。另外，集团积极整合行业内上下游产业，进行多样收购合并项目。在 2022 年成功收购了澳大利亚 ASX 主板上市的公司，并积极准备 Homart 2025 年的上市计划。

同时，Homart 关注环保，尽力使用太阳能及在工厂设施上节能减碳。

30 岁正壮年，抱持着正直、努力、严谨、不懈怠的精神，Homart 大步前行，发挥所长，在保健医药业内贡献所能，协助行业整合，各司所长，共同守护人们健康，把健康带到全球每个家中！

Homart 集团 30 周年庆典合影

廖建君 澳大利亚新能源领域的先行者

一般来说，已经广泛运用的煤炭、石油、天然气、水等能源称为传统能源，而太阳能、生物质能、风能、地热能、波浪能和潮汐能、氢能等被称为新能源。在气候变化和能源短缺的双重压力下，全球正加快向可再生能源转型。

澳大利亚在新能源领域可谓具备天时地利人和，不但自身新能源储藏丰富，而且有政府千亿补贴政策的大力扶持。不过，转型之路虽蕴藏巨大的机遇，但也颇具挑战，毕竟在新能源技术方面，澳大利亚还比较落后，产业不系统，行业也不成规模。中国在新能源领域的领先地位，让澳大利亚华人在此领域占领了先机，廖建君就是其中的一个先行者。

廖建君的企业在电动汽车底盘、充电桩系统平台、混合动力储能柜方面都具有领先技术和整合系统。廖建君说："澳大利亚新能源领域很多方面还停留在20年前，且以民用为主，而我们是针对工业的集成化和定制化的流程，在市场上还找不到这样符合中小企业需要的解决方案。"

那么，这样一个能在澳大利亚新能源领域填补空白的企业创始人，是如何拥有这一成就的呢？

扎实的专业技术和商业感知力兼备的特殊人才

1996年，廖建君从湖南考入哈尔滨工业大学电气工程系电机专业，那是一个学霸聚集、科研领先的学术殿堂，大学四年，他掌握了相当扎实的专业知识和技能，毕业后分配到中车株洲所，一干就近10年。

他的本科毕业论文就是在所里完成的，指导老师是株洲所最好的变流器技术专家忻力。当时他有机会接触火车变流器产品，对变流器技术充满兴趣，保质保量完成了本科论文。而他并不是一个书呆子，他组织大型文艺演出、旅游……所有费用都是他去拉赞助，同事没有花一分钱。

一年后，他从事牵引变流器的开发，当时株洲所正好在研制中国第一代交流牵引变流器。随着第一台交流机车"奥星"下线，之后的8个月他每天在位于北京大山子的铁道部科学研究院环形试验铁道做试验。试验每天都会出现新的问题，都要想办法尽快解决，他经常在车上整改到半夜，第二天早上又要参加试验。每次做试验都是担惊受怕，看到电流曲线一直往上走，心都提到嗓子眼儿。经过8个月的试验，终于可以把机车交给客户使用了，但最累的质保售后服务才刚刚开始。研发人员一直在现场进行问题分析，提出整改方案，再跟车进行验证，到站后马上整改，每次都在争时间，就怕影响机车的下次运行。夏天，火车里的温度达到了50℃，即便如此，也丝毫不能耽误工作进程。

"奥星"机车算是稳定了，铁道部更大的项目启动。"中华之星"是中国第一列全自主研发的高速动车组，铁道部集合下属所有企业、高校和科研单位的力量投入这一研发项目。当时廖建君是这个项目的牵引变流器的负责人。从设计、试制、组装到试验、装车、整车试验，每一个环节他都参与。"中华之星"为后来中国高铁打下了坚实的基石。

接下来，他又参与了大同机车厂的"天梭"电力机车项目、资阳机车厂的"西部之光"机车项目以及株机厂的"哈萨克斯坦"机车项目。其中"哈萨克斯坦"机车项目是中国交流传动机车首次出口到海外，为后来中国中车打开相应的海外市场开了一个好头，而廖建君参与了跟车试验、交车以及后面的质量整改过程，在哈萨克斯坦整整待了8个月。

2004年，他升为部门经理，负责研发机车、地铁等车辆的制动电阻，不到一年时间，就把设计和仿真平台、测试平台搭建起来。由于设计过硬，拿到国内 ALSTOM 南京地铁制动电阻项目，ALSTOM 第一次使用中国制造的电阻。同年，接到澳大利亚 DOWNEREDI 的机车电阻项目，他带领团队加班，不到一个星期，就把方案设计和仿真数据提供给客户，打消客户对技术的担心，又飞到澳大利亚与客户进行深度的技术交流，让客户完全相信技术和质量能够满足他们的需要。后来，测试结果与仿真没有一点区别。这个项目是中国中车第一次把产品卖到澳大利亚，后来每年为株洲所带来一亿人民币的订单。

人生的轨道有时候很难预见。本来他在中车备受重视，但随着女儿的长大，太太事业遇到瓶颈，2008 年，他十分纠结地辞职，全家移民澳大利亚。

好在他的专业在澳大利亚也十分抢手，周五到达澳大利亚周一就上班了。起初他在一家澳大利亚的私企，因为英文不够流利，工作相当吃力，好在专业过硬，没多久就替公司赚了上百万澳元。后来，他又到 MTU 和西门子工作了几年。2016 年，当中车澳大利亚有限公司需要他的时候，他毫不犹豫地回到了中车。

火车的动力来源在不断变革，从煤、柴油、电力到风能混合，再到如今的纯电池，甚至未来的氢能源。廖建君拥有多年火车各种电源研发经历，对种种技术的更新换代更是如庖丁解牛一般，烂熟于心。举一反三，如今他在充电桩系统平台、混合动力储能柜、负载电阻等方面的一系列产品研发，都得益于多年来所积累的火车核心技术经验。

除了技术过硬，他的商业感知力也非常强。

他说自己大学起就做小生意，比如出租电视、卖 DVD，甚至开眼镜店。他刚到澳大利亚的时候，因为担心被老板炒鱿鱼，就同时做一个火车零件的贸易生意。后来，他又利用自己的技术经营了一家澳大利亚火车维修维护公司，光这个公司一年就有 100 多万澳元的利润。

雄心壮志　希望华人移民在澳大利亚主流科技领域崛起

疫情后，他更加感受到自己作为一个华人新移民，要在澳大利亚有所作为的责任。他认为，不能把希望都寄托于下一代，更要从自身做起，努力奋斗做出榜样。疫情期间，当别人迷茫无措时，他埋头苦干，研发了电动汽车底盘、

WEALTH CREATORS
财富人物

T-Power 充电桩

充电桩系统平台、混合动力储能柜等一系列产品。

针对电动汽车底盘，他准备运用自己研发的技术和澳大利亚的汽车生产商合作，占据澳大利亚22座中型巴士的市场，打造自己的独家品牌。

关于充电桩，他不是只制造或者安装充电桩，而是同时开发了一个App平台，在苹果和安卓系统上都能使用，包含管理、收费、服务等方方面面的业务。甚至除了商用，还有家用，1000多澳元就可以在自己家车库安装一个充电桩。

他研发的混合动力储能柜，更是私人定制般地成为中小企业的福音，体积小，不受地域限制。相信在未来的环境中，企业拥有一个自己的储能柜，其意义不亚于现在手机对人的重要性。

同时，他所在的企业还成为"宁德时代"澳大利亚服务商。宁德时代公司是全球最大的电池制造商，拥有全球三分之一以上的电动汽车电池销售额。能成为这家公司的澳大利亚服务商，必然是有真本领。

廖建君说，他永远做最坏的打算，安排好退路，准备好各种可能的应对，而不会任由企业产生损失，因此他的投资非常有步骤、有节奏。这三块业务，整体来看是清洁能源的系统解决方案;分开来看,拿出来每一项也都是一个大企业。

充满爱心的好朋友、好老板和好丈夫

廖建君不仅是技术"大拿",商业嗅觉灵敏,在为人处世上,他也让人竖大拇指。

之前中车的一个单机车需要通过澳大利亚的测试才能运行,有二三十个人来到澳大利亚,都是由廖建君与澳大利亚政府、当地相关人士、中车内部安排对接,协调解决各种问题。

廖建君和同事们

平时他对员工都是笑眯眯的,经常鼓励年轻人尝试。有员工提出辞职的时候,他竟然说:"有机会再回来。"除了员工,他也热心帮助他人。朋友出差临时需要钱,他及时打钱过去。员工学费不够,他一下就拿出5万人民币来。湖南同乡会搞活动,他带着团队一起忙活儿,大家推举他当会长,他不肯,他愿意干事儿,默默奉献。

廖建君的太太曾经是大学老师,来到澳大利亚后,除了做图书馆工作,有时也做地产投资,太太经常一个电话告诉廖建君,又买了一套房子。而廖建君完全相信太太,不干涉。这简直是无数女人心目中的好老公,只往家赚钱,按时回家,还不干涉太太。他笑着说:"我的工作她也不干涉啊……"

面对廖建君不急不躁的叙述,我在想,这个人简直是一个聚宝盆,是一个有眼光的投资人,未来一定是金山银山般的盛况。

中澳民间使者　三次创业打造天鹅庄
天鹅酿酒集团创始人　李卫

李卫，1993年和1997年分别在中国经历了进口重型卡车配件和地板两个领域的成功创业之后，2010年在澳大利亚开始了第三次创业。2010年，他收购了英斯派酿酒有限公司，之后在南澳进行多轮投资并购，组建了澳大利亚天鹅酿酒集团。2012年，他带领核心品牌"天鹅庄"进军中国，扛起进口葡萄酒品牌化运营大旗。如今，天鹅酿酒集团已经成为澳大利亚出口中国和东南亚市场最大的葡萄酒企业之一。

基于他在中澳经贸领域，尤其是在葡萄酒行业的卓越表现，李卫被推选为澳大利亚葡萄酒与烈酒协会会长、澳中文化与经济促进会常务会长，获得政府和各类组织颁发的"澳大利亚华裔十大风云人物""中国葡萄酒市场年度人物""澳大利亚葡萄酒行业杰出贡献奖""澳中杰出贡献奖""澳大利亚亚裔优秀企业家"等荣誉。

根据澳大利亚葡萄酒管理局发布的澳大利亚葡萄酒出口报告，2019年下半年，澳大利亚葡萄酒出口到中国的金额（包括中国香港和中国澳门）达到13亿澳元。在这个数字的背后，位列澳大利亚酒庄出口中国金额前三名的天鹅酿酒集团绝对功不可没。历经3年多困境，天鹅庄仍然屹立不倒，那么它背后的操盘人李卫有怎样的奋斗历程呢？

眼光敏锐　从中国到澳大利亚　勇敢在异国第三次创业

进入澳大利亚葡萄酒行业之前，李卫在中国地板甚至家居建材界赫赫有名。作为行业领军人物，李卫参与了中国地板行业多项标准的制定。

在2000年，中国地板业鱼龙混杂。2001年冬天，李卫将地板铺进地铁建国门站，由于经过2000万人次踩踏而无损坏，"宏耐"品牌声名鹊起，被许多人视作地板界的品质象征。有媒体评价："也正是从那时起，中国地板才出现第一个成功的营销典范。"

2008年，李卫决定退出地板行业，去澳大利亚开启他的第三次创业探索之路。经过十几年的奋斗，如今的天鹅酿酒集团，已经发展成集葡萄种植、葡萄酒酿造与品牌塑造于一体的新世界酒企，旗下核心品牌天鹅庄（Auswan Creek），2019年成为位列澳大利亚出口中国市场份额前三的大酒庄。天鹅庄的1908百年葡园在巴罗萨谷的核心，是世界上最古老的葡萄园之一。在那里，有高达110年树龄的西拉老藤，因其优质基因和完美的风土条件，至今依然枝繁叶茂，茁壮生长。

不畏艰难　从天鹅庄到蓝色马　坚持品牌之路

2012年天鹅庄进军中国市场，李卫确定了"三个坚持"的竞争战略："坚持酒庄直营市场，坚持品牌化运作和本土化营销，坚持渠道深耕细作。"天鹅庄以全产业链保障产品从澳大利亚葡萄园直供中国，保证溯源，保证品质和性价比。

品牌不是简单做做广告，李卫明白品牌是一个系统工程，得有思路、有办法、敢投入，还得有持续性，并掌握好节奏。比如，疫情前天鹅庄每年都会在全中国各地举办几百场推广和品鉴活动。到2019年，创造了400场活动的纪录，仅"品澳大利亚，悦中国"大型巡回品鉴会便举办了62场。这个系列活动耗时55天，走进55座城市，所到之处都留下了李卫的足迹。

李卫一年到头能攒下300多张机票和火车票。媒体记者如果想"抓到"他接受采访，去机场要比去办公室机会多得多。

正当李卫做得热火朝天的时候，新冠肺炎疫情暴发，中澳关系也面临着考验。李卫表示："我的第三次创业始于澳大利亚，我的梦想是在澳大利亚建立一个华人拥有的世界级品牌，而实现这一梦想的载体就是天鹅庄。如今，这个梦想面临最严峻的考验……没有人可以躲过一劫，区别在于伤筋还是动骨。"

李卫在每年的元旦前后会给客户、员工写一封公开信，透露新一年的想法与动作。进入2022年，这封信却迟迟未发，直到3月19日才终于面世。李卫表示，当前的市场形势仍然存在太多不确定性，这封信就是要传递出明确的信息，天鹅要"在不确定中找到确定"。李卫坦言，2021年外部影响因素不断增加，虽然天鹅庄及时启动了智利酒的产品线和中国酱香老酒品牌"藏酿造院"，但整个2021年的市场销售额仅相当于2019年的一半。

即使如此，李卫并没有退缩，他敢于"突破"和"创新"。从专注于葡萄酒到涉足中国酱酒，从用"不喝啤酒，就喝蓝龙虾"分享啤酒市场、用"天鹅庄生肖大酒"分享礼品市场，到深度融入中国经济内循环，桩桩件件无不如此。2022年，天鹅酿酒集

天鹅庄1908葡萄园

团举办"'只为打造一支伟大的马瑟兰'——'蓝色马'产品上市发布会",中国首个聚焦马瑟兰葡萄的葡萄酒品牌正式亮相。

责任担当,中澳两国交流合作的民间使者

作为中澳关系的民间使者,他马不停蹄往返于中澳之间,亲自组织和参加各类有利于两国民间交流合作的活动,传递正确信息,为澳大利亚葡萄酒再次回到中国市场而不懈努力着。疫情期间,他先后5次往返中澳,接受隔离多达10次,累计150天。

2023年更是李卫忙碌的一年,截至9月底,他不仅出差去过欧洲、日韩和东南亚,更是多次往返中澳。

1月,他协助作为总导演的太太Wendy成功举办"相约今宵,澳洲春晚"。晚会上,他特别安排为参加"1971年澳中乒乓外交"的澳大利亚乒乓元老们重返中国募集经费。

3月,他专程飞往北京,举办澳大利亚前驻华大使芮捷锐和现任驻华大使傅关汉与中澳工商界人士的时政分享会;他还主动促成澳大利亚葡萄酒管理局和澳大利亚葡萄酒和烈酒协会组成高级代表团,参加6月在银川举办的国际葡萄和葡萄酒大会,此次会议上,中澳产业代表在疫情后首次面对面进行了坦诚的交流对话。

5月和6月,天鹅集团分别在悉尼和新加坡两地协办了中国宁夏葡萄酒文化旅游分享会,积极推广中国葡萄酒产业走出国门。6月16日,李卫作为澳大利亚葡萄酒产业代表应邀参加烟台举办的"中国葡萄酒与世界葡萄酒合作共赢"论坛,阐述了澳中葡萄酒产业合作共赢的具体方案。

进入8月和9月,李卫更是马不停蹄,刚在中国参加完侨商会系列活动后,马上赶回阿德莱德参加澳大利亚葡萄酒和烈酒协会组织的产业和政府代表座谈会,与多家南澳州酒庄代表一起,与澳大利亚联邦贸易部长和南澳州贸易投资部部长进行座谈,推动政府加速恢复澳大利亚葡萄酒重回中国。后又赶到悉尼,以澳中文化与经济促进会常务会长身份,参与"川酒全球行"推广活动,为中国白酒出海助力。

9月16日~21日，受南澳州政府邀请，李卫作为南澳州州长CEO代表团成员访华。在南澳州政府举办的"品味南澳尊贵商务晚宴"上，天鹅庄大使珍藏70被甄选为招待用酒，"好酒是天生的外交家"，助力中澳关系更上一层楼！

热衷慈善　从企业家到艺术家　事业与梦想并驾齐驱

李卫成功的背后少不了一位全力支持他的太太，天鹅酿酒集团COO毛艳华（Wendy Mao）。

熟悉Wendy的人说，她应该成为一位艺术家而不是企业家。当疫情发生后，公司节奏稍微慢一些，Wendy心中的梦想燃起，一场别开生面的个人慈善演唱会成功举办。2022年5月4日，Wendy Mao在悉尼歌剧院举办她的个人慈善演唱会暨"相约今宵，澳洲春晚"，为澳大利亚弱能协康会筹款，而Wendy Mao也成了首位在悉尼歌剧院举办个人演唱会的旅澳华人。

天鹅酿酒集团COO 毛艳华（Wendy Mao）

Wendy的慈善演唱会吸引了大批热情的观众，不仅现场座无虚席，线上更是吸引近10万余人次观看，很难想象非专业歌手的首次个人演唱会能有这么大的吸引力。演唱会上，Wendy展示了自己百变女郎的风采，以6个造型，演绎了15首不同风格的中英文歌曲。压轴曲是天鹅庄主题曲《天鹅伴你一起飞》：天鹅飞跃千山万水，让我们一起携手并肩，世界举杯为我们陶醉，天鹅伴你一起飞……这首歌由Wendy作曲、作词，Wendy插上天鹅的翅膀和大家合唱，歌声久久回荡在悉尼的夜空。

他们的儿子Gavin李嘉文也遗传了妈妈的音乐天赋，不仅拥有"悉尼钢琴小王子"的美称，勇夺悉尼"中国好声音"冠军，还进军演艺圈。现在这位攻读悉尼大学金融和法律双学位的大二高才生，已经开始在各大舞台和屏幕上崭露头角。

曾君

笃志前行，虽远必达
EVERSTONE（澳斯顿）董事长

澳大利亚EVERSTONE（澳斯顿）于1994年由曾君在悉尼创立，专营高端石材瓷砖产品，经过近30年的成长，已成为奢华装饰材料产供销一体化的跨国经营品牌公司。产品通过700多家分销商在全澳大利亚销售，同时销往包括五大洲在内的国际市场。完工的著名项目有：卡塔尔多哈（哈马德）新国际机场、新加坡新国际机场贵宾区、巴哈马亚特兰蒂斯酒店、中国上海迪士尼乐园、美国拉斯维加斯阿丽雅赌场酒店、德国汉堡港口新城大学地铁站、中国深圳天安云谷、彭博社澳大利亚总部、沙特阿拉伯阿尔达拉医院及医疗中心、多伦多市中心地铁站、迪拜世博会主会场、悉尼皇冠新赌场、美国盐湖城国际机场改造和北京环球影城。这些世界级重大项目，都使用了EVERSTONE的独家建材产品。

很多人好奇，如此一个雄霸世界版图的产品，它背后的掌门人曾君，一个在澳大利亚白手起家的华人，他有着怎样的经历呢？

青衿之志　履践致远

1964年，曾君出生于江西一个工人家庭。虽然小时候他连吃饭都成问题，但祖上的经商基因似乎对他产生了一定的影响。曾君天性活泼开朗，面对生活的疾苦，总能找到积极的一面。曾君说："这个贫寒的环境对我是一种锻炼，到今天是起到了非常积极的推进作用。"儿时的他喜欢写写画画，喜欢天马行空地想象。

因为一首《大连好》，他对大连心驰神往，因此，1981年从一个南方城市考入全国重点院校大连理工大学。因为向往自由，他在仕途正盛时选择走出国门，奔赴一场"生死未卜"的旅程。因为一本《曼哈顿的中国女人》，他开启了异国创业之路。他的每一次抉择看似随意，却都关乎梦想。

1985年大学毕业后，他进入大连市政府，一干就是4年。1989年，在大家不理解的异样目光中，他毅然放弃一切，到澳大利亚自费留学。在走出中国海关的那一刻，曾君流下了百感交集的眼泪，"那时候在中国海关一转身，好像去奔赴生死未卜的战场一样"。

君子见机而作　不俟终日

此前，曾君经过两年东拼西凑，举债4000澳元（当时一个月工资也只有67元人民币），到澳大利亚交了学费和学校押金后，手里仅剩下200澳元。

当时的悉尼找工作并不容易，"我们那个时候来的很多留学生里面，要走破多少双鞋去找工作，沿着铁路线走，挨家挨户走，沿着商铺走，只要你不断走下去，总能找来一份工作"。

最后，曾君好不容易在工厂找到一份机械操作工的工作。每天起早贪黑，经过两年的勤奋努力，他不仅还清了借款，还买了一部手机、一台车，并攒下了一万多澳元。

于是他开始尝试自己做生意。清洁服务、开餐馆，都因为各种原因没有成功，还把钱赔了进去。后来，恰逢国内的朋友做贸易，需要开辟国外市场，他成为朋友公司的商业代表，在澳大利亚做起了产品销售工作，每天翻黄页打电话销售。

曾君很善于观察、分析市场和总结经验，慢慢地，打开了产品的销路。"那时候什么都卖：胶鞋、地板、钓鱼竿都做过。后来朋友寄来一块唐山的瓷砖，我拿着这块瓷砖，就到澳大利亚最大的建材超市里去看，我拿到的价钱好像是2美元多一平方米，人家那里卖20多澳元，利润很高。"曾君发现了商机："我大概打了几十通电话吧，就有人约见面谈，见面后基本都会订货，因为唐山的瓷砖品质很好，价格很有优势。"于是他就把精力集中到瓷砖生意上，后来这成为他自己创立公司的契机。经过几年的市场磨炼，1994年他成立了EVERSTONE公司，由早期商业中介全面转型为独立进口贸易商，并开始拓展海外市场。

租不起办公室，他就在家里，一台传真机一部电话，做了两年后才有了自己的办公室，有了第一名员工负责接电话。等到积累一定资本后，他逐步发展到自己进货、租仓库囤货。为了拓展公司生意，他开始经常去中国亲自组货，喜欢创意的他还自己设计图案，开发特色产品。后来他又拓宽产品路子，开始销售石材，成为最早一批将中国福建石材销售到澳大利亚的人。

精诚所至　金石为开

曾君做事从不墨守成规，而且志向高远。公司一成立，他不仅将公司的市场定位于全澳大利亚，而且放眼全球。1994年，公司成立的当年他就单枪匹马带着产品去参加了在德国纽伦堡举行的全球石材展览会。

正是在那个展览会上，他结识了当时新西兰最大石材经销公司的老板，展览会后他就飞到新西兰见这个朋友。当年恰逢基督城进行大规模城市改造，结果他立刻获得了人生第一个大订单，总价值100多万美元，后来订单又追加到200多万美元，奠定了他公司发展的坚实基础。

之后他的生意一下拓宽，销售石材、瓷砖，还深入测量、加工、安装，与人合作完成大型建筑项目。他所承接的澳大利亚最大地产商Meriton的项目，一次就是好几千套的大型公寓项目。那时的他年轻有干劲，每天工作到半夜，也不觉得累，浑身上下仿佛有使不完的劲，用不完的精力，每天仅睡几小时，也精力充沛，朝气蓬勃。

作为企业家，是否能最早嗅到市场的新商机，考验的是企业家的眼光和对市场的敏感度。用曾君的话说，如果等大家都看到市场机遇，就已经太晚了。

他要的就是先知先觉，在别人还没有领悟到是机遇时就抢占先机，从而引领市场。

一个偶然的机会，他发现澳大利亚本地厨房用的石材台面面板卖得很贵，主要是因为本地加工石材磨边的人工成本太高，这让曾君开动了脑筋。他经过潜心钻研，最后研究出在中国的合作厂家，加工好单一长度标准磨边产品，然后整个集装箱运到澳大利亚后，再根据不同的户型和尺

曾君和 EVERSTONE 部分员工

寸，在澳大利亚分断切割、拼装。由于产品价格比当地市场加工的同类产品便宜 50% 以上，一下就在澳大利亚市场打开了销路，销售火爆，自然利润也丰厚。之后产品顺利销往美国，在美国市场同样大受欢迎，生意非常红火，产品供不应求，比澳大利亚本土市场销售及利润增加了好几倍。

2002 年，世界顶级建材市场开始出现一款独特的奥地利生产的彩色水晶玻璃马赛克材料，一时风头无两，价格惊人，达到每平方米 1000 美元。曾君接触到这种新型建材的第一眼，就敏锐地意识到，只有拥有这种高端、时尚、独有的产品，才能拥有领先的市场，拥有产品的定价权。于是，他立刻在中国成立专门的公司和科研团队，开办工厂，开始了新一轮的钻研、试验。经过半年时间，终于突破了技术难关，不仅生产出自己的产品，还顺势演化出很多新颖款式，推出多种新色彩和不同新花纹设计。

产品拿到西班牙亮相展览会时，立马成为抢手货，订单拿到手软。该类产品热销近 20 年，让公司从生产销售普通建材的企业中脱颖而出，上升到生产和销售世界级高端、时尚、流行建材产品的新高度。

这样的成功和成就令曾君欣慰，这与他不管做什么事都要做到极致，即使擦窗户也要擦得透亮的做事理念一脉相承。他总结自己做企业的特点是：一要创新，二要持之以恒，三要有自己的个性和特色。

EVERSTONE 大理石产品之一

行远自迩　笃行不怠

曾君说，我创业到现在已经不是为了钱，更重要的是成就感。公司自行研发的产品屡次荣获澳大利亚皇家建筑学会行业奖项，包括：2004年最佳厨房装饰金奖；2006年最佳室内装饰金奖；2006年最优综合设计奖；2007年最佳室内装饰金奖；2008年最佳室内装饰金奖。

公司近年还进一步将产品生产发展到定制化，为世界一众奢华高端项目专门定制生产了纯金、纯银的产品，彰显了奢华和流光溢彩。

曾君说，最令他高兴的是，品牌做到这个高度就能充分发挥自己的优势，有自己品牌的设计，并与世界顶级公司合作，成就最辉煌的结果。

意大利是出高端、精品建材的地方，由于公司的定位是瞄准高端奢华精品市场，现在公司销售的很大比例的产品原产于意大利。他也经常到美国、欧洲其他国家出差，以保持开阔的眼界和对市场的了解。对他来说，现在的他是达到了自己喜欢的状态，做的是自己喜欢的事情，每天都很有活力、很开心，也很享受。

自创业至今，他与他的企业已走过近30个春秋，从最初的寂寂无闻，到现在的享誉业界，靠着守成创新，创造了一个又一个商业奇迹。至今他仍然用满腔的热忱，追逐着梦想。

Jimmy Ye

神奇般的经历铸就神奇的公司
ACY 证券（ACY Securities）创始人

ACY 证券（ACY Securities）是一家屡获殊荣的多资产全球在线交易券商，产品包括股票、ETF、外汇、指数、大宗商品和加密货币等。总部位于悉尼，同时在中国台湾、阿联酋迪拜、约旦、埃及、沙特阿拉伯、越南、马来西亚和菲律宾设有服务部。2020 年 ACY 证券被《科技时代》评为"澳大利亚最佳多资产券商"。2019 年，国际足球明星、英超联赛偶像、澳大利亚国家队队长卡希尔（Tim Cahill）签约 ACY 证券，成为其全球品牌大使！2022 年 ACYLogix 正式成立，ACY Capital Group 的金融服务业务并购了以金融、法务科技为主的兄弟公司 Zerologix，投入 2000 多万澳元研发科技产品，形成一家高性能、高效率和永续发展的金融科技公司。如今该公司在全球有近 300 名员工，其中一半是金融专业人员，一半是技术研发人员。2024 年，ACYLogix 预计在纳斯达克上市。

也许你想不到，这样一个横跨全球的公司的创始人 Jimmy Ye 和 Winson Cao 不但是华人，而且是"80 后"创一代。听 Jimmy Ye 讲完他的经历，大家无不异口同声地说："神奇！"

12岁打工，17岁赚到百万买奔驰

1996年，客家籍的父母带着Jimmy Ye和姐姐移民到墨尔本，妈妈找到工厂包糖果的工作，而12岁的他主动请缨每周六帮忙。没想到，一天下来竟然赚了50澳元，这等于中国人半个月的工资啊。尝到了甜头的Jimmy从此一发不可收拾：去剪衣服、面包店、餐馆、杂货店等帮工。到他15岁时，姐姐的年龄可以担当监护人，妈妈就回国了。独立的Jimmy不但自己打工，还号召周围同学一起，3点起床去面包店搓面团。我问他："你不觉得委屈吗？""没有啊，小伙伴们一起去，感觉很开心啊。"看来，若想让孩子发展，放手是关键，让孩子自己主动选择，这样孩子不但不觉得苦，反而更有成就感。

Jimmy给自己安排的生活丰富多彩，早晨打工，白天上学，下午去图书馆看书，看遍了香港武打小说、名人传记，或者玩任天堂的游戏。他有一个电话本，上面记满了书的目录。Jimmy说，他无比怀念那段自由自在、快乐的时光。

终于开始干大事业了。他高二时发现了CD过渡到DVD的商机，于是号召同学们跟着他刻DVD，然后去乡下卖碟，而同学为他打工4小时能赚200澳元。随着业务的迅猛发展，有20多个同学踊跃加入，Jimmy还动员18岁以上有车的成人分批送同学去乡下。没有想到，一天的营业额竟然达到一万多澳元，最后全年营业额达到了百万澳元。Jimmy买了人生第一辆车——奔驰，尽管那时候他不到18岁，还没有驾照。

一无所有，卖掉手机才能回家

如此赚钱的生意，自然风声传得很快，墨尔本的市场一下饱和了。于是考上大学的Jimmy延迟了一年上学，让18岁的同学开着他的奔驰带着他转战悉尼，以170澳元一周的价格租了两室一厅，铺上三张床垫，就开始了他们的事业。没有想到，悉尼的市场比较高端，顾客不认可，他们闲极无聊就进了赌场，一年下来钱都输光了。Jimmy决定回墨尔本好好上大学，但在回墨尔本的路上，竟然弹尽粮绝，卖掉手机才回家。我问他，从赚到百万的风光到一无所有的悲惨，你不难过吗？Jimmy说："那时候小，对钱没有太深刻的认识，觉得没有了，就再赚呗。"

一波三折，经受真正的磨炼

Jimmy 的大学专业是建筑科技，也去过工地干活儿，但因为找不到感觉，不到两年就决定退学了。

为他今日事业奠定基础的是在直销公司的工作经历。这需要一家家敲门做陌生售卖，每天早晨上班 3 小时是激发潜能的激励训练。Jimmy 说这让他终身受益，没有底薪，卖一单赚 50 澳元，卖电话卡、慈善捐赠……不管刮风下雨，不管多少人拒绝，都不放弃。经过高强度训练后，Jimmy 成为 3000 个员工中的第一名。

有了足够自信后，21 岁的 Jimmy 决定自己创业，他看中了环保的无纺布制品生意，那时候本来还有两个合伙人，最后他们因为各种原因撤出了。Jimmy 一个人做网站、打电话，终于获得了著名百货公司 Reject Shop 和 Myer 的大单，他兴致勃勃地飞到中国进货。

可是，从小离开中国的他就是一个"小老外"。当他下飞机坐火车，坐汽车，再走路 90 分钟来到温州苍南县的工厂时，发现工厂位于一个非常落后的村落，而见到西装革履的 Jimmy，企业的人也不知如何接待。后来他飞到广州，看到了现代的厂房，厂长也热情地招待，但是当厂长得知他需要的散箱数量时，脸都绿了。这时候 Jimmy 才明白，澳大利亚的市场实在太小了。后来，三年就关闭了。

2008 年他正式走进 ANZ 银行，开始新的职业生涯，也由此开始接触金融。可惜好景不长，银行在年底因金融危机开始裁员。他回到 RMIT 大学主攻经济与金融，同时在离职前开通了员工福利的股票账户。

此时 24 岁的 Jimmy 已结婚生子，也开始感受到为人父的责任和压力。生意失败，职场失业，前途渺茫，这些在无形中侵蚀着他的身心。在某天早上起床时，恐怖的事情发生了：Jimmy 一夜间头发掉光！他到处寻医，得出的结论是压力所致。

否极泰来！Jimmy 是在离职前的 2009 年 3 月 1 日进入股市，当时他并不知道整个市场的底部是 2 月 26 日。于是，后来他买什么，什么赚，他当时以为自己是股神，很快他又赚了 100 多万澳元。这次他吸取教训，立刻花了 47 万澳元买了一间公寓和一台奔驰 GL。不过，剩余的钱后来又在股市中亏光了。

命运之神就是这样锤炼他。2013 年毕业后，他无意中进入一个差价合约公司，一进去就发现了新天地。与此同时，他后来的事业合作伙伴，那个当年和他在同一家直销公司，准备和他一起创业，但因家庭原因退出的 Winson Cao，也到了悉尼另一家性质相似的公司。六七年未见的两个伙伴再次相遇，一拍即合，携手再次创业。因为 Winson 的个性相对稳健和保守，因此，由他负责风控和合规。二人配合默契，相得益彰。

ACY 艰难起步，一飞冲天，横跨全球

合伙人 Winson Cao、大使卡希尔、Jimmy Ye（右）

筹划好一切后，Jimmy 把创业的想法分享给一位投资移民凌女士，凌女士隔天就给了 30 万澳元的巨款。说起此事，Jimmy 满脸感激。而后，Jimmy 和 Winson 也分别投入起始资金，正式启动 ACY Capital。他们从外汇交易培训开始，当时没有办公室，Jimmy 在墨尔本，Winson 在悉尼，哪里有培训就飞到哪里。2014 年 7 月，他们在悉尼 Chatswood 正式租赁了办公室，而 Jimmy 全家也从墨尔本搬到悉尼。如今，当你坐火车来到 Chatswood 火车站，将会看到巨大的写字楼楼顶上耸立着 ACY.COM 的大牌子，整个楼已由 ACY 冠名。

之后或许是他们做出的最正确的决定：2015 年在上海建立分公司。本来上海有合作者，但因种种原因没有谈成，他们舍不得离开上海，索性就在浦东国金租了办公室，招兵买马，直接管理。

不巧的是，曾雪中送炭的凌女士因不得已的原因而示意退资。公司生意刚有些起色，两位小伙子犹如热锅上的蚂蚁，到处重新融资。而洽谈的一个个投资人，都冷漠地拒绝了，甚至有一个投资人看到商机，竟然也做起同样的业务。或许天无绝人之路，他们历经 6 个月分期退回凌女士的资金，后来业务也突飞猛进，资金紧张问题也迎刃而解。2018 年，Jimmy 带着支票，冒雪从上海开车

至昆山，登门拜谢凌女士，拿出100%的回报感谢对方。双方因投资之缘而产生的永久情谊，成为金融人的一段佳话。

ACY悉尼办公大楼的楼顶Logo　　　　ACY赞助的墨尔本赛马节

2018年腾飞，2020年全球崛起

2018年ACY独家冠名张学友悉尼演唱会，让ACY在澳大利亚华人社区一举成名。

2018年ACY 1000万澳元收购Synergy Financial Market，和ACY Capital业务合并成立ACY Securities。

2019—2024年国际足球明星和英超联赛偶像卡希尔签约ACY，成为其全球品牌大使。

2019—2020年陆续主办或冠名周杰伦、莫文蔚、张靓颖等歌手的演唱会和电影《动物世界》。

2020年被《科技时代》评为"澳大利亚最佳多资产券商"。

2020年被《世界金融》杂志评为澳大利亚排名第一的券商。

2020年成为澳大利亚最古老的赛马俱乐部的官方合作伙伴。

2020年ACY证券产品已经覆盖美国、欧洲、澳大利亚证券交易所股票、ETF，真正地实现了一个账户交易全球不同资产类别的券商。

2022年7月，ACY正式在墨尔本开设了新分部，作为其版图持续扩大的一环。

2023年成立了ACY Live（稀万娱乐），深耕中华文化在澳大利亚的发展和推广。

我问Jimmy，是什么让他有今天的成功。Jimmy很肯定地说："是Passion！激情！只要有激情，就有无限的潜能和力量！"

Jay Song

立志打造百年地产企业
JINDING 集团创始人

走进墨尔本最负盛名的标志性建筑 Rialto Tower，来到位于 53 层的 JINDING 总部：拥有几乎 360 度视野，墨尔本风光一览无遗；1100 多平方米的办公室里，黑白两色搭配玫瑰金，处处都是含而不露的高端奢华感。尽管坐拥如此地标，但 JINDING 首席执行官 Jay Song 鲜有闲暇细细品味。他一直被另外一种"风景"深深吸引，那就是"把 JINDING 做成一家澳大利亚的百年企业，打造成澳大利亚地产的金地标"！

职场第一课：永远保持专业形象

Jay Song 主导着集团旗下五大业务板块的运营，管理着数十亿澳元的投资产业。这样的工作并不轻松，但幸运的是，Jay 从小就受到父亲对他的培养和来澳大利亚后在方向上的把握和引领。Jay 的父亲是一位驰骋金融界和地产界的成功企业家。Jay 年少时，忙于事业的父亲很少陪伴他，但在他人生的关键时刻，父亲总是给予他最重要的指点。

Jay 赶上好时代，拥有中南财经政法大学、澳大利亚科廷大学管理学学士学位，悉尼科技大学金融硕士学位。2013 年硕士毕业后，从事金融工作似乎是他顺理成章的选择，但父亲给了他另外一个建议，"去做销售吧，这个工作最能历练人"。父亲非常推崇德国企业精密严谨的管理理念，就这样，Jay 这个别人眼里的富二代、留学多年的洋硕士回到北京，在一家德国环保建材企业从头学起。

Jay 说，职场第一课至今让他记忆犹新。上班第一天，Jay 精心准备，早早到达公司，没想到上司见到他的第一句话竟然是批评："Jay，你的西装穿得很不专业！" Jay 低头看看自己穿得一丝不苟的西装，一头雾水。上司告诉他：西装纽扣最上面一颗是"Always"，永远扣着；中间那颗是"Sometime"，有时扣；第三颗叫"Never"，从来不扣。而上司随后的一番话更是让他终生难忘："不管做哪一行，客户不会先看你的产品是否专业，而是先看你的人是否专业，人专业了，可以大大降低产品的辨识成本，所以你要永远保持你的专业形象。"

从此，每天开工前同事间短暂的交流时间成为 Jay 非常珍惜的"黄金 5 分钟"，因为每天他都能从中学到新东西。"要想学得多，就要做得多"，秉持这样的学徒心态，销售岗位的 Jay 很快就摸清了市场、文案、策划、现场等服务链上所有岗位的窍门。采访中，Jay 深有体会地说："职场第一课让我学到了很多企业经营管理共性的东西，非常宝贵，受益至今。"

奠基之石：从"根"上打造一家澳大利亚百年企业

以父辈和家族积累的资源，Jay 本可以在中国实现创业梦想，但希望他得到更多历练的父亲又一次给出了建议：回澳大利亚创业。2015 年 Jay 重返澳大利亚，着手创办 JINDING 集团。

JINDING 办公室

在举目无亲的异国他乡从零开始，谈何容易！就拿租办公室这样一个似乎拿着钱就可以做的事情来说，却遭遇当头棒喝！备足资金，信心满满地递交了租楼申请，但万万没有想到的是，这张送上门去的大单竟然被婉拒了！因为这栋楼的租户都是世界知名企业，而 JINDING 那时候还寂寂无闻。无奈之下，Jay 只能在 Docklands 租下小楼作为临时办公室，招聘面试则放到附近一家酒店的大堂进行。

要想做"澳大利亚地产界的百年企业"，必须从"根"上就是一家澳大利亚企业，不仅守法合规，更重要的是要得到澳大利亚主流社会的文化认同。在规划阶段，就重金聘请了顶级的税务和律师团队担任咨询，按照本土企业的模式为 JINDING "打地基、搭框架"。Jay 说："那段日子，我们每天都和咨询专家泡在会议室里，就连吃中饭的时间都在讨论，想成为一家什么样的公司？集团的愿景是什么？未来三年我们将实现哪些目标？未来五年我们可以做到什么……一天聊下来，每个人的脑袋都嗡嗡发烫。"

Jay 和团队更是把每一个细节都做到了极致，徽标的设计是其中之一。徽标如何把 JINDING "一诺千金""一言九鼎"的价值观转化为澳大利亚人普遍接受的理念？Jay 花大力气找到了一个"最磨人"的当地著名设计师来设计制作。

为了寻求 JINDING 理念最精准的"澳式表达"，在和当地设计师沟通时，翻译就换了三轮，直到翻译完美表达了"JINDING"的深意，Jay 才长舒了一口气："终于无缝对接了！"现在，由交错相连的建筑基石构成的 JINDING 徽标，小小一枚刚柔相济的玫瑰金，已经成为 JINDING 最具辨识度的亮丽名片。

"创办期间，像徽标这样的故事实在太多了，四天四夜都说不完！"走过艰苦卓绝的筹备期，2016年10月27日，澳大利亚JINDING集团终于在Rialto Tower正式开张，JINDING翻开了崭新的一页。

稳健前行：中澳合璧催生业界翘楚

围绕地产和金融两大核心板块，JINDING集团旗下设有开发公司、置业公司、基金管理公司、投资公司等多家子公司，形成了覆盖开发、销售、投资、管理、服务等领域的全地产产业链。

"本地化的精英团队是我们一大优势。"Jay介绍说。随着筹建期与当地顶尖咨询团队的深入合作，JINDING的发展愿景和专业程度迅速在业内传播扩散。在初创期就形成了罕见的人才虹吸效应，本地高端人才纷至沓来。目前在集团高层，本地人高管占80%以上，这已经成为JINDING深耕本地市场的重要保障。

凭借中澳合璧的优质资源，JINDING启动后连续打出了一系列漂亮的组合拳，迅速成为澳大利亚地产界一颗引人注目的新星。在本地房地产开发领域，更是一路高歌猛进。Wollert、Armstrong Creek、Junction Village、Kilmore和Sunbury等多个大型社区开发有序推进，未来将交付超过4900个独立的别墅用地。

其中Octave at Junction Village，是JINDING首个清盘销售且完工交付的项目，在为股东和投资人赚取丰厚利润的同时，为当地社区做出诸多贡献。

在置业板块，JINDING与本地开发商和建筑商建立了深度合作关系，专业从事渠道销售，优质房源涵盖墨尔本、悉尼、布里斯班、黄金海岸、阿德莱德和珀斯等澳大利亚各大城市，在中国11个大中城市开拓业务，业绩风生水起。

为更好地服务本地市场，2018年12月JINDING成功并购墨尔本本地房地产公司VICPROP，专营房屋租赁管理、二手房销售、商业物业销售以及项目市场推广四大业务，目前已拥有四家直营门店和两家加盟办公室，管理租赁物业超过2000套。

决胜未来：保持创新赢得红利

几年来的发展成绩斐然。Jay坦言，2012—2016年是澳大利亚房地产市场的黄金期，2016年才正式进入当地市场的JINDING并没有赶上"风口"，别人眼里的辉煌战绩，不过是逆水行舟，稳扎稳打完成了预期目标。

2020年突如其来的新冠肺炎疫情，是所有人都无法绕行的考验。在这场大考中，JINDING成为"第一个吃螃蟹的人"，开创了地产界全新的销售模式。2020年2月，位于布里斯班的皇后码头项目开盘，计划在中国举行盛大的开盘展会，负责渠道销售的JINDING集团早早安排就绪，但没想到一夜之间，突如其来的疫情让这一计划停摆。

这个仗该怎么打？简短商讨之后，Jay决定放手一搏。他第一时间飞赴布里斯班，带领毫无直播经验的团队在展厅里用手机和中国境内客户直播互动，完成了网上开盘。直播售楼方式点燃了困守在家的客户圈，当日就创下销售90余套的新纪录，实现了远超预期的开门红。

JINDING的大胆尝试，得到了业内人士的强力追跟，"直播"很快成为疫情期间地产销售的主渠道。现在，经过不断的探索和打磨，JINDING的直播销售已在各网络媒体全面开花。Jay说："有人说我们赢得了疫情的红利，但仔细想想，这个红利来自创新。"

"经过多年的努力，我们的业务都已经进入轨道，短期、中期、长期地产项目都在顺利进行，现在我们的重点是放远视线，做未来规划。"Jay说，JINDING未来将致力于做好两件事：一是在传统地产项目中融入高科技新技术，让客户的居住体验更加美好；二是用传统产业的盈利去投资新兴行业，寻找JINDING下一个新增长点。新一轮发展构架也在紧锣密鼓地进行，在JINDING的未来版图里，既有与地产行业高度黏合的节能装置、智慧家居、家庭办公等智能产业，也有全新的生物医药、医疗科技领域。

对Jay和团队来说，全新的挑战已经来临，巨大的压力又将如影随形。他说："我所理解的企业家精神，就是永远保持创新，有压力才能催生创新的动力，我愿意迎接这样的挑战。"

Michael Mai

一个创二代的成长历程

麦氏集团（MAI Group）CEO

2009 年，26 岁的 Michael Mai 独闯澳大利亚地产开发领域，成为"80 后"创业成功的标志性人物；同时，他父亲也是中国颇具影响力的商界领袖。他们之间的故事诠释着家族传承的新篇章。

挫折——"我终于心态归零，不再抗拒父母"

Michael Mai 从小就不是那种听话的"好孩子"，总是有自己的一些想法。父母在他15岁的时候就送他远渡重洋来澳大利亚留学，入读名校 Scotch College。当他的同班同学成为好莱坞明星的时候，他也终于决定自己也要独立。

留在澳大利亚还是回到中国，这是不可避免的话题。从小父亲工作忙，尽管他是唯一的儿子，也是聚少离多，如今儿子长大成人，无论从感情上还是事业发展上，父亲都希望儿子回国，不但可以加深父子之情，还可以言传身教，把多年积累的经验作为家族的宝贵财富传承下去。

家族传承和富二代的成长是多少第一代企业家的痛，这是一条比当年创业还艰难的路。由于中国第一批富二代多成长在父母事业最繁忙时期，父母往往没有亲自参与对孩子的教育，很多孩子甚至都是保姆带大的，还有的小时候没有父母陪伴，十五六岁时又独自远行他乡。这样长大的孩子和父母的情感维系多不紧密，很多在社会上表现也不尽如人意。

Michael 想自己闯天下。他觉得父亲的名气无法让他获得自我成长的成就感，更何况他已经不知不觉地爱上墨尔本，发自内心地把这里当成第二故乡。于是，非常有远见和胸怀的父亲支持儿子的决定，并鼓励他代表麦氏家族开创事业，迈向澳大利亚房地产开发领域。

当时在澳大利亚生活已10年的 Michael，本以为找到澳大利亚本地资深专家的带领，就可以大展拳脚，谁想到现实残酷无情。

他笑着回忆说，当时他办公室有一个大大的书架，上面是墨尔本各个市政厅、所有地产项目的资料，以及土地开发的法律法规等。他把这些资料统统找来，装订成册，一一研读，每本都有一两英寸厚。不过，昏天黑地读下来，还是一头雾水，还是觉得自己有很多要学。

一切看在眼里的父亲虽然也为孩子着急，但毕竟是经历过大风大浪的一代知名企业家，给了孩子最坚实的支撑。父亲说："不是说好5年吗？这才过了2年啊。"痛苦中，Michael 答应最后一搏："我其实是麦氏集团的第一代 CEO，而不是第二代，我肩负着家族创业的责任，承认失败的最大好处是我终于心态归零，不再抗拒父母，而是虚心认真地向父亲请教，学习企业管理，学习如何同其他企业家打交道。"父亲告诉他诚信和互赢的重要性，成为他至今百战不殆的法宝。

成功——尊重是企业文化的根基　创新是持续成功的源泉

再次起步的 Michael 打造新团队，他做的第一件事情就是塑造企业文化，他让员工自己制定职业描述，很多事情大家一起讨论，人人参与，积极提供创意。Michael 说，父亲传授的经验就是要把公司打造成员工终身事业的平台，让每一个员工都有成就感。

现在的公司，不但有澳大利亚本地人、英国人、爱尔兰人，还有斯里兰卡人、马来西亚人，华人其实不到10%。这样一个文化多元的公司，却其乐融融。沟通环境透明，员工可以无所顾忌地给老板提意见，Michael 甚至每周主动找员工一一谈话，让员工给自己提意见。他还经常搞头脑风暴，鼓励各类创新，甚至给机会把疯狂的想法付诸实现。

他笑着回忆说，做 Geelong 项目时，小伙伴们找合作伙伴花了很长时间，直到第四次才找到，在把合同条款放到 Michael 面前时，他当时非常不满意，气愤地把条款摔在桌子上说，这是什么条款，你们怎么想的？因为之前对团队小伙伴非常信任，他并没有过问更多的细节，直到最后条款都已基本敲定，他才知道内容。虽然不同意，但公平公开的文化还是让小伙伴们充分表达自己的观点，为了这个项目，他们在办公室里"吵"了三天，最终居然是 Michael 妥协。事实证明，小伙伴们当时的坚持是对的，这个项目最终非常成功。在如此畅所欲言的环境下，员工主观能动性极大地发挥出来，各种好项目纷至沓来。

Michael 也不再一个人昏天黑地地研究，或雇用专家，而是找来专业公司咨询合作。此时他又自己摸索到让企业增值的秘诀，发现复杂的项目是最佳的增值途径。比如一个项目，由于五六百页的报告中有三四百页是土地污染报告，大部分开发商没有认真研究就避之唯恐不及；再如有一个项目是上一个开发商破产，被市场忽视。凭着过去两年的积淀，他找出优势，积极创新，终于取得一系列自己折腾出来的成功经验。

如今他做了 You & I、Maple、EQ Tower、Highett、Northbridge、Geelong Gen

Fyansford、Aspire 等多个地产项目。

EQ 项目凭借出色的外形、内饰设计和机构投资人背书，仅用 5 个月就获维州规划部长批准。绝佳的地理位置使得项目一开盘便引起市场轰动，在当时创下了墨尔本最快公寓销售纪录，2 个月内售出 80%。EQ 项目获得亚洲地产协会最佳开发项目、亚洲地产协会最佳建筑设计、入围 UDIA 2017 年度最佳高层项目等荣誉。

Maple 项目荣获 Boroondara 市 2018 年最佳公寓项目；HWKR 创意餐厅项目更是入围澳大利亚地产协会 2019 年度创新项目和澳大利亚室内设计协会 2018 年度最佳设计奖。

ICD 团队将一处原谷仓设施改造成大型壁画艺术品，展现了三位代表吉朗各时期市民精神的人物肖像，受到市民的广泛尊重。在 2018 年英国王室蜜月庆典中，维州总督将谷仓远景照片制成画框，赠予哈里王子夫妇，这是对 ICD 努力奉献澳大利亚社会的最佳褒奖。

Maple 项目　　　　　Aspire 项目　　　　　ICD 壁画艺术品

理性——脚踏实地学内功，树立更远大目标

Michael 事业初创成功，但也面临一系列挑战，甚至一度被胜利冲昏头脑，鲁莽冒进。Michael 记得曾经在一个月内拿了 3 块总价值 10 亿的土地，父母及时提醒："步子迈得太快了。"他虚心接受父亲的建议，卖掉两块地，还赚了钱。

他放缓脚步，开始内功的修炼，认真学习西方大企业、学习犹太人家族的运营经验，并开启了麦氏资本（MAI Capital）金融公司的尝试。相比于地产开发，在澳大利亚金融严格监管制度下进行资本运作，是一个更为艰巨的挑战。不过此时的 Michael 已然成熟稳健，智慧而自信。

Michael 第一步成功的动力是作为麦氏集团的第一代 CEO，肩负着家族的责任。小试牛刀成功之后，父亲的国际化情怀感染着他，他的未来目标是打造国际性专业公司。

非常幸运的是，Michael 在澳大利亚这 10 多年创业过程中，没有因为是华人而受到歧视。中国在国际上的形象已得到极大的提升，但是自己的企业未来是否可以走向国际，需要付出更多努力。

感恩——来自母亲的教诲

Michael 的办公室里有一块牌子写着"MAI Foundation"（麦氏基金会），这是由 Michael 太太管理的慈善基金。采访过程中他说得最多的词就是感恩，比如有一个跟了他十年的员工，他说："当时公司环境那么恶劣，人家就一直跟着我。"

后来说到母亲，他又说，母亲在中国也向多个慈善组织慷慨捐赠，母亲信佛，一直教导他要有一颗善良的心。他记得小时候母亲带着他去匿名捐助的贫困小学看望孩子们，当他把礼物送给一个孩子的时候，那个孩子的笑容至今还留在他的脑海里。他意识到自己的一份小小的礼物就能给对方带去快乐，未来也一定要帮助更多的人。

Michael 的太太 Hilary 是加拿大长大的华裔，和他有一致的理念。麦氏基金会如今捐助着澳大利亚多个青年慈善项目，鼓励澳大利亚青年创业。Michael 指着手上戴着的孔子表，这款工匠手工打造的珐琅手表就是由麦氏资本投资的孔氏手表制作的。基金会还有一个咖啡厅 Manymore，也是把 100% 的利润捐赠给社会公益计划。

说到太太为什么是加拿大华裔，Michael 幸福地讲起当初在巴塞罗那遇见她，他就义无反顾地追到加拿大，找到岳父大人谈，终于征得同意，从加拿大娶回了太太。如今他已经当爸爸了，兴奋之情溢于言表。他说："我和孩子都属猪。"此时，Michael 的表情是那样单纯而幸福。

Gary Li

从留学生到中澳跨国教育领军人
爱德集团创始人

1995 年，Gary Li（李强）作为一名留学生来到墨尔本。时光荏苒，20 多年匆匆过去，曾经的留学生在各种历练中已经成长为爱德集团的领军人和中澳跨国教育的使者，帮助了数十万有着留学和移民需求的客人实现梦想。

Gary Li 的成长故事，要从他父母决定移民澳大利亚说起。作为改革开放的受益者，Gary 的父亲 1978 年下海在天津从事钢材和房地产行业。因为他意识到未来的人才一定需要国际视野，于是 1995 年全家移民到澳大利亚。当时只有 16 岁的 Gary 很自信地对父母说："你们回去吧，我自己能行。"就这样，他开启了在墨尔本的留学生生活。像所有留学生一样，他面临着饮食上的不习惯、英语学习环境的不适应和没有家人陪伴的孤独。

真正改变 Gary 的事件是，入读大学后，家里突然被盗。一时弹尽粮绝，Gary 决定出去打工。那时候他尝试了不同的工作，经历了艰难坎坷，也体验到了人情冷暖。天道酬勤，在他的不断尝试下，收获了人生的第一桶金，也收获了自信。这段经历让 Gary 在之后的创业路上无论遭遇何种困难，都可以找到破解的方法。

专注教育行业，成为中澳跨国教育的领军人

Gary 进入教育行业，缘起于他大学毕业后当中学教师的经历。当时他作为会计老师，悉心传授知识给每一个渴望探索的学生，私下里大家都亲切地叫他"Gary 哥"。而他也在这个教书育人的过程中深刻地发现：教育可以改变一个人的未来。出于对教育的热情和敬畏，同时结合自己的留学经历和中国留学市场逐渐兴起的时代浪潮，Gary 做了一个大胆的决定：开办 AIDE 爱德留学移民公司。

爱德创办之后，陆续与澳大利亚教育机构和当地知名院校建立了良好的合作伙伴关系。留学移民市场潮起潮落，Gary 带领着他的顾问团队始终在这个领域默默耕耘。哪怕地产火热，也没有动摇 Gary。他说："做这个行业的确有很艰难的时候，但当有留学和移民需求的客户把自己的未来交给爱德时，心中的神圣使命感催促着我竭尽全力地帮助他们实现梦想，以不辜负他们的期待。"如此，爱德教育集团现在才能成为澳大利亚经营历史最久、最具影响力的跨国教育、留学、移民和投资咨询服务机构之一。

在爱德教育集团的业务板块中，Gary 倾注心血最多的就是中澳合作办学项目。

Gary Li 在 2023VCE 跨国峰会上发言

作为一个极具开创精神的创业者，他敏锐地发现，要把公司做大做强，就要抢占差异性市场。他独具慧眼地瞄准了"合作办学"这一渠道。恰逢国际课程逐渐在中国兴起，Gary 希望把自己上过的澳大利亚维多利亚州的 VCE 高中课程"嫁接"到中国大陆的学校，让更多的中国孩子可以在家门口就体验到原汁原味的澳式教育。于是，他从 2003 年起深入研究国家的教育办学政策，奔走于中国的大江南北，拓展 VCE 市场。

认识 Gary 的人都知道，他一年中至少有一半以上的时间在中国各个城市跑学校。Gary 曾调侃着对我说："最高出差纪录是一天跑 4 个城市，这可是我的家常便饭啊！"其中的辛苦，不言而喻。而正是因为他几十年如一日地持续专注于教育行业，目前 VCE 已经在中国的 20 多个城市成功落地，近万名 VCE 毕业生通过这一课程进入英、美、澳、新加坡、中国香港等国家或地区的世界顶级学府深造。而 Gary 也成为中国和澳大利亚跨国教育的领军人，被维多利亚州多元文化委员会授予"2018 年维多利亚州多元文化先锋"称号。

做良心企业，成为客户在海外可以依靠的家人

回到之前所说，Gary 自己经历过留学生的苦，深深体会到十几岁初到澳大利亚的过渡期是多么需要人文关怀。Gary 希望他们在异国他乡遇到任何困难，会第一时间想到"爱德"。于是他在保持专业和高效的留学和移民申请服务的基础上，开始打通整个留学服务的产业链。

目前，爱德的一条龙服务涵盖从申请留学和办理签证，到安排接机、协助租房、协助大学报到注册、课程补习，再到协助毕业求职和移民办理等。在这

20多年的时间里，Gary及其团队见证了太多留学生的成长蜕变，从不谙世事的懵懂少年，到学有所成的社会精英，再到定居澳大利亚组建美好家庭。

难怪昆士兰大学的常务副校长李荣誉对其服务给出了极高的评价：爱德以学生为本，为他们提供的服务最有爱心、最尊重个性，特别是后续服务之特色是其他留学代理所不能比拟的。

Gary为留学生提供的不仅是"锦上添花"的服务，更有"雪中送炭"的大爱。

2020年年初新冠肺炎疫情来袭，突如其来的澳大利亚边境封控让许多留学生无法入境。有一段时间，澳大利亚政策是可以通过第三国泰国转机入境。很多学生为了按时入学，纷纷前往泰国，以期顺利进入澳大利亚。但事与愿违，不少学生在完成隔离准备离开泰国时，却与当地机场沟通不顺，造成无法登机。虽然各大留学中介都组建了"返澳互助群"，但学生和家长在当地求助无门，急得像热锅上的蚂蚁。在这个艰难时刻，Gary亲自飞到泰国曼谷，在机场第一线帮助学生去和航空公司沟通协调。

与此同时，Gary也凭借自己ECAA澳大利亚教育顾问协会会长的身份，联合多家澳大利亚留学机构，发起了《中国留学生对于澳洲限制入境的调查问卷》，其间共有5000余名留学生填写了自己的情况和意见。Gary把这些珍贵的第一手信息整理分析形成报告，提交给了澳大利亚相关政府部门和各大院校，成为其完善疫情期间留学生服务的重要参考依据。此后，澳大利亚教育顾问协会又接到了中国（教育部）留学服务中心的委托，完成了《中国留学生对澳大利亚大学网课的调查问卷》，更好地反映了受影响的中国留学生的真实想法，并向相关部门、高校提出可行性建议，实实在在地为学生们提供了更多的支持。

转危为机，开启全球化布局和教育科技新篇章

新冠肺炎疫情的这几年，由于出入境政策的限制，留学行业受到了前所未有的重创。面对危机，Gary表现出了身为集团领袖的沉着冷静和积极豁达。他曾对我说，"危机"这两个字可以拆开来看。"危"代表"危险"，也就是英文的risk；而"机"则代表"机会"，用英文说就是opportunity。我们无法改变疫情带来的行业风险，但我们可以从中寻找新的发展机会，知行合一。在疫情的大

环境下，Gary 再次敏锐地发现了新的商机——全球化布局的重要和教育科技的崛起。

他针对不同国家市场，采取了不同的本土化商业策略。一方面，针对滞留在中国大陆的留学生，Gary 积极联系蒙纳士大学、皇家墨尔本理工大学、迪肯大学等澳大利亚知名大学，首创了混合学习大一衔接课程（Blended Learning 1st year program）。该课程采用中澳名师共同授课的独特模式，学生们可以在国内完成混合课程后直升澳大利亚名校大二，帮助其不出国门便能尽享澳大利亚教育资源。另一方面，疫情下新加坡、越南、柬埔寨等国家的留学市场越发兴起。抓住这一时代机遇，Gary 不仅于 2022 年在越南开设了爱德分公司，积极与当地政府部门和教育资源对接商业合作，还在新加坡建立了一所学校，让当地的学生在新加坡就可以完成澳大利亚的国际高中到大学的课程。

除布局全球业务外，Gary 清楚地意识到疫情改变了人们的生活方式，教育科技的浪潮一触即发。为更好地推进跨国教育和教育科技业务，2022 年起爱德子公司前未教育（EvoTree Education）成立，并成功研发了从小学到职业教育，再到大学教育的各类线上线下国际课程。如今他努力的方向是中澳双学历，打通中澳学分认证，中国高考成绩澳大利亚认证，中澳大学两边开课模式。难度当然很大，但开拓和挑战，创造中澳新教育模式才是 Gary 真正心之所向，有 Gary 这样的教育使者，中国的学子真是有福了。

Gary 喜欢红色，正如爱德教育集团 Logo 的红色旗帜，在中国、澳大利亚的教育领域迎风飘扬；Gary 也爱绿色，正如前未教育 Logo 的绿色树木，在全球范围教书育人，培养有国际视野的栋梁之材。期待他未来可以在教育领域乘风破浪，砥砺前行。

Gary Li 和爱德的墨尔本留学生聚餐

Bruce Yang

做有温度的建筑商
澳腾（Aultun）创始人

异军突起，源自跨界。

在华人地产圈内，澳腾（Aultun）这个名字似乎并非家喻户晓。然而在与澳腾合作过的公司眼中，无论是华人公司还是西人公司，澳腾都是一个有口皆碑的建筑服务商。很难想象，在业界异军突起的澳腾竟然是一个"跨界者"创立的。

澳腾的创始人 Bruce Yang 是南京医科大学肿瘤专业硕士。2007 年来澳大利亚之后，Bruce Yang 一边攻读 RMIT 的生物技术硕士学位，一边打工挣钱、投资物业。买来的房子很旧，他就自己学习装修，让房产增值更快。这中间什么苦活累活他都干过，或许对建筑的兴趣就是从装修开始的，用拿手术刀的手去拿泥铲子。

从 2007 年购入第一套物业开始，他以每年两套以上的速度购房，又因其敏锐的商业眼光正好碰到了繁荣的市场时机，时不我待，Bruce 在 2012 年果断卖掉购置的全部 11 套房产，作为创业基金，意气风发地正式进军房地产建筑行业。

看准痛点，宝剑出鞘

当然，性格沉稳的 Bruce 绝不会打无准备之仗，他其实早在 2009 年就开始在地产公司打工，同时取得了房地产从业资格证。他选择房地产建筑行业进行创业也不仅是因为对行业前景持乐观态度，更多的是从业之后发现了行业里的诸多痛点和弊病。

施工质量问题、工期拖延问题、预算超标问题、开发商踢皮球等，可谓积习已久。比如，曾经有一个靠近火车站的建筑项目，在一切就绪开始施工的时候，发现设计出现纰漏，没有考虑到因为地基靠近火车站，所以打桩数量应该是普通项目的两倍。除了最终打桩的成本翻了倍，整个工期也因为设计要大改而拖延，相关成本更是增加得令人咋舌。再如，有的项目已经拿到批文，却因为项目销售合同不合规而拿不到银行贷款，以致资金链断裂。

跟对的人，做对的事

看到一个个公司受挫，从业者如走马灯似的你方唱罢我登场，Bruce 暗下决心，既然做了这行，就不能再重复别人犯过的错。行业乱象或许正是自己的机会。2012 年年底，Bruce 与熟识的合作伙伴 Ben 成立了澳腾建筑。

与 Bruce 的人生路径不同，Ben 是马来西亚人，他似乎是为建筑行业而生的。他从建筑行业最基础的工作入行，在 20 多年的时间里先后担任过多家大型建筑公司的施工经理、项目经理等职，积累了建造行业全方位的经验。除了在 RMIT 拿到建筑学位，还另修了信息工程学位。从繁杂的文案设计工作到施工现场的工作细节，再到每一个施工者和工程质量的管控与评估，Ben 可谓是从图纸到现场、从前端到后台的全方位能手。

高门槛，高要求

于是，Bruce 与 Ben 从单体别墅开始，一步一个脚印，慢慢成长到能承接 100 多套公寓的中型项目。刚开始必须求稳，除了要积累经验，还需要积累足够的完工业绩，才能申请更高层级的资质。这些就是在澳大利亚做建筑施工行业的准入门槛，其中单体和联排别墅的门槛低，公寓的门槛高。除了建造资质门槛，公寓项目的另一个门槛是贷款。根据澳大利亚相关法律，公寓项目因资金量大，所以银行对建造公司的审核严格。只有积累了足够多的完工业绩和无违约记录，银行的审批率和审批速度才会高。

如今澳腾自己开发或者建设完成的项目已近 20 个，比如 Chadstone 98 公寓、Oakleigh South 137 公寓、Murrumbeena 37 公寓 + 零售、Keysborough 42 栋联体别墅、Keysborough 59 栋联体别墅、Coronet Bay Resort 和 One Centre Square 等商业物业。Cheltenham 大型公寓 + 零售 + 办公室，明年也将上马。

零死角专业审视　把控施工质量

有计划、有节奏地做事并非全部，能解决行业痛点才是 Bruce 坚持初心的原动力。因此，Bruce 和 Ben 摸索出了一套有澳腾特色的打法。

多年的经验告诉他们，建筑项目拖工期主要有三大原因：30% 是政府相关部门的频繁换人和效率低下，30% 是前期设计疏漏，40% 是工程管理不善。第一个因素不在公司控制之内，且每个建筑公司都面临着同样的局面，而剩下 70% 则是能够用科学的管理尽量避免的。

经过思考、调研、摸索，Bruce 和 Ben 决定，就算是前期多花点时间，多花点成本，也大大好过事后补救。这个前期的付出就是设计规划管理。在项目设计阶段，澳腾召集多达 15 组人研讨，包括水电工程师、结构工程师、工程造价师、噪声处理专家、建筑节能专家、市政规划师、污染处理专家等。从这个名单即可看出，澳腾的项目设计做到了零死角的专业审视。

他们以结果为导向，以拿下政府批文、顺利获得贷款、最低返工率、最帮客户省钱、最高效、最省时间、最高满意度为目标，群策群力，有的放矢。对于每个开工的项目，这 15 组人还会以每两周开一次例会的频率跟进项目进展，确保万无一失。

至于工程管理，雷区就更是防不胜防。比如，有家公司多方比价之后挑选了国内的一家门窗供应商，并花费几百万向对方采购。然而门窗到港后由于尺寸不对，无法正常安装，造成整批货品作废。为了将这种风险降到最低，澳腾会严格执行比较和审查，高度细致地审核供应商的报价方案，预见不同方案中的隐性成本。

随着业务的不断精深，不断有新客户找上门来，澳腾也从几乎 100% 的自主开发、自主建造，拓展到承接第三方开发商的项目。除了整个链条上每个环节的严格把关，保证项目的"可施工性"（buildable），澳腾更是站在客户角度确保房子好卖（marketable）。澳腾接到项目都会帮客户审核销售合同，评估买家和开发商的潜在风险并给出解决方案。

引进中国先进技术，企业本地化发展

目前，澳腾有 30 多名全职员工，以本地员工为主，占到了 80%。原因无他，只是因为建筑产业是本地化产业，关键节点上打交道的都是本地人，这样的员工组成最为高效。虽然员工本地化，但技术上 Bruce 时时关注中国的发展。

Bruce 坦言，澳大利亚的建筑行业相较中国其实已经落后很多了。比如集成化建筑方式在国内已经非常普遍，极大地提高了建造速度和效率。然而在澳大利亚，因为特别保护就业率和劳动者，所以短期内很难大面积推广集成化建筑方式。但是，创新仍然能找到土壤，比如新型建筑材料就是一个让多方受益的创新。也正是长时间对这方面的关注，让澳腾有了意外的收获。

正当澳腾火热发展之际，疫情突临，忙碌的人都闲下来，外加澳大利亚政府给建房者大量补贴，导致疫情期间建房突然集中，恰逢此时各个国家封城或封锁边境，造成物流困难，建筑材料费疯涨 40%，而澳大利亚建筑行业的规矩是以固定价格签合同，即无论材料费如何增加，客户给建筑商的钱是固定的。

同时墨尔本更为特殊的是，政府大搞基建，争夺材料不说，还争夺人工，工资又飞涨。于是2022年、2023年这两年，建筑公司纷纷倒闭，甚至多家著名的大型建筑公司都撑不住了。

此时澳腾看准市场缝隙，迅速推出市场及时雨"太空舱"。

太空舱PORTALUX是指在中国制造好，到澳大利亚组装的两室一厅、一室一厅，只要12万澳元起，3—6个月就可以完成申请和安装，而且完全符合澳大利亚建筑NCC的标准。对于澳大利亚许多大地主，本想建民宿、建度假村，甚至后院建祖母房的家庭，简直是天赐良机。因为建筑公司的大量倒闭，留下无数烂尾楼，让许多建房者却步。但边境开放，留学生和移民大量回流，又出现住房短缺，租房困难，一套房了空出来，上百人排队争抢。

而澳腾的太空舱正好解决了此时的痛点，太空舱不但可以迅速利用空闲的土地，省钱、工期短，还解决了现金流问题。面对一年多12次加息，土地税又翻倍的不利影响，太空舱的出现真是雪中送炭，立刻受到市场的热捧。

做有温度的建筑商，他的承诺，你的收获

建筑行业看起来是一个冷冰冰的行业，每天打交道的都是图纸、沙土、钢铁、玻璃，但是在Bruce和Ben的手里，澳腾成为行业里的一道独特风景线，一缕温暖的阳光。正如澳腾的标语——有温度的建筑商，它传递的是站在客户角度和购房者角度考虑的温暖，是先利他再利己，是有人情味的承诺。

祝愿澳腾展翅腾飞，扶摇直上。

◀ Aultun 建筑项目

·051·

庄骊

越挑战 越兴奋
澳大利亚首位华人特技飞行员

庄骊，不是那种躲在闪光灯背后的女子。她明明可以靠颜值、靠父母，选择躺平的生活，却选择了挑战自我，选择走一条不寻常的道路。这种不屈的精神让大家对她刮目相看，对她取得的成就深感敬佩。她坚毅的力量，越挑战越兴奋的性格，以及神秘的门萨会员身份，无疑让她成为众人关注的焦点。

庄骊移民澳大利亚迄今已有 7 年。在这 7 年间，她不但一个人带着两个孩子移民，在澳大利亚考到商业飞机驾照和飞行教官资质，还成立了一家飞行学院——悉尼首家由华人创立的、获得澳大利亚航空局 141 认证的"珀伽索斯飞行学院"（Pegasus Aviation School），2022 年还成为在澳大利亚的首家钻石飞机培训中心。如今，该学院拥有 6 架飞机，培养学员超过 200 名，业务覆盖飞行培训、飞行观光和私人包机服务。

她也是中国航空器拥有者及驾驶员协会（AOPA-China）颁发的澳大利亚首位中国女性特技飞行员认证的持有者。更厉害的是，她在 2020 年参加了澳大利亚新南威尔士州特技飞行锦标赛，作为初次参赛者在 Entry 级别取得了小组赛第二名的佳绩。2022 年，又晋升参加 Graduate 级别。

庄骊的经历让我充满好奇，而和她沟通时，更能感受到她洋溢的激情。

挑战之一：从恐飞走向开创飞行学校

相信大部分人完全想不到庄骊学飞行的原因竟然是恐飞。她小时候坐飞车出过一次事故，眼睁睁地看着自己飞车的车轮飞了出去，虽然没有受重伤，但留下了心理阴影。长大后她潜水、赛车、攀岩、跳伞、射击等极限运动都尝试过，唯独不敢玩飞机。后来她终于下决心去试一次，没有想到在新西兰第一次上去坐的竟然是特技小飞机，40 分钟下来后哇哇大吐，脸色惨白。也正因如此，她觉得只有这个项目才有挑战性，她说自己就是属于越挑战越兴奋的那种人。

2016 年她获得娱乐飞行执照，2017 年获得私人飞行执照，2019 年获得商业飞行驾照，2020 年获得特技飞行员资质。谈及自己的首次单飞，那种感受庄骊至今印象深刻："那是在 2016 年，我第一次一个人驾驶飞机飞上蓝天。那种感觉非常美好，是克服自己心魔的骄傲感，也是挑战自我成功的满足感。"

澳大利亚新南威尔士州特技飞行锦标赛 AAC 作为业内最具影响力的比赛，是澳大利亚专业特技飞行员争先恐后想要一展身手的舞台，各路大侠将在锦标赛上一决高下。庄骊取得特技飞行员资质刚满 1 年，首次参赛时，在高手如林的锦标赛上显得有些稚嫩。其他参赛选手不是从小就爱好特技飞行，有着几十年的飞行经验，就是身经百战的专业选手。

而且，她在一次比赛前的体能训练中不慎摔断了两根肋骨，当时教练建议她取消比赛。可是庄骊在静卧一个月后，还是选择了继续参赛，并靠着打封闭针忍着痛完成了比赛。由此可见，她内心的力量是多么强大。

庄骊不仅满足于自己的飞行成就，她还决定创立自己的飞行学院。

面对创业路上的困难和挑战，如运营、飞机保养、航空局的各种要求，她坚持了下来，并成功建立了珀伽索斯飞行学院。为了提供更好的教育资源，她还重新设计了教学流程，聘请了专业教练和考官，并为学员提供专业的英语培训。庄骊表示："我要告诉所有人，学习飞行并不难，只要跨出第一步，持续前行，就能体验到飞行的美妙感受。"

在她的努力下，珀伽索斯飞行学院不仅是一所飞行学校，也是一个实现梦想的地方。

庄骊在飞行训练

挑战之二：平衡事业与家庭的双重责任

如此能干的庄骊来澳大利亚前也是企业家出身。

一个上海女子，颠覆了人们传统印象中上海女子娇滴滴的形象。在中国时，她创立了米乐布提宠物生活馆，一个上海知名的高端宠物品牌，经过10年的努力，她不仅开设了10家连锁店，还拥有两家宠物医院、一家宠物培训学校，并建立了一个20亩的宠物培育基地。

2016年，庄骊带着两个孩子移民来到悉尼。因为丈夫在上海的工作一时抽不开身，所以她要独自照顾两个年幼的孩子。初到澳大利亚的她，生活并非一帆风顺，中国的生意也暂时搁置。

原计划是待三年后返回上海，但没想到她和悉尼有了预期外的羁绊。从考私人飞行驾照到考商业飞行驾照，再到创办飞行学校，她迈出的每一步既在意料之外，又在情理之中。现在的飞行学院业务也蒸蒸日上，而孩子们也渐渐适应了澳大利亚的生活。

庄骊常开玩笑说，她没想到自己会在澳大利亚折腾出这么大动静。

从在中国不用为生活琐事操心的甩手掌柜，到澳大利亚亲力亲为处理家里家外的一切，生活给了庄骊不少考验。有一次，家中深夜跳闸，她只得打越洋电话向丈夫求助。

庄骊在飞行训练

"还有更糟糕的事吗？"她笑着说："不记得了，糟糕的事我从来记不住，因为自己终究会挺过去，你看现在的我都能修洗碗机了。"她停了停又说："一切的经历都是你留下的轨迹，好的坏的并不重要，重要的是终点在哪。"

庄骊一个人在悉尼照顾孩子、打拼事业，丈夫也给了她坚实的支持。

"我们恋爱长跑了14年才结婚，都是彼此的初恋，从两小无猜的时候就在一起了。他对我的事业一直很支持，不管是以前还是现在。我们会经常一起讨论各种问题，而我做任何重大决定前都会征求他的建议。"庄骊乐观积极的态度和很多新移民太太的各种抱怨形成了鲜明的对比。

挑战之三：疫情考验下的凤凰涅槃，迈向新高峰

尽管面临许多挑战，她在疫情暴发之前的飞行学校业务仍然是繁荣的。但疫情后，随着中澳通航的突然中断，她的学生人数大幅减少，业务受到严重影响。

屋漏偏逢连夜雨，疫情导致飞机延迟交付，一切都变得很动荡。庄骊满脑子还是想着怎么样应付外界的打击，可是万万没有想到，内部也出现了巨大问题。记得最灰暗的这一天，是在航空局很重要的一个面试会议上，合伙人兼主教练毫无征兆地消失了，庄骊完全没有想到竟然会这样，这直接造成学校全面停摆，接着教练辞职，学员闹退学。这个突如其来的打击差点儿把庄骊压垮，庄骊说，当时她觉得这个坎儿自己恐怕过不去了。

一周后，是2021年的春节，对于庄骊来说是一个终生难忘的日子。那时，学校正经受着前所未有的危机，她压力大到整夜整夜地睡不着觉，可是为了让远在国内的家人朋友安心，在大年初一的早上，她孤零零一个人站在机库里，独自面对镜头录制了喜气洋洋的拜年视频。当时她的丈夫毫不知情，正在咫尺之遥的悉尼隔离酒店隔离，憧憬着和妻儿的新年团聚。

看着自己在视频里强颜欢笑的样子，她说自己感到了从未有过的心酸。她说自己创业那么多年，第一次深深感到了孤立无援和人情冷漠，一个人在海外打拼，面对的困难要比自己预想的还要多得多。

但庄骊毕竟是庄骊，倔强的她怎么会服输呢？不久之后，庄骊就调整好了心态，重新出发。她找到了合适的教练，稳定了学员的心态，调整了公司的财务状况，让学校重回正轨。提起那段不堪回首的日子，庄骊坦言，她自己也不知道当时是哪来那么强大的力量让她支撑了下去。她只是每天不断地告诉自己，无论前方的道路多么崎岖，她都不能被挫折打败，哪怕是跪着也要继续前进。

她的坚持和付出得到了回报，2022年6月23日，珀伽索斯飞行学院荣获了澳大利亚首家钻石飞行培训中心DFC的称号，澳大利亚前总理艾伯特亲自前来仪式上祝贺。此资格的难度可以比喻为登上珠穆朗玛峰，一名中国女性能够在异国他乡傲视群峰，这让所有澳大利亚华人为她骄傲，这是对庄骊多年努力的认可。

她戏称，在澳大利亚这几年，令她印象最深的是，感觉自己在"打怪升级"，干掉一个又来一个，一个比一个厉害，但是每过一关，又给了自己继续前行的勇气和力量。

Helen Tarrant
澳大利亚商业地产教育领域的开拓者
Unikorn——独角兽创始人

Helen Tarrant 是北京人，生在中国的政治中心北京的王府井，1988 年 7 岁随母亲移民澳大利亚，属于典型的移民二代。

Helen 在澳大利亚从小学到中学换了 9 所学校，谈不上颠沛流离，但也曾一起和父母作为新移民挣扎在生存线上，因此她具备极强的生命力和拼搏精神。最终，抱着回报父母，让父母拥有被动收入、颐养天年的念头，她独自一人在澳大利亚商业地产领域不断摸索和实践，发现了市场的空白，终于在课程合作和社交媒体的推动下崭露头角，成为澳大利亚商业地产教育的开拓者和买家代理。

同时，她作为一个中国女性能够在西方世界占有一席之地，站在台上演讲，面对台下密密麻麻的白人面孔，她为之自豪，充满了成就感！她想让父母也体会到这份骄傲，她想用她的母语为华人服务，让更多华人新移民通过她的教育和引领，获得被动收入，达到财富自由。

14 岁打工，看着房东去钓鱼，决心自己成为房东

Helen 小时候患有哮喘，妈妈决心换一个环境，于是 7 岁的 Helen 来到澳大利亚。开始住在舅舅家的车库里，后来爸爸来了，全家又因为租房、父母换工作等原因，不得不经常搬家和换学校，澳大利亚教学又没有统一教材，因此她的学习成绩大大受影响。

她 14 岁就去打工，餐馆、咖啡厅，同时好几份工作，父母也要打三四份工。在她 16 岁的时候，她清晰地记得，有一天妈妈说："你想要的未来，我没能力给你，只有你自己去争取。"

顺利在西悉尼大学商科毕业后，又改为学习法律。但考虑到在澳大利亚成为律师要经过 7 年才能赚钱，为了尽早赚钱，她同时兼读 TAFE 美容专业，并在 22 岁开了自己的美容院，一边开店一边攻读法律硕士，之后又开美容学校等，这样一干就是 16 年。

在这 16 年中，因为连锁扩张，她需要不断租店，因此接触到商业地产。又因为学的是法律，她对合同驾轻就熟，经常能够和房东谈出很好的交易。即便如此，她看着房东悠闲地钓鱼，而自己忙得昏天黑地，心里很不是滋味。

她详细地计算了一下：她一年一家美容院只有 6—7 万澳元的利润，基本是两天给房东打工，两天给银行打工，一天给澳大利亚税务局打工，这样只有周末两天的收入才真正属于自己。这让她下决心改变现状。

她开始研究商业地产，研究被动收入。商业地产因为租金回报远远高于住宅地产，而且 Outgoing 的各种杂费都是租客负担，同时贷款又能以租金作为支付能力凭证，不需要提供家庭收入，因此可以重复不断地购买，没有瓶颈。

她明确了自己的方向：早日成为房东，保证一年的被动收入在 6 万澳元以上，走向财务自由！尤其是看到父母走向年迈，她内心的愿望就更强烈了。

第一个商业地产租金回报率为 8%，房产增值 3 倍

买第一个商业物业是非常有戏剧性的。2012 年她看好一个寿司店，8% 的回报率，卖价 39 万澳元。当时因为是第一次买商业物业，调研花了一些时间，等研究好合同，满怀信心给卖家 offer 的时候，中介告诉她："已经有人谈好 36

万澳元，今天下午 5 点房东就签字了，除非你在下午 5 点前做好所有手续，抢在那个买家之前让房东签字。"

真是晴天霹雳！Helen 看了一眼手表，只剩 2 个多小时的时间，应该是不可能完成的任务！这时候 Helen 不知道哪来的一股拼劲，她迅速联系了 5 家律师，终于有一家律师愿意马上就给她合同签字，她狂奔过去，律师签字后，她又飞奔到卖家，眼看着卖家签好字，此时离 5 点只差 10 分钟，惊魂未定的她终于喘了一口气！而此时前述的买家，正拿着合同等在门口。2022 年 Helen 卖掉这家寿司店，卖价 109 万澳元，翻了近乎 3 倍。

之后她陆续投了 3 个商业物业，有酒店和美容店，基本上做到了一年 7 万的被动收入。于是她开始在社交媒体上分享；于是西人著名的教育机构来找她签约，售卖她的商业地产课程，而她的课程持续火爆，5000 澳元的课程很快达到了 100 万澳元的销售。随着越来越多学员来找她咨询，2017 年，Helen 决定开始买家代理业务。

而这中间她结婚生子，一边照顾孩子，一边打磨课程，发布到 YouTube 社交媒体。所有这些工作都是等孩子睡觉以后，夜里 12 点到 2 点和早晨 7 点到 9 点之间完成的，尤其是 YouTube 分享，几乎一天都没有停过。

2016 年之前，商业地产一个项目一般只有两三个人参与拍卖，而如今随着大家认识到商业物业的优势，一个好的项目，竟然有三四十人参与拍卖。火爆自然也会造成混乱，比如有卖家签假的租赁合同，欺骗客户。也有中介夸大其词，隐瞒各种问题。以至于有的买家买到之后，假租客跑了，有的买家后来发现地基有问题，这些都是因为没有做尽职调查（Due Diligence）。这让 Helen 感觉到，普及知识、尽职调查和分析投资组合，缺一不可，她要做的事情更多了，于是她开始组建团队，准备大展宏图。

地产教育、买家代理和拼团购买，是她的组合拳

Helen 把自己的公司起名为 Unikorn——独角兽！这些年 Helen 投资的商业物业达 30 多套。如今悉尼和墨尔本这样的大城市商业地产回报率大大降低，一般达到 5% ~ 6% 的回报就算不错，像麦当劳和 Coles 大超市等稳定租客的物业

则只有2%～3%的回报。

随着疫情后的通货膨胀，利率大增，要选择一个回报好、未来增值潜力大的商业地产越来越难。这让Helen开始从大城市走向乡村小镇。这当然难度就更大，飞行的距离就更远，而Helen的第二个孩子那时只有2岁。

2022年年底，她以44万澳元在小镇买了一个幼儿园，之后花了五六万澳元安装新空调和重新装修，又磋商了10年新租约，加10年续租，年租金3.4万澳元。结果不到1年，Helen就以71.3万澳元的价格卖出，虽然回报率只是4.77%，但因为是100万澳元以下，政府大力补贴的幼儿园，因此受到市场上欢迎。

如今她不但开设英文课程，还拓展中文课程，《商业物业实用课程》中文版也完成并推出了。

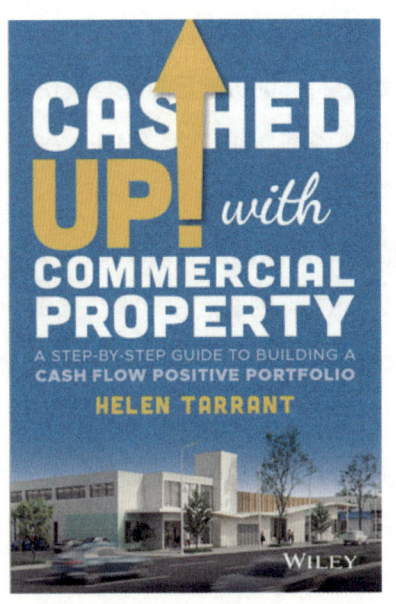

学员参加课程之后，如果感觉自己还是没有把握单独购买商业物业，那么就可以进入第二块业务：买家代理。其包括帮助客户整体分析投资组合，寻找物业，和卖家砍价，DD尽职调查，解释合同，重新谈判和推荐物业管理等环节。

当然作为一个买家代理，Helen是否真正能够做到保证客户的利益，也是很多人的疑问，Helen说，她的先生是一个澳大利亚律师，也投资股市和矿业，本来她完全不用自己出来赚钱，她的初衷是想帮助更多的人，为此Helen组建了一支精干的团队，团队中有律师、尽职调查部、贷款部、物业管理部、市场部、咨询部及找房团队，可以为客户提供全方位、一站式的服务。

而第三块业务则是合伙拼团。因为回报率好的商业物业往往都要价300万澳元以上，一下要拿出35%的首付，这对于大多数人的确比较困难，于是Helen愿意带领学员一起合伙拼团购买，当然，这中间涉及合伙协议、退出机制等各方面问题。

Helen Tarrant 出版的图书封面

WEALTH CREATORS
财富人物

在这三个服务链条中，Helen已经在西人群体中获得了很多成功经验，面对华人，她也愿意努力尝试一下。比如一个华人富二代，家里给了一大笔钱，他想买郊区高现金流的物业，Helen明白，对于这种情况，保值是首要考量，而不是现金流。经过多次反复沟通，最后买到了一件双方都满意的物业。Helen说，如果我仅仅是为了赚钱，根本就不必冒这么大的风险，我之所以甘愿冒着失去客户的风险，是因为我要坚持正确的原则。现在这个客户明白，如果按照当初的选择，疫情期间，他可能损失巨大。

还有一位印度客户正相反，他听了Helen对他财务状况的整体分析之后，放弃了原来的选择，买了郊区更高回报率的物业。

Helen Tarrant

当然Helen的西人客户也有很多，当时她初入商业物业的领域，和背景强大的商业地产中介、卖家打交道，许多人不把她放在眼里，她带着团队去看物业，卖家就和她的西人员工谈，等最后才知道，她才是老板，是真正决定买与不买的决策人。随着她在业界的地位的提升，越来越多的西人对她刮目相看。

祝愿Helen向着理想的目标扬帆起航，一帆风顺！

商界精英

BUSINESS ELITES

崔晓兵

Northmore！向北！向北！走向极致！

翊凯集团 Northmore 创始人

  如果说每两个澳大利亚人中就有一件衣帽是来自崔晓兵的企业，你说这个人厉害不？更厉害的是，不仅在澳大利亚，在欧洲和美国，他的产品也遍布12000家ALDI。十几年来，随着ALDI全球扩张的脚步，从产品开发、下订单、品控、运输到出口，他一刻不停地打造了100多个上下游产业链，成为中国户外界最懂材料、工艺和成本的专家。

  当然，看着容易，做起来难。大家不知道的是，他曾经遭遇一张订单损失1000多万元人民币的艰难时刻，也想象不到觉醒的力量是怎样促进他完成自愈，重塑生活并再次重回巅峰的过程。晓兵只相信：向北！向北！走向极致！

创业

客家人常常被称为中国的犹太人，骨子里面的 DNA 就是"奋进"。晓兵出生在广东的山村，身为军人的父亲和当医生的母亲，对他的要求总是严格而执着。13 岁就住校的他，一个月伙食费只有 4.5 元人民币，尽管伙食上没油没肉青菜拌盐，180 个台阶每天拎水淘米，但学习成绩上获得了满堂红，拿到奖学金直升重点高中。而且，痴迷英语的他，下课总是追随着英文老师去办公室帮助批改作业，同时还刻意训练自己的普通话，那时候他的目标是北京广播学院（2004 年更名为中国传媒大学）。最后，却阴差阳错地考入广州对外贸易学院（现为广东外语外贸大学）。

坏事变好事。伴随着中国加入世界贸易组织的大潮，晓兵一路开挂，从广东省纺织品进出口公司到光大集团组建纺织服装部，除练就一身扎实的业务功底和精湛的外贸英语外，更锻炼了领导能力和商务谈判技巧。2002 年他取得暨南大学 MBA 硕士学位，在一家大型私企经历了上市资本运作的锻炼。2006 年，他决心自己创业。

幸运之神在他创业伊始就垂青于他。一个他在 1998 年就认识的奥地利老客户找到他，希望他来帮忙开发中国市场，而这个老客户的背后就是如今的世界巨头，声名赫赫的零售连锁公司——ALDI。如今 ALDI 连锁超市在全球 20 多个国家拥有一万多家门店，始终如一地专注于保持质量的同时降低成本和价格。在参与 ALDI 近乎苛刻的竞标时，晓兵总是全胜而归。

2001 年 ALDI 在悉尼建立第一家门店，它的面积只有主流超市的 1/4 大小，900 种产品，策略之一是只准备最受欢迎的物品。所以，能够进入 ALDI 的商品真是优中选优。如今 ALDI 已经在澳大利亚建立 570 家门店，2020 年销售额突破 100 亿澳元。2009 年，晓兵正式成立翊凯集团，而他的业务也伴随着 ALDI 版图扩张迅猛发展起来，从户外帽子、围巾、手套、裤子、贴身保暖内衣内裤、睡袋、帐篷……应有尽有，一年的产量在八九十万件。

移民

2013 年在事业进展顺利之时，晓兵为逐渐长大的女儿的教育考虑，决定移民澳大利亚。本来由太太做主申请人，自己只是最初2个月过来陪伴，谁承想后来由于家里的原因，要改成自己做主申请人。

后来，晓兵要待在澳大利亚负责移民生意的开拓，同时中国的团队也要从扁平化管理转换为适合远程的层级负责制。陪伴女儿学习生活的任务也接踵而至，琐碎而凌乱，一个大老板瞬间变成厨师、司机、清洁工、安装工……同时，他还要在澳大利亚售卖自己的产品，这样才能符合移民的要求，于是会计师、移民公司、律师、网站……马不停蹄，一个月他就瘦了8斤。

崔晓兵参加2023效能精英戈壁挑战赛

幸运的是，一个朋友在和西人朋友的聊天过程中，谈到晓兵的需求，而这位当初76岁的西人朋友正是做澳大利亚户外装备的。晓兵那时候还没有来得及买车，老人家说没问题，我去他家。

一天早晨9点，晓兵一打开门，就看到一辆红色的保时捷，还有一位满头银发、着装讲究的绅士站在门口。那个景象晓兵说一辈子都忘不掉，那一天是2014年5月8日。

晓兵的专业也不含糊，样本、报价一应俱全，老人非常满意，当年8月就打样下单。其实满足澳大利亚消费者多元需求并不容易，比如手套，因为澳大利亚雪比较湿，里面就需要有膜，这些细节，晓兵都愿意调整，也因此逐步打败了许多竞争对手。2014年11月，他的产品已经摆进澳大利亚的各大户外商店。慢慢地，这家企业的货源几乎都改为由晓兵的企业供货了。而晓兵更清晰地记得，他的第一个集装箱到达对方仓库时，他是一同帮助卸货搬运的，那份兴奋的感觉难以言表。

晓兵说老人的生活方式也对他产生很大的影响，比如老人家 80 多岁时，虽然罹患癌症，但依然滑雪、玩游艇。可惜 2021 年老人 84 岁时还是离世了。当老人的弟弟接手生意时，对晓兵的进货不减反增。由此可见，晓兵的产品能够始终立于不败之地是有原因的。

挫折

其实 2015—2018 年对于晓兵而言是十分艰难的 4 年。2015 年，由于和 ALDI 有一单 800 万欧元的合同是在周五下午 5 点多签署的，那时候中国国内银行已经下班，网上运作系统还不够发达，晓兵没有办法及时锁汇，结果没有想到周一汇率一下子下跌 3.5%，而且一路下跌，没有任何回稳的迹象。因为 ALDI 采取低价策略，每一单利润都很薄，晓兵一下就损失了 1000 多万元人民币，不但利润全无，还要倒贴。

那时候，他们刚刚移民，女儿需要适应，他更要兼顾国内生意、国外移民生活……ALDI 看到他在澳大利亚迟迟不归，也多有担心甚至怀疑，这无形中给他巨大的压力。自己辛辛苦苦一分一厘打拼赚来的钱瞬间打了水漂儿，晓兵的痛苦无人可诉说，对父母、对太太、对孩子、对员工、对合作伙伴都只能假装坚强，那份情绪的积聚和压抑至今记忆犹新。

痛苦时刻，他听了周国平先生"觉醒的力量"哲学讲座，这给他巨大的启发："人生有三个基本的觉醒：生命的觉醒，自我的觉醒，灵魂的觉醒。"最终晓兵明白：人生意义就是学会接纳和分享，而终极意义是利他。

后来，在澳大利亚他又遇到易效能全球巡回培训的时间管理导师叶武滨先生，这让他改变了生活方式，学会科学地管理情绪和精力。后来他还和叶老师共同发起了易戈 108 公里挑战，带领着超过 1000 位企业家一起徒步戈壁，发现更强大的自己。如今他已经是第五次参加敦煌戈壁挑战赛了，这次他带着十几个脚泡，还依然指导伙伴如何使用登山杖、穿戴背包、防晒，甚至怎样呼吸，无比耐心、细致……他也是"乐行中国"联合创始人，将一群热爱户外、热爱锻炼，对世界充满好奇的人聚集在一起，帮助大家通过行走的形式，寻找心灵的疗愈，唤醒内在的精神力量。

品牌

走出伤痛之后，他很快翻身，更重要的是，还有了更大的人生目标：创立自己的品牌。

长期主义，极致利他，终身学习，这构成了崔晓兵的价值观。公司取名"翊凯"是因为"翊"是帮助他人的意思。品牌英文名字是 Northmore，意思是在地图上，望向极北端的那个方向不断向前。品牌的中文名称"乐福摩尔"的"乐"是快乐每一天，福是幸福一辈子，摩尔是一个科学单位，表示物质的分子量的最基础单位，寓意是快乐幸福是一点一点积累起来的。乐福摩尔涵盖徒步、旅行、休闲、健身四个方面，在设计上兼具功能性和性价比；在质量上，翊凯为它提供良好的生产供应链。将乐福摩尔打造成高品质、价格亲民的大品牌，是崔晓兵当前的目标。如今，除了户外运动服饰，还开发了高端男士定制系列品牌，从 Polo 衫、眼镜到运动器材等，满足商务、通勤、运动等不同场合的男装需求。

要说走向全球，整个商标注册下来也是一项巨大的工程。每个国家，每个品类，不仅花费不菲，而且需要投入相当多的时间，比如背包 18 类，眼镜 9 类，帐篷 20 类……让人眼花缭乱。与此同时，打造品牌、推向市场就需要投入更多的人力物力了。

晓兵在加拿大有一个设计团队，还有网上售卖的小程序。从 To B 到 To C 绝不是一个小门槛，其间，他不断参加美国、加拿大、澳大利亚的各种展览会，尤其在澳大利亚从 2014 年到 2019 年不间断参会 6 年后，他在业界已经小有名气，会被邀请参加论坛等。相信，疫情之后，世界经济逐步恢复之时，必是晓兵再上一个台阶，走向辉煌的时刻！

崔晓兵参加展会

30年东西方理念融合的最佳践行者 龚耕

龚耕先生——澳大利亚全球知名建筑设计事务所丹顿·廊克·马修（Denton Corker Marshall）合伙人，曾担任一年一度的澳大利亚联邦建筑师协会奖评委，擅长跨文化的建筑设计和规划，参与了中澳两国的大量建筑项目。2016年他获得当今最具国际影响力的权威设计大奖之一——IDEA-TOPS艾特奖"别墅豪宅类"提名奖，他可谓设计与商业领域的东西方理念融合的最佳践行者。

墨尔本 2020 年的春天因为疫情分外安静，但有一个身影从没有停下忙碌的脚步。从 5 米长的奢侈工作台举目望去，是宽阔、高举、通透的客厅和足有 50 平方米的整面无框玻璃幕墙，以及窗外绿树掩映下的简约的庭院。在这里居家办公是怎样的一份幸福！

忙碌的龚耕先生和他的太太热情地从足有 5 米长的厨房餐台上为我沏了一杯欧式茶，然后从奢侈的定义聊起说，"奢侈"本质上就是浪费。一句话，我倏然间明白了龚耕能够获得世界大奖的秘密。电影《教父》里有句很经典的话："花半秒钟就能看透事物本质的人，和花一辈子都看不清事物本质的人，注定是截然不同的命运。"

龚耕就是那个只需要半秒钟的人。

墨尔本蛰伏的 10 年

1991 年 5 月 11 日是个阴雨天，龚耕记得很清楚，那天他落地澳大利亚墨尔本，来 RMIT 读建筑学博士。当时澳大利亚经济萧条，当大多数来澳华人为能找到 5 澳元一小时的工厂或餐馆工作而喜悦时，龚耕已经身穿西服穿梭于 CBD 写字楼之间了。毕竟，他是同济大学建筑学硕士毕业，又在华南理工大学任教 5 年，能画图能翻译，这样的人才弥足珍贵。

我问他，你一个 1979 年的大学生，英语怎么会那么好？他说从小住在陕西师范大学附属中学，父母和周围长辈基本都是老师，隔壁邻居是在广播电台里教英文的老师，学英文似乎是一件非常自然的事情。从小学开始自学，每天晚上都听学校外语教研室的黑胶唱片的英语，兴趣是最好的导师。等到进入大学，龚耕已达到英文免修的资格，进入大学后实际上一半的时间学的是德文。来澳大利亚前已经完全没有语言障碍。

当然，找到一份高薪全职工作还是要奔波一段日子，不过很快，1992 年他应聘进入一家瑞士人的以"极致"著称的建筑设计事务所。这间公司曾经为澳大利亚首富与众多超级犹太富豪设计和建造豪宅。龚耕在这家公司以善于学习、勤能补拙的态度，坚实的专业基础，任劳任怨的认真负责精神，赢得老板和同仁的认可，很快就成为中国相关项目的负责人。1995—1997 年澳大利亚经济复苏，公司业务蒸蒸日上，他主持的项目获得了 1997 年建筑师协会的年度奖。如此，龚耕一待就是 10 年，一点儿都没有急于求成的样子。

其间龚耕不是没有更好的机会，有人请他去苏州工业园做其中设计公司的总经理；有印度尼西亚公司高薪聘他去上海管理工程；还有澳大利亚跨国公司等待着他圣诞节完成项目就签合同……而这一切机会，冥冥之中似乎都有一种力量的牵绊，让他与之擦肩而过。

或许上帝早有安排，等待他的是未来的高光时刻。

事业迎来高光时刻

2001 年的 11 月，澳大利亚著名报纸 *The Age* 上登了一则不起眼的小广告，是全球知名建筑设计事务所 DCM 的招聘启事。龚耕敏锐的嗅觉告诉他，真正的机会来了！

DCM 当时可以说是澳大利亚本土成长起来的唯一一个真正意义上的全球明星事务所，在大型公共建筑、城市设计、商务办公和住宅综合开发等方面颇有建树，在国际上享有盛誉，在澳大利亚本土获奖无数。今年是 DCM 50 年，迄今为止，DCM 在 37 个国家完成了近 600 个项目。比如墨尔本会展中心、墨尔本博物馆、曼彻斯特民事法院和英国著名历史古迹巨石阵的游客中心项目。

对建筑师来说，DCM 就好像当年我们考大学时心目中的"清华和北大"，高山仰止。龚耕毫不犹豫递上了自己的简历，猎头公司 3 个专业人士事无巨细地与他谈了 3 小时，凭借过硬的专业能力和经验，他成功入职 DCM。

在这样人才济济的环境中，他不但站稳了脚跟，而且仅仅 5 年就被邀请成为公司的合伙人。他负责 DCM 中国市场的开拓、项目主管和担纲设计。他参与设计的项目连续两年获得中国建筑部的金奖，这些项目包括南宁欧景城市广场、北京大钟寺国际广场、天津超高层塔楼、广西柳州市广场、西安汇诚国际等。在汇诚国际的开幕典礼上，业主由衷地称赞龚耕先生："一栋大楼的灵魂一定是它的外立面，而设计师就是灵魂的缔造者，正因为有了设计师的巧妙设计与精心的雕琢才会有汇诚国际璀璨的亮相。"同时，他主持澳大利亚本土的精品项目。墨尔本坐落在 TOORAK 路上的中国领事馆就是他的作品。

龚耕不但善于设计大型工程项目，同时精于豪华别墅的设计和建造。2004年龚耕获得了第一届澳大利亚室内大奖。他把一个旧工厂分出的200平方米的破旧、黑暗、狭小没有窗子的单元，魔术般地改造成一个百万豪宅，以至于工程还没有完成，澳大利亚一个著名足球明星就想买下来。房主本打算作为投资房出租，看到这么漂亮的设计，改变主意自住了，房主太太也特别满意。房子不但漂亮，而且实用，有6米长的厨房案台，整个公寓的柜子长达30米，而且所有的家具都是龚耕先生亲自设计量身定制的。多年后业主的女儿竟然也去学了建筑！

　　龚耕与众不同之处就是他不但是当今世界上当之无愧的一流建筑师，还是一位有着丰富实操经验的施工经理。在读博士时，他专门从事住宅满意度和跨文化、跨制度的比较研究，在3年的时间里他做了近2000户住宅调查，研究本地居民的主观满意度。许多区的政府引用他的研究调查成果作为住宅发展政策的基础，这些知识也为他日后的工作打下了坚实的理论基础。他的个人作品得到了欧美和澳大利亚同行的高度赞赏，2004年、2005年、2006年，他个人的项目连续三年获得澳大利亚国家设计奖。同时，他作为评委应邀参加澳大利亚建筑师年奖的评选。他的作品广泛刊载在各类建筑文献和网络介绍中。

　　2016年龚耕把自己的作品首次带回祖国参加评奖。"M街5号"获得世界著名的艾特奖别墅类设计大奖提名奖，从全球数以千计的参赛作品中脱颖而出，实属不易。

东西合作重在沟通

　　龚耕的成功不仅因为他的建筑设计作品被东西方认可，英语娴熟，业务过硬，还在于他懂得沟通。这里的沟通不仅仅是情商高，更在于融汇了东西方不同文化的底蕴和思维方式，甚至不同语言表达风格，让双方都能理解和接受，甚至欣赏。

　　这里还要说一句，就是龚耕的德裔夫人，也许对他有着潜移默化的影响。多年的共同生活，他学习了西方人直接但不乏幽默的沟通方式，对中国领导则用变通的讲解去说服。中澳项目合作，会遇到不同个性的领导，无数细节，无数的想不到，都会让项目进展缓慢甚至停滞；但是只要有龚耕在，很多几个月

龚耕设计的作品

都难以解决的问题，都会很快顺利解决，很多互不相让的条件，龚耕换个角度就让双方开心。他曾陪同澳大利亚当地的两任市长访问中国。可以说，龚耕是中澳合作的典范人物和优秀的样板。

除了本职工作，龚耕还非常热心参与华人的公益事业。他曾是同济大学墨尔本校友会会长，现任 ACEF 澳大利亚中国教育基金会会长。

在刚刚过去的疫情中，他积极组织中澳双方捐赠抗疫物资，支持一线的医务人员，他是华人抗疫公益团体 CALAC 的中坚力量。除了为一线医生、墨尔本市政府和老人院提供个人防护用品，CALAC 最近还为澳大利亚世界级的医学研究中心 WEHI 的新冠研究捐资。有意思的是，WEHI 的整幢实验室就是出自 DCM 之手！

ACEF 澳大利亚中国教育基金会于 2014 年成立，是由澳大利亚当地一批新老移民自发组成的。2023 年 9 月龚耕作为会长，代表 ACEF 不辞辛苦亲赴江西修水县，为当地 100 多名贫困学生现场送上助学金。他说："教育不仅仅是知识的传递，更是一种力量的赋予。"

聂陶锦 从中国企业家到澳大利亚农场主
再到中澳慈善家

在中国，他是中国广东东莞锦荣水电安装公司董事长。2007年他来到澳大利亚，在163商业移民签证中成为第一个以做葡萄酒贸易拿到永久居留权（PR）的人，拿到PR后他选择居住在墨尔本，逐步放弃中澳两边跑。一开始他投资物业管理公司，2015年他买了一个25万平方米的昆士兰农场。他一步步操办了大女儿的婚礼，送二女儿去英国留学，把小女儿送到私立寄宿中学，又在所有人惊讶的眼光中，卖掉了墨尔本的房子，然后夫妻两人踏踏实实搬到昆士兰农场，认认真真做起了农民。

经过潜心研究、起早贪黑播种，仅仅两年，聂陶锦已经成为澳大利亚最大的火龙果农场主，之后又转战种姜的无土栽培温室大棚产业。刚开始经营农场时，他年近60岁，完全不懂英文，不懂农业，更不年轻，但逐渐地，他让周围所有的澳大利亚本地人都无比敬佩。

更为感人的是来到澳大利亚后，他依然坚持慈善事业，参与创立并陆续捐助18万澳元给ACEF澳大利亚中国教育基金会。他就是聂陶锦，那么这个充满神奇故事的主人公的人生经历如何？

从吃不饱的孩子到成功的企业家

老聂的童年真是太苦了。他7岁时，37岁的父亲意外工伤摔成脑震荡，那时他是家里4个孩子中的老大，最小的妹妹刚刚6个月，无疑这个意外仿佛天塌下来一样。从那时起一家人的生活全部靠母亲微薄的收入不说，还要给父亲治病。他记得自己经常一天只喝一点儿稀饭，饿着肚子上学是常态。后来为了还父亲治病的2000多元人民币欠债，全家坐在藤床上糊火柴盒，糊一万个才赚5.8元人民币，每天一刻不停，一干就是5年，高中几乎没有时间去上课。这种苦不要说天天熬着，哪怕是听着都不知道如何承受。

16岁时，他终于可以顶替父亲上班了，聪明勤劳的他认真学习电工技术，掌握了一手过硬的本领。1988年，他帮助一位开酒吧的朋友安装水电设备，因此找到一个可以在酒吧门口卖雪糕的机会。没想到，在别人一个月赚50元人民币的时候，他一天就能赚50元人民币了，如此赚得生意的第一桶金。后来他开始做食杂店，再后来他闯深圳和东莞，最后落户东莞，建立了锦荣水电安装公司。从开始不知道如何谈订单到后来他的业务扩展到14个省市，从几千元人民币的订单到最后上千万元人民币的合同，他从一个曾经吃不饱饭的孩子成长为真正成功的企业家。

从成功的企业家到教育慈善家

有一段时间他也沉浸在自己的成功中，和朋友吃喝玩乐，但内心隐隐约约感到空虚。有一次朋友们聊天，大家聊起赌博输钱的事儿，一个说已经输掉了

4000万元人民币，另一个则说，你还是小意思，我已经输了1亿人民币了。这让在旁听着的聂陶锦非常难过，他想着，这些钱可以拯救多少贫穷的家庭和孩子啊。他经常说："飞机飞得多高不重要，关键是要平安降落。赚多少钱不是最终目的，关键是赚的这些钱用在什么地方。"

以前他也捐助过一些项目，但最后没有得到任何的回音。他觉得这回他要亲力亲为。于是，2002年他来到家乡江西九江市附近最穷困的修水县，看到小学条件艰苦得难以想象，于是他当即拍板为第一所锦荣小学捐赠35万元人民币，用于建设两层教学楼及附房800多平方米，8间教室，且全套桌椅、水电，甚至电风扇、乒乓球桌、单双杠、沙坑等设施，也为孩子们置办齐全，使330名学生告别了危险和简陋的环境。在这个过程中，当地教育局谢局长非常认真负责，这促使聂陶锦将本来想捐赠在其他各个地区的钱，集中投在了修水县，于是每两年一所小学，其中也有部分朋友一起参与，一直到2014年，哪怕是聂陶锦已移民澳大利亚，他也没有放弃承诺，共建了6所小学。

聂陶锦捐赠的学校

2014年，ACEF澳大利亚中国教育基金会成立之后，第一个项目就是"每年365澳元一对一资助江西修水137名学生"，这137名学生就来自江西修水的6所学校。随着中国经济的腾飞，江西修水也发生了翻天覆地的变化。于是，2018年聂陶锦捐赠15万澳元，委托基金会帮助更贫困的云南麻栗坡县，在距中越边境线只有2千米的地方，建立起第7所锦荣小学。

从新移民到澳大利亚农场主

这里还有一段非常有趣的插曲。第一所锦荣希望小学建成典礼是在2002年9月28日举行的，这天是聂陶锦太太刘新荣的生日。在这一天庆祝小学建成，就是作为生日礼物送给太太的，因为太太非常支持他的慈善事业。这让我一下子明白，原来无论是公司名称还是小学的名称，都源于夫妻俩名字的组合——锦荣。新荣是一位非常耐心低调的女性，他们有三个女儿。老大结婚生子后，学习父亲在维多利亚州经营生姜的温室大棚；老二远去英国读书，回来后在澳大利亚一家大型农产品公司工作；老三则就读于澳大利亚国立大学。

老聂非常欣慰地告诉我，觉得自己很成功，但这种成功是指子女、夫妻、父母、健康、事业五个方面的平衡。他对三个孩子说："我把你们带到澳大利亚，让你们受良好的教育，我已经尽到父亲的职责，那么毕业以后的路，都要靠你们自己，我不会给你们留什么财产，我要用这些钱去帮助更有需要的人。"孩子们也非常支持爸爸的想法，如今老聂全家已捐出近500万元人民币的善款。

刘新荣不仅全力支持丈夫，她自己也是一个非常有远见的人。当初移民澳大利亚就是她极力主张的，老聂和她从晚上10点讨论到凌晨4点，最终被她说服。如今买农场，也是新荣从网上找到的，她花了很多时间研究，最后夫妻俩一致认为澳大利亚农业大有发展前景。这和澳大利亚当地农民不同，他们从一开始就带着商业眼光进入当地农业。

2015年，老聂星夜兼程23小时没有停歇，一人开车从墨尔本赶去昆士兰买农场。当初他买的是一个菠萝农场，但他发现菠萝两年才一季收成，而且超市只不过3澳元一公斤，利润太低。于是经过多方请教、潜心研究，最后选择栽种火龙果。火龙果一年4季，超市售价每公斤近20澳元。本来澳大利亚没有火龙果，是越南移民带来的，并使火龙果成为主流社会餐桌上的美食。同时，他回中国学习很多栽种方法，比澳大利亚其他同行的种植密度高出40%，如此便栽种了1.6万棵。另外，因为火龙果不适合机械化作业，夫妻俩也宁愿手工呵护，这使他们的火龙果个头儿也比正常的要大，每年收成时，总让周围的农场主目瞪口呆，非常敬佩。一个完全不懂英文、完全没有做过农业的人，50多岁时却能在异国他乡重新创业，而且一做就做出澳大利亚第一大火龙果农场！

同时，当地政府对于农民给予非常优惠的保护政策，不但有各种税务减免，而且规定水果中介批发商都要交给政府一大笔抵押金。新荣仅仅凭E-mail和电话联系，没有任何合同，水果发过去，半个月就回款。万一没有回款，农场主告到政府，就会从抵押金中扣除。聂陶锦说在澳大利亚当农民只管安心研究怎么把农作物种好，其他什么都不用操心，实在太幸福了。

另外，澳大利亚的泥土、水、空气实在是太优质了，农产品的质量也非常让人放心，比如遇到病虫害，拍张叶子的照片发给卖农药的店家，结果对方一定要亲自来农场看看到底是什么问题，才决定卖什么药。这是因为澳大利亚政府对这些流程监管得也非常严格。他觉得无论从天然条件还是政府支持方面考量，投资澳大利亚农业都具有相当高的性价比。

2022年后老聂又转战生姜无土栽培的温室大棚，运用以色列滴灌技术生产无土袋装生姜，这是一种可吃、可种、可收藏的活鲜生姜。他还和格里菲斯大学的农业博士们一起立项合作，专门研究生姜无土栽培技术。如今，他探索和积累的大棚生态种植生姜技术，引领澳大利亚市场，又因经营灵活，受到各个渠道的热捧。

聂陶锦夫妻

看到夫妻两人烈日之下辛苦劳作的照片，再看看捐助的7所小学，这些钱是实实在在的汗水所得，这些钱是那样纯洁干净的爱心奉献！如今，随着澳大利亚越来越多中国新移民的到来，在环境和角色的转换中，我相信很多人，尤其那些曾经在中国经济大潮中成功的人士，都在思考着自己的定位。如何让自己赚的钱不是挥霍在贪欲上、用于为后代积累财富上，而是更多地回馈社会，帮助他人？老聂身上这种企业家创业和奉献精神无关种族，无需语言，他所体现出的人生价值及给社会带来的正能量，才是真正令人尊重的财富！

乔艳君

移民三部曲：苦难 成功 公益

见面之前，"乔艳君"这三个字在笔者心中等同于女性企业家和三个男孩的妈妈。知道她长年往返中澳，兼顾家庭和事业，心想她应是满脸的疲惫和沧桑。但见到她第一眼，就看到她的笑里满是温情，仿佛是一片没有边际平静的大海，水面上映着透明的光。我迫切地想知道为什么她身上会有这种气场，而在接下来的谈话中，答案慢慢浮现。

起点平凡，起飞加速

乔艳君人生故事的开场再平凡不过。她生在内蒙古自治区一个传统的中国家庭，青少年时期几乎就是在这种平淡而踏实中度过的，耳濡目染的是善待他人的处世之道。

和所有"70后"创业故事相似，她也曾辞去公职去沿海打工，勤奋的她是打工妹中的佼佼者，因为优秀，被深圳总公司派往云南成立了分公司。然而平静的日子在20世纪90年代末被打破，总公司破产，打工路上"失去"了老板，她只好自己创业。

幸运的是，她赶上了2000年中国经济高速增长的时期。她所从事的专业游泳馆建造市场很快为勤奋的她敞开了大门。1999—2006年，不到10年，公司便成为中国西南地区业绩最好的游泳馆专业承建商。

移民，跌入现实之苦

家庭观念极重的乔艳君认为，事业可大可小，可早可晚，而孩子的教育则刻不容缓。为了孩子的教育，乔艳君决定移民澳大利亚。163签证获批之时，乔艳君已怀孕6个多月，就这样挺着大肚子，乔艳君和家人一起来到墨尔本。

新生活的忙乱可想而知，可是困难之大还是远远超过了他们的预期。有一件小事就可以说明问题：孩子出生一个月后，夫妇俩开车到市中心办事。那是提新车第一次正式上路。乔艳君的先生像所有新移民一样，完全不熟悉澳大利亚的路况及交通规则，仅凭一张中国驾照翻译件开车，遵循着在国内的驾驶习惯，前面公交车右转，没有多想就跟着转了。而这时直行车已经启动，短短几秒钟之后，两辆车相撞。

警察很快赶到现场，问乔艳君夫妇难道没有看右转灯吗？两人面面相觑，竟不知道还要看右转信号灯。警察当下判他们负全责。还没来得及买车险的她前前后后竟在修车上花了一万多澳元。金钱上的损失必然令人不快，然而更让他们受挫的是那种无法言说的委屈和无奈感。对方车主愤怒的眼神和明显的不耐烦像是一张代表着澳大利亚的脸，给他们刚刚开始的移民新生活留下了阴影。

无亲无故，诸多的不顺，再加上新生儿出生带来的生活琐事，乔艳君的先生不堪压力，选择回国，留下乔艳君独自带着孩子面对澳大利亚的一切。举目无亲，前途未卜，她陷入人生最黯淡的深谷。

爱之光照进惨淡生活

那时，乔艳君夜以继日地照顾婴儿，腰肌劳损到无法站立行走，到厨房做饭都需要扶墙甚至爬行。天无绝人之路。乔艳君投身基督教信仰，这给了她无尽的力量，让她走出了产后抑郁，心明眼亮地面对一切，甚至重提伤心事，乔艳君竟无怨恨。

10年前，像乔艳君这样的163投资移民均要完成所谓的"生意额"。市面上许多移民中介都告诉她说，在中国的游泳馆生意不可能通过移民审核，必须在澳大利亚本地买店面。这让乔艳君仿佛从一个黑暗进入另一个黑暗。她操着生硬的英语，抱着襁褓中的婴儿，以破釜沉舟之心去了移民局咨询。移民局不仅没有否定乔艳君用中澳合作的游泳馆生意移民的可能性，而且为她提供很多切实的帮助。从移民局，到中国领事馆，再到澳大利亚贸易投资委员会，乔艳君所到之处都受到了真诚对待，获得了直接的受益。第一颗种子就是中国领事馆和澳大利亚贸易投资委员会直接促成的，澳大利亚游泳馆"场馆经营"模式落地四川西昌市。

成功：打造中澳游泳产业链全整合

事业有了起色，生活上的难处就相对容易克服。乔艳君认真钻研起澳大利亚游泳产业。她发现虽然中国是太阳能生产大国，却没有澳大利亚游泳馆专用柔性软管式太阳能技术。这项技术是澳大利亚专利，能将游泳馆最大的耗能对象——水体加热的能耗降低一半。仅这一项技术的引进就能让许多场馆实现扭亏为盈。

乔艳君知道，澳大利亚的游泳教学更是其成为世界游泳强国的根本原因。澳大利亚的游泳教学极为系统，仅对于青少年，就分了十个等级。每个年龄根据个人基础制定详细的学习内容，以达到相应的培训目标。此外，乔艳君还结合中国的目标性教学特色，开发出公司独创性的培训体系。

乔艳君经营的游泳馆在举办活动

硬件软件打通后，乔艳君的游泳馆事业就从单一的场馆建造延伸成为产业链全整合的综合型服务企业。从设计到建造，从运营到培训，乔艳君利用自己移民澳大利亚的优势，将技术、管理经营理念、培训经验植入自己的生意中，让国内的连锁游泳馆不仅实现产业升级，而且在业界成为市场占有率最高的企业，把第二名远远甩在身后。

连锁游泳馆产业声名鹊起，诱惑纷至沓来。想帮乔艳君上市的、想并购的，她都一一回绝了。而她拒绝盲目扩张的最重要的原因是："为公司产品的安全负责。"她说经营游泳馆，是与生命打交道，再好的硬件都无法避免闪失。如果培训容量还未跟上，扩张就是危险。

乔艳君每年最大的一项开销就是团队建设。她支付全部差旅费用，每年让几十名基层员工从国内到澳大利亚团建。在澳大利亚，团队享受到的是最高档的服务。乔艳君的逻辑很简单，见过最好的服务，才懂得努力的方向。这才有场馆 25 年零死亡率的纪录保持。

但这不能代表完全没有事故发生。曾经因为教练员的闪失，一个小孩肋骨受了伤。孩子的妈妈找上门，不仅带了好几个人助阵，更是拿出了自己做律师的气势。面对家长的质问："到底是谁的责任？"乔艳君毫不犹豫地回答："当然是我们的责任。"家长竟一时蒙住不知如何反应。乔艳君也从未想过要推卸责任，她不仅真诚道歉，还主动向对方提供赔偿方案，后来更是严加管理，杜绝再次发生类似事件。那位家长后来竟主动为乔艳君提供法律方面的建议，两人还成为好朋友。

当然生意不会永远一帆风顺，正当乔艳君和大儿子兴致勃勃地把澳大利亚模式的游泳馆建设和培训扩展到 32 个之多时，疫情突至，折腾几年下来，不得已，只能关闭 6 个。

不过无论是走过人生的低谷，还是走到事业的高峰，乔艳君说，这些都是信仰的恩典，自己只不过是容器。而信仰给我们最宝贵的礼物莫过于智慧，这智慧无边无际，时刻引领着她。

投身公益，助力母爱

有心，能量就是无限的。小儿子长大了，大儿子接班了。乔艳君自己在墨尔本则开始专注于慈善公益事业。

安娜公益基金会 Logo

2019 年，乔艳君成立了安娜公益基金会（Anna Charity foundation）。或许是之前那场意外车祸，乔艳君对于华人在澳大利亚发生交通意外格外关注，眼看着车祸的数量和严重程度越发触目惊心，安娜公益基金会与交通局等机构合作，制作了中澳驾驶习惯对比的宣传片，让观者打消盲目自信，建立对生命的敬畏之心。这些宣传还有一个期望之外的效果，那就是澳大利亚本地官员和居民看过宣传片之后也了解了华人并非不守规则，而是双方存在文化、习惯、语言等差异，从而减少了对华人的敌意。

作为三个男孩的妈妈，又是在异国他乡，陪读妈妈的苦乔艳君比谁都清楚。这也是安娜公益基金会针对这个群体举办陪读妈妈讲堂的初衷。讲堂主要帮助陪读妈妈解决社会融入、亲子关系和夫妻关系等问题。

疫情第一年的圣诞节，墨尔本第一次封城后开放，乔艳君又组织了安娜大型室外音乐会。之后疫情反复的两年间，安娜剧艺社则排练了话剧《利亚和拉结》《雷雨》，演出场场爆满，可谓一扫疫情之阴霾。

新交即故友，他乡是故乡

她的人生，所到之处皆是顺势而为，所行之处皆是选择直面问题，以水的力量化解；她从不封闭自我，以水的姿态拥抱。面对新移民，乔艳君说，不要幻想通过移民解决原来国内生活中本就存在的夫妻感情、子女教育、事业困惑等问题。来到一个文化不同的新国家，原来的问题只会放大、加倍，或许还会产生更多原来没有预料到的新问题。移民最重要的是如何在当下寻回面对问题的勇气，回归内心与真理对话，找到心灵的安放之处。

杨浩　蚂蚁般工作，蝴蝶般生活

"在晨曦微光的勾勒下，Mount Otemanu 的峻峭的黑色轮廓伴随着海浪声，依旧在雾气中隐约闪现，这是黎明的法属波利尼西亚——南太平洋深处的 Bora Bora 岛，海浪冲击着珊瑚环礁，灰白色的潟湖和椰林映照的环礁小岛开始微微显现，不时有阵阵的暗香袭来，那是椰子、香草、橘子花的馥郁香味，我揉着眼睛从 Edgard 那艘 50feet 的船舱出来，喝着咖啡，看着潟湖里的帆船和群山伴随着大溪地的第一道曙光，渐渐清晰和生动起来，这是 2023 年 9 月，我在法属波利尼西亚船上度过的第 4 天，也是移民澳大利亚的第 13 年。"

BUSINESS ELITES
商界精英

采访杨浩是一件挺有意思的事儿，他有很多旅行和创业的故事，并不断迸发出一些华彩智语，虽然并不高大上、让人崇拜，却会引人不时捧腹大笑，细细品味。

杨浩出生在昆明，山清水秀的环境让人充满了灵气。

在澳大利亚作为模范投资移民，他 2012 年上过澳大利亚大名鼎鼎的 *The Age* 主流报纸头版，还接受过维多利亚州政府的 *The Victorian Connection* 的专访。最近几年则投资于海洋生物制药、海洋护肤品和 TGA/GMP 药厂建设总包领域。其中，还少不了帆船、房车、潜水、旅行，遍布世界各个小岛旅游的行踪……

别人移民澳大利亚，都形容为"蹲移民监"，而他是满世界玩儿，还不耽误赚钱。

我们来听听他对移民生活的见解吧！

关于移民生活：让自己活得有趣，勇于接受不确定性

"我的人生和水有关，这辈子我都会选择临水而居。幼时，外公经常凌晨叫醒我，用自行车驮着我去滇池边沟壑交错的小河里钓鱼，至今仿佛还能感受到当时清晨河面的薄雾、水草荡漾、空气中弥漫着的湖腥味，以至于以后的日子我一直对凌晨早起充满特殊的期待和兴奋感，所以来澳大利亚后我经常带女儿去世界各地旅行，重复着当年凌晨早起后的故事，试图展示给她一个真实的自然景观和人文世界，每次旅行都能给孩子幼小的心灵里埋下饱含差异性的种子，期望在她未来的某个时段开花结果。

"2000 年第一次来澳大利亚旅游，正值 Australia Day，墨尔本 Yarra 河畔的夜晚，群星璀璨、漫天礼花，我当时不知道这其实是我人生的一个重要时刻。多年后回首，你会发现有些地方、有些事，注定要在之后的时光里与之发生碰撞——命运其实早已做好安排。

"来到澳大利亚后几年，除了打理生意，最愉快的就是痛快淋漓地玩儿潜水和帆船、旅行，但是生意剥夺了我们大部分时间。

"夏日里，我有时会住到 Sandriham Yacht Club 游艇俱乐部的船里，夜里波光粼粼，不知名的小动物会游到船附近，冒着泡泡还有喘气声——世界奇妙极了。

"上一次的三天两夜的航行，有个刚刚失恋的女孩应聘'会做饭的甲板水

杨浩在驾驶帆船

手',3天后上岸告别时,她给我们微信留言,大意是:'和各位哥哥一起,和风浪做过斗争,从此以后再没有过不去的坎儿。'所以你看,帆船和大海可以治愈我们,见过风浪,再没有过不去的坎儿。

"作为移民,除了照顾老人、孩子、生意,肯定会焦虑,但这几年经历的事情多了,慢慢神经也变大条了,也不会过于焦虑了,所有担心的事情其实都没有发生。

"生活是自己选的,世界还是那个世界,活不活得好是自己的事,和别人无关。

"墨尔本云阳寺有块牌匾:'看破、放下、自在',所以时常提醒自己留神,别进入鄙视圈,我的个人价值我说了算。

"生活如果失去灵性,赚钱就会成为标尺,家里的一砖一瓦根本代表不了什么。希望我和我女儿真心明白这个道理:钱只是工具,别被迷惑,人生比我们想象的要短。

"这些年旅行过一些地方,最喜欢欧洲和南太平洋岛国、托雷斯海峡,那些美丽的乡村海岸,美景美酒,人生值得;有时候回忆起来,都会觉得这几年的移民生活真是一段好时光。"

关于移民生意:越是初期门槛低,后期越难做

生意初期门槛高,后期反而好做。"关于生意,我一直在持续创业中,很努力。"

在澳大利亚,人际关系简单,商业计划的成功率还是比较高的。对于来澳大利亚做生意,杨浩的体会是:一是澳大利亚是个创新创业的好国家;二是这个地方的公平在于,有些游戏必须先有门票才有机会玩儿;三是在成熟的市场,没有便宜会被你捡到,要做你能控制的事情。

杨浩还有一个体会是：要做强不做大。澳大利亚人工和税负很高，工会和政府滥用税收，会轻易压垮创业初期的企业。

生意和人都要像水一样充满流动性，用概率和杠杆做决策，用金字塔细分任务去解决看似复杂的问题，虽然不一定会让你取得巨大成功，但能让你一直活着，保护你不会在移民初期或市场变化时被淘汰。

杨浩的 Ani 生物制药厂有 4 个牌照和业务，即制药、海洋护肤品、海洋功能食品，以及专门建 TGA/GMP 药厂的 EPC/CBU 工程总包公司。这算是成功地把所有生意经验和海洋串在了一起，靠着对 GMP/PICS 的理解，打通任督二脉。

特别是在 2020—2021 年，作为 EPC 总承包了 3 个 TGA 工厂建设，从建筑规划、设计、施工、测试到拿生产许可证，其中包括汤臣倍健投资的澳大利亚药厂基地和 Life-Space 的搬迁，这是维多利亚州最大的 TGA 单体制药车间之一，经过杨浩和顾问团队的不懈努力，在疫情期间顺利完成和交接。

Ani 海洋生物制药

企业的活力，源自企业家的内心，必须时刻保持行动力和激情。

杨浩开发产品的创意来自每一次的旅行。比如，在托雷斯海峡跟土著生活的经历，准备做世界领先的海参胶原蛋白肽；在所罗门群岛考察过矿泉水；在瓦努阿图用火山灰做面膜；用塔斯马尼亚的海藻提取物做 Serum；在高更去世之地——塔希提海域，用当地的一种酵母制作了 Ani Marine 的 Collagen Serum……

总之，健康产业会增长很快，大方向不会错就慢慢往前拱。抗衰老抗氧化是 Ani 生物制药厂的研发核心，生意目标是延长人类生命的纵轴；做有意思的生意，有意义的研发，靠有意义本身产生的逻辑关系获利，这是 Ani 生意的发展逻辑。

杨浩说，生活和生意充满创新，你才能永不回头、一往无前。

关于移民投资

最近几年经历了一些世事和人事变迁，杨浩很伤感地说："失去了好几个好友，朋友，生意伙伴，他们有的是我青少年记忆里最重要的一部分，有的是我敬仰的企业家和投资家，所以我也告诫自己，慢下来，多点时间给自己和家人。"疫情给他的最大教益是学会讨好自己，宽容自己，不要因为没有以前努力了而有任何负罪感，宽松的时间也给了自己向别人学习投资的机会。

创业阶段过去后，杨浩有意让工厂和生意慢下来，多做一些考察和投资。他的房地产投资，取决于是否带来快乐和不一样的生活方式，这样就能朝碧海而暮苍梧，同时把这份不同地域和风格的居住体验分享给别人，利用杠杆和正现金流，持续得到好的投资回报。

墨尔本的城市格言刻在 Flinders 火车站旁的桥上："Vire Acquirit Eundo。"这源自古罗马诗人维吉尔的拉丁诗句"随行聚力"。

最近杨浩又被朋友们拉着牵头组建了一家珍珠工厂，他说最喜欢这种旅行顺带投资的事情：这样你在船上时就既不会有玩物丧志的负疚感，也不会有赚钱挺耽搁时间的想法。一看到珍珠笼子，看到漂浮的裙带菜可以提炼褐藻糖胶，什么毛病都好了。

网上有句话特别好，杨浩希望分享给大家：找到你天生擅长或喜欢的事，想出用它谋生和创业的办法——如果你这么做，今后每一天都是快乐的，永远不用逆流而上去 battling upstream。

最后，杨浩表示，移民是一个长期艰巨的历程，移民家庭就像一艘"忒修斯之船"，开出港后会修修补补，等再回来已经面目全非。那么我们自己，我们的孩子，经过海外多元文化的影响，也许慢慢也不再是我们自己了，过去已回不去，我们要勇于面对改变和未来。

Cherry Zhang

澳大利亚 20 年三遇经营危机 力挽狂澜

  一个边上学边打工的女留学生，从创业到经历三次企业濒临倒闭，再到经历了金融危机和疫情的考验，最终从凡事亲力亲为、全年无休的辛劳，到如今不仅在全澳经营着十余家 Chi-Link 灵气中医连锁加盟理疗馆，还实现了时间和财富的双自由。

  如今她可以早上在普吉岛散步，下午或者晚上和团队开会，也可以和先生来个想走就走的旅行而不影响公司的运营。让我们看看 Cherry 是怎么做到的。

堂堂硕士弯腰为人按摩，想要创业就不怕失面子

Cherry 出生于天津，父母是印度尼西亚归国华侨。高考失利是 Cherry 遇到的人生中第一个坎儿，本来有实力考入南开大学却直接掉到二本的"天津中医学院"。大学毕业时又赶上第一回学校不包分配工作。她想到了出国留学，于是在 1999 年来到了位于澳大利亚布里斯班的格里菲斯大学学习金融和会计。

因为是靠父母借钱才交齐学费的，所以 Cherry 利用课余时间打零工，像是厨房帮工、酒楼推点心、前台，她都做过。2001 年 Cherry 顺利毕业并拿到 PR。她本来可以去找一份白领工作，但是她不喜欢朝九晚五的生活，甚至决定去按摩店打工。很多人不理解，一个堂堂的中国 5 年中医针灸本科生和澳大利亚金融硕士，为什么选择去按摩店给人家按脚按腿，有的朋友甚至表示同情。但其实是 Cherry 很想借着这样的锻炼，以后自己开家中医理疗馆，让西人了解中医，了解经络，了解穴位，让中医在海外发扬光大。

念念不忘，必有回响，2003 年按摩店老板开分店，她成为合伙人。2004 年又和先生独自创业。

第一次经营危机：一步一个坑，用钱换来了经验

2004 年，Cherry 离开悉尼，到布里斯班开了第一家在购物中心的理疗馆，不到 30 平方米，只有 5 张按摩床。开业的第一天，她和先生一大早就一起憧憬着客人络绎不绝地进来，心满意足地离开。但是理想很美好，现实很骨感，第一天开张就吃了一个"大鸭蛋"——营业额为零，因为当时在布里斯班还没有这样设在购物中心的理疗馆，顾客根本不知道她的店是做什么的。这样的日子不是一天，而是半年！换别人可能早就打道回府了，但 Cherry 硬是熬着把客户慢慢培养出来，一年多后，理疗馆的生意才逐渐红火。

可能先驱者就是不断地犯错误。Cherry 踩的第二个坑，就是急于扩展全澳市场。她把第二家店开在墨尔本，店的位置是在一个购物中心的死角，由于选址问题，客人根本看不到。更何况，她和先生需要在布里斯班和墨尔本两地来回跑，每天累得回到出租屋倒头就睡。最终这家墨尔本的门店不得不关闭，装修等各种费用也都打了水漂儿，她一度怀疑人生，认为自己天生就不是做生意的料。

第二次经营危机：波折不断，有梦想才能坚持不懈

但是 Cherry 和她先生还是坚持了下来，她的梦想是建立自己的品牌连锁店。如此几年时间分店开开关关，那种煎熬非亲身体验不能言说。后来梦想虽有了轮廓，但她和先生更累了。用她的话说，那时她和先生两人就是救火队员，哪个店缺人或者出事情了，他们就要第一时间赶过去，甚至经常要开车 12 小时，从悉尼到布里斯班，然后返回悉尼，再驱车 10 小时到墨尔本。"那会儿我们真的是起得比鸡早，睡得比狗晚，吃得比猪差，干得比牛多。"

更别说还要跟商场沟通租约问题，处理客人投诉问题。很多严重的投诉案例还涉及法律问题。比如曾经有治疗师被告性骚扰，当场被警察带走，好在澳大利亚法律公平，最后还了治疗师的清白。还曾经有客人在 7 个月后投诉治疗师把她治坏了，还好治疗师和诊所都有专业保险，就交给保险公司全权处理了。

雪上加霜的是，同行门店越开越多，在同一个购物中心内，从只有 1~2 家到最后 7~8 家。最后不得已 Cherry 只好关了好几家店，前前后后亏了不下 100 万澳元。因为越来越焦虑，她和先生也经常吵架。

但梦想不能放弃，于是 Cherry 又开始寻找新的出路，开始考虑从直营转型为加盟。

但加盟店面临的第一个问题，就是理疗店不容易标准化，直营时老板还可以把关，加盟则很容易出现质量参差不齐。于是 Cherry 又开始读书、上网课，甚至请企业咨询师一对一指导，前后光学习费用就花了几十万澳元。终于慢慢地把前台培训手册、治疗师表格、合约、保险等各类标准化文件一一建立起来。

而做加盟门店操作和客户系统更是一波三折，前后找了三拨 IT 人员做开发，都没有达到预期效果，十几万澳元的系统开发费用又打了水漂儿。

还有就是随着直营店越来越多，不得不建立总部，请更多的员工：会计、市场人员、库管人员、行政人员一应俱全。虽然管理加强了，但现金流越来越紧张了，到了月底账上空空如也！还有几乎每天都会有内部团队的矛盾需要解决，虽然可以不用天天在店里，但电话响不停，一听电话铃声，头都要炸了，企业再一次陷入困境。

第三次经营危机：好日子刚开始，疫情又让 Cherry 萌生退意

坚持不懈是 Cherry 最难能可贵的优点。在不断学习和摸索实践中，Cherry 离她想要拥有连锁品牌的梦想越来越近。她最开始实施的是阿米巴合伙人店长模式，确实有效果，利益挂钩了，管理自然就精细了，半年后，有些门店的营业额增长了 20%～50%。

在加盟制度基本建立之后，Cherry 一鼓作气，过渡到合伙加盟。从 2016 年到 2019 年，她把十几家直营店一步步地转成了加盟店，逐步完成了连锁加盟的版图。澳大利亚加盟也会涉及诸多法律问题，Cherry 不仅向中国老师学习，更是请教西人咨询团队，建立一整套符合澳大利亚法律的加盟系统。同时，她把总部人员也进行了精简，打造出一支不用天天在办公室坐班，而以实际工作效果为目标的精英团队。

后来 Cherry 直接把办公室出租，有了更大的现金流。Cherry 和先生开始把重心从工作转回家庭，假期都带着孩子去度假，他们已经去了差不多几十个国家和地区，终于可以做到轻松赚钱，潇洒生活。

本来他们计划着就这样开始过半退休生活，但好日子刚开始，新冠肺炎疫情来了！封城期间不仅没有客流，而且因为澳大利亚边境一直关闭，到处都闹人工荒，即使门店开了，有客人进来也没有人服务。在这种大环境下，谁都无能为力，而且 Cherry 之前运用的一些管理运营方法在缺客流、缺员工的大环境下，也收效甚微，她甚至急到想帮店里引进质量很不错的直销产品来增加门店业绩，但被很多店长误会，以为 Cherry 做传销去了。

因为疫情，之前固定召开的加盟店长会议和各种线下培训都无法进行，很明显地感觉到整个加盟团队人心涣散，人才流失，加盟系统摇摇欲坠。Cherry 不断问自己："这次是不是真的到了退休的时候了？"

回到初心，"利他"成为她的终极梦想

曾经在疫情最困难的时期，有个加盟店长说："Cherry 你太幸运了，在疫情之前所有店都加盟出去，不然你的损失可就大了。"Cherry 听了心里很不是滋味。且不说她的大部分加盟店长都是跟她多年，更重要的是她的本意是把这些

Chi-link 店面之一

生意稳定的店交给他们，给他们创业致富的机会，但无奈事与愿违。Cherry 不能眼睁睁地看着他们在水深火热之中，于是她又开始了大量的付费学习，寻找有成功经验的老师咨询，天天研究传统实体店如何在疫情下生存，如何转型到线上，实现线上线下相结合的运营模式。

很幸运总结出更新型的运营方法，在一些有意愿的加盟店里试用之后，短短半年，这些方法开始奏效了！比如其中一家加盟店，用 Cherry 教给他们的招募方法，一下子在 3 个月内招到多名治疗师，而且治疗师的工作积极性、主动性都提高了很多……短短的 6 个月后，店业绩就增长了 100%。而另外一家店的业绩也增长了 2.5 倍！

通过这些神奇的变化，Cherry 意识到：人脑也像电脑一样，要不断升级！假如他们用的方法正确，根本不用 20 年、10 年，甚至 5 年都不用，就能成功。所以她想到通过自己摸索出来的经验，建立出来的系统，除了帮助自己的加盟店，还能带动更多的同行理疗馆。此时她的梦想已经从建立自己的品牌连锁店，上升到"利他"这个终极梦想。

江枫

光伏云平台专家
首家澳大利亚认证华人新能源公司创始人

  疫情期间，墨尔本6次封城，总共持续2年多，许多中小企业只能僵尸般存在甚至倒闭，尤其是华人企业，起步晚，根基浅，以至于不少新移民干脆卷铺盖回中国。可是竟然有一家华人企业的营业额不减反增，忙得不亦乐乎，它就是ECA（Energy Could Australia）光伏新能源公司。它是第一家获得澳大利亚CEC认证零售商资格的华人企业；是华为在维多利亚州的独家合作伙伴；特斯拉电磁墙授权零售安装商；IKEA宜家家居商业光伏服务商；Auto Barn、JIM's Group总部等巨头的御用商业太阳能服务商。它的创始人是江枫先生。

光伏产业响应全球治理气候变化的呼声是这个时代的朝阳产业。得天独厚的光照条件，干净的空气，俄乌战争爆发后居高不下的电费，以及独立房为主的居住方式，使得光伏产业在澳大利亚大有可为。作为 ECA 公司的创始人，江枫是如何号准时代脉搏，在竞争者云集的市场中站稳脚跟，一枝独秀的呢？

专注：用匠人精神对待产品，用专业服务打动用户

西安交通大学工业自动化专业出身的江枫毕业后在 ABB 中国工作多年。专业上和工作中一以贯之的积累让他在移民澳大利亚后顺利进入本地一家大型光伏企业。2015 年，江枫成立 ECA 公司，组建团队，正式开始他的创业人生。

万事开头难。尤其刚开始太阳能有政府补助时，整个行业鱼龙混杂，质量问题层出不穷。如何获取第一批客户的信任是创业之初的最大挑战。

江枫不走捷径，以行业最高标准要求自己，坚持用好产品和好服务说话，将整个公司提升到行业的高层次：太阳能板只用市面上最好的材料；工程团队坚持自己培养，而非外包；施工质量注重细节，而非只追求速度；杜绝任何保修服务不到位的情况，跟客户全程保持有效沟通。

维州政府在太阳能安装上监管十分严格，居全澳之首，每个项目都由第三方验收。ECA 不但验收成功率为 100%，且其中 99.9% 在首次验收就成功通过。公司还保持着客户零投诉和五星评论的纪录。2015 年成立至今，良好的口碑带来了公司的快速成长。目前，公司团队有 8 名销售人员，16 名设计安装人员，3 名 IT 人员和 4 名管理人员。其中，设计人员都持有电气工程师执照，安装人员都持有清洁能源理事会注册安装人员执照（CEC Accredited Installer）。

后来政府补贴取消，虽然影响了大部分太阳能公司，但命运女神终会眷顾真诚而用心的人。能够成为像 IKEA 宜家家居这种大企业的商业光伏服务商，无疑说明了 ECA 公司的专业度。这是那些离开了政府补贴就倒闭的同业可望而不可即的水平。8 年的扎实努力让 ECA 成长为澳大利亚口碑最好的新能源公司。

战略：打造硬件背后的软件平台，获取政府背书的专业认证

成功的背后不仅是坚持人所不能坚持的，更要有人所不能实现的独特优势。ECA 翻译过来就是澳大利亚能源云公司，其名字就透露了其基于云平台的软件支持能力。

目前，澳大利亚 90% 以上的光伏企业仅仅提供零售安装层面的服务。与他们不同的是，ECA 的服务涵盖从方案咨询、批文申请、项目设计、材料安装、质保到发电数据管理的完整流程。

而实现发电数据管理这一核心功能的基础正是云平台。每个 ECA 签约托管的用户的发电数据都会被记录和存储在云平台上。不仅 ECA 的工作人员可以对用户的发电情况进行监控和后台管理，用户也能通过自己的设备终端实时查看自家电站的数据。

在澳大利亚，光伏产业也是政府监管非常严格的产业。澳大利亚能源管理局（Australian Energy Regulator）是行业的执法机构。清洁能源理事会（Clean Energy Council，CEC）则为行业制定准则和规范。

澳大利亚境内的光伏企业可向 CEC 递交认证申请，通过审核的企业可获得 CEC 认证零售商的资格。该审核的评判范围包括公司运营年限、创始人背景、客户投诉及处理情况、售后服务管理流程、历史项目案例等方面。维多利亚州政府自 2019 年开始给予相关企业新能源补贴。该补贴是在联邦政府已有的 STC 补贴基础上额外增加的一项，意在推广具有政府监管的新能源。CEC 认证零售商（如今已更改为 NETCC 认证，New Energy Tech Consumer Code）是获取该项补贴的必要条件。在维州补贴即将推出之时，ECA 已经抓住先机，率先取得认证，在补贴政策开放之日就完全做好了准备，这是 ECA 审时度势、厚积薄发的成果。

用短短 4 年的时间实现了团队规模的快速发展，每年营业额翻一番到两番，最好的用户口碑，信赖度高的完备服务体系，还打造了行业内稀缺的核心竞争力——云平台和稳定的销售渠道，长期以来成功地为客户解决能源问题。这一切令人惊讶，ECA 的巨大能量从何而来？答案其实就在江枫务实的作风、专业的精神和长远的眼光之中。

优势：将一切努力转化为客户的利益

除去投资型地面电站，通常，太阳能光伏电站的规模按照发电量来划分。家用太阳能光伏的发电量一般在 5 千瓦左右，小型商业太阳能光伏发电量介于 5～30 千瓦，中型商业介于 30～100 千瓦，而 100 千瓦以上的就是大型商业了。

用户在选择电站规模的时候除要参考自身的用电量外，也要考虑屋顶面积。小型商业用户一般是餐厅、咖啡店、酒品专卖店等；酒庄、办公室、仓库等商户通常选择中型商业太阳能光伏的供电量；工厂等生产企业则一般需要大型商业太阳能光伏的供电量。

目前，维州有 80% 的太阳能零售商仅提供家用和小型商业太阳能光伏。而 ECA 凭借技术、资金、团队和经验的独特优势，能服务所有类型的客户。对于家庭和小型商业，ECA 提供性价比超高的定制性太阳能系统。定制服务会充分考虑用户用电习惯、屋顶限制、寿命期限等因素，融入智能家居、储能优化等科技手段。

在门槛较高的中大型商业太阳能领域，ECA 更是游刃有余。目前，ECA 已自主设计和建设了多个电站，每一个细节都符合澳大利亚规范，无任何商业纠纷，客户满意率极高。公司已签订多个 MW（兆瓦）级别的电站建设合同。

工程现场

时机：政策倾斜，金融工具，节能环保

澳大利亚的商户选择光伏发电的好处是显而易见的：商户屋顶面积大，意味着太阳能板安装面积大，进而发电量大；商业用户主要用电时间在白天，意味着用电高峰期刚好是太阳能发电达到峰值的时候，电力使用率高。这些都能为用户最大限度地省电省钱。

除此之外，澳大利亚大多数光伏系统是并网系统，太阳能发电会被优先使用，不够时再以电网供电补充。如果发电有富余可以以一定价格卖给电网（FIT: Feed-in Tariff）。具体的 FIT 价格与用户所在地区和所属电力公司有关。

可见，太阳能光伏确实能为用户实实在在地省钱。可是材料费、安装费、维护费是否高不可及，未来省下来的钱是否都要花在前期呢？事实并非如此。ECA 为客户提供多种金融方案，使客户实现前期零投入，后期正现金流的综合新能源解决方案。

展望：积跬步以至千里，汇小流以成江海

近年来，为了促进新能源行业的发展，澳大利亚政府制定了 RET 新能源目标（Renewable Energy Target），其中包括 SRES 小规模新能源计划（Small-scale Renewable Energy Scheme）。

在该计划下，安装太阳能光伏的用户可以享受政府补贴。而只有 CEC 认证零售商（CEC approved solar retailer）才有资格代表客户申请政府补贴。

不仅如此，ECA 已经搭建好的云平台在未来将大有可为。ECA 每个用户的太阳能光伏及其储能电池都由云平台管理和调度。当外部电网用电需求大时，云平台将调用每家每户的电池储能，卖到外部电网，因为此时的售价高。而外部电网用电需求小的时候，云平台会把富余电量存储到电池中，以备将来使用。这就是非常令人期待的 VPP 虚拟电站（Virtual Power Plant）。

江枫还提到，公司的 CEC 认证零售商等执照覆盖全澳大利亚。随着业务的发展，公司的足迹未来将会遍布南澳、西澳、新州等地。对于江枫及 ECA 而言，No job is too small, No job is too big。团队不变的宗旨是：走好脚下的路，服务好家庭和社区，推广绿色能源，为绿色星球之梦助力！

李敏

破茧成蝶展翅飞，逆境中绽放光辉
奥烨移民创始人

她曾经是澳大利亚昆士兰州最年轻的华人太平绅士，也是第一个获得中国国家外国专家局昆士兰州培训专员资格的人。2013年，澳大利亚政府推出备受瞩目的SIV 500万重大投资移民188C签证，吸引了众多成功的中国企业家和高端投资移民前往。而第一个成功帮助顾客获得188C签证的移民中介正是李敏创立的奥烨移民。

李敏不仅是澳大利亚全球人才白皮书的发起人，还担任澳中工商业委员会悉尼分会理事，并被《华商功勋》记录为60位杰出华商领袖之一。在过去的20多年里，她一直积极参与各种中澳交流活动。无论是在广州与悉尼姐妹城市成立30周年的庆典上，还是在深圳和布里斯班结交姐妹城市等活动中，都可见到她在活动现场忙碌奔波的身影。

自2002年成立移民服务公司以来，李敏带领团队共帮助了上百家中国企业和上千个家庭成功移民澳大利亚。作为一个于1992年才移居澳大利亚的新移民，李敏凭借永不言弃的坚韧精神和以他人需求为先的服务理念，逐步在中澳交流的舞台上建立起自己的影响力。

她以自身的经历鼓舞和激励着身边的人，成为许多人追求梦想的榜样。

逆境飞扬，永不言弃

李敏，生于广州，父母皆为印度尼西亚归侨。在这样的家庭中成长，李敏自然对国外文化充满了好奇心。然而，李敏在出生时便不幸患上眼疾，尽管经历了多次手术，视力仍未能恢复到常人的标准。尽管如此，视力障碍并没有阻挡她追求知识和追求梦想的步伐。她通过倾听的方式"阅读"了大量的书籍，形成丰富的知识储备和深度的思考能力。最终，她克服了困难，以积极的态度和努力的精神，攻克了学业难关，取得了两个学士学位。这段"以耳代眼"的经历成为她日后人生道路上披荆斩棘的力量源泉。

得益于父亲是英语系教授，李敏能说一口流利的英语，并凭借这一技能成为中国进出口商品交易会的常客，从事志愿者和翻译工作。这些经历为她日后在澳大利亚的事业发展打下了良好的语言和交际基础。

20世纪90年代初，李敏随家人移居澳大利亚。初到这片陌生的土地，她和其他人一样，对未来充满迷茫和不安。陌生的文化和环境，不确定的发展和前景，让许多同学难以适应澳大利亚的生活。然而，正是内心对美好生活的梦想和向往，让李敏坚持留在澳大利亚。

毕业后，李敏在澳大利亚国立教育机构任兼职教师，后跨入旅游行业。由于工作的缘故，李敏发现许多人因不了解移民法律，而误信一些不正当公司，导致在移民问题上既无法保障自身权益，还可能被视为非法居留。

因此，李敏开始学习移民法律，转战移民行业。为了更专注地提供移民相关法律服务，李敏于 2002 年与澳大利亚前官员、商业和房地产投资专家等人合作，共同创立了 AAC 商业集团和奥烨移民服务有限公司。

李敏有一句座右铭："Never give up."无论是视力缺陷限制，还是移居他国的迷茫，抑或是不断转换赛道的挑战，李敏在面对人生每个转折点时，始终坚守"不放弃"的原则，勇往直前。

专注移民服务，助力成就梦想

李敏创办奥烨移民的初衷是"让中国人走向世界，不走弯路"。为此，她不断深入研究专业知识，努力为客户提供更多高效的移民方案选项。

在公司刚成立时，来自中国国内的移民业务相对较少。为了打破市场僵局，李敏决定率先为员工办理移民。在这个过程中，她带领团队首次引入"雇主担保移民澳大利亚"的签证类别，为许多人展示了移民的新可能性。2003 年，李敏又带领团队开始涉足投资移民领域，并成功实施了维多利亚州和昆士兰州的 132 移民项目，这些案例在当时具有开创性意义。值得一提的是，李敏团队后来负责的投资移民项目，几乎都成为州政府投资移民处广泛宣传的优质案例，涵盖建筑、道路、医疗等领域。

"一年摸路，三年入门，五年可以说专业人士，十年才能成专家。"每当谈及团队在移民领域取得的成就时，李敏总是用这句话回答。这种坚持和专业精神，使得李敏的公司成为第一个帮助客户获得澳大利亚 188C 签证的公司。李敏自己也觉得这一切令人难以置信。她记得当时客户的信用卡一直无法成功扣款，于是在接到移民局电话后，她用自己的卡帮助客户完成了缴费。没想到，当天上午扣款成功，下午客户的签证就获批了。当时这项新的移民政策刚刚出台，许多机构还在研究阶段。然而，李敏的团队率先取得了成功，因此团队成员都非常开心，并认为这是广东省第一个成功案例。直到后来有媒体主动邀请采访，李敏才意识到，原来这是全球申请 188C 投资移民的第一个成功案例。

李敏曾说，从事移民这一行业需要依靠专业知识、勇气和责任感。确实，移民政策与其他法律不同，它时刻都在变化和更新。例如，2018年的"黄金海岸"事件导致澳大利亚移民政策发生重大变动，许多客户的移民申请遇到困难。在其他公司不退款甚至倒闭逃避责任的情况下，李敏告诉团队，无论如何都要积极帮助客户解决问题。在那场风波中，奥烨移民提出了退款和申请他国移民等多种措施，尽力帮助客户渡过难关。正因为敢于担当，他们赢得了客户的信任；正因为足够专业，他们抓住了先机。

近两年，受疫情影响，移民行业遭受重创，但李敏并没有被卷入经济危机，反而在移民领域再次取得了里程碑式的成就。在澳大利亚移民新法案858出台时，由李敏领导的奥烨移民成为法案的先行者，创造了大量成功案例。因此，在2022年4月，奥烨移民服务有限公司获得了澳大利亚政府的授权，首次发布了858全球人才签证白皮书。

作为移民行业的先行者，她不仅在经营自己的企业上取得了出色的成绩，还为行业的发展付出了巨大的努力。她是广东移民行业协会的发起人，为了协会的成立，她奔走了整整5年才最终取得成功。她的贡献对于广东移民行业的发展来说是至关重要的。她通过积极参与行业活动、推动政策改革及提供专业的咨询服务，为广东移民行业树立了榜样，为更多的人提供了成功移民的机会。她的努力和奉献为整个行业带来了积极的影响，为广东移民行业的繁荣发展做出了突出贡献。

在李敏看来，沟通与交流是一切发展的前提，而具备国际化视野则是迭代跃升的最佳助力。因此，移民本质上是获得一种新视野，重新审视和对接两种不同文化，重新获得再次挑战和再次出发的力量。

一片冰心在玉壶　成就美丽人生

李敏认为，女性企业家可以同时拥有美丽与智慧。"与其做出取舍，我们更应该在不同领域展现女性的优势。"例如，她注重对他人内心的细致观察和了解，乐于倾听和为他人着想。在公司内部，她会根据每个员工的个性，在他们生日时送上合适的礼物和喜欢的蛋糕，并鼓励同事们互相说出鼓励和祝福的话语。

BUSINESS ELITES
商界精英

李敏参加活动

在外部，她会主动承担社会责任，参与雨雪冰冻灾害、汶川大地震、贫困山区失学儿童等赈助活动，并通过公司、狮子会、MBA同学会等渠道进行捐款和捐物。

李敏将女人比喻为紫砂壶，她认为女人可以用养壶的心情来养护自己，学会"有容"，但又不急于"盛满"。在一次次倒掉茶叶和冲泡新茶的过程中，用壶中的温香来滋养自己。她将热爱生活、享受美食、滋养自己和乐于助人融入日常的举止中。

就像李敏经常说的，人们首先要学会爱自己，才能真正懂得如何去爱他人。最终，这种大爱精神会让人与人之间多一份关爱。

疫情之后，澳大利亚的移民政策从热门的投资移民签证转向技术人才签证。李敏认为，全球人才流动是一个大趋势。奥烨移民不仅会继续深化和提升在投资移民领域的服务，还将凭借多年积累的经验，帮助更多高端人才实现在全球其他国家的移民可能性，让他们心中的目的地不再遥远。

最好的居所是能满足你未来想象的地方。它是我们梦想的目的地，也是我们内心最向往的地方。而所有这一切，都源自我们当下出发的决心和勇气。

Seven Yang

搭建澳大利亚亚裔中小企业与政府的桥梁
AUGRANTS 执行总裁

  对很多企业来说，刚刚过去的疫情无异于一场莎士比亚笔下的暴风骤雨。能在暴风骤雨中屹立不倒，甚至还能帮助其他企业穿越周期、走出泥潭的公司，则是凤毛麟角，尤其是新移民创立的年轻公司，就更难能可贵。

AUGRANTS 公司就是这样一个代表，帮助上千家企业申请政府补贴，每年金额在千万澳元以上，尤其是疫情期间，帮助众多企业渡过难关。其中的关键人物就是 Seven Yang。

Seven 说："根据对澳大利亚统计局发布的数据进行汇总分析，可以发现，每年至少数千家澳大利亚企业符合澳大利亚政府的研发和出口补贴而不自知。"更让人惊讶的是，AUGRANTS 公司基本上是"先干活，后收费"，即先帮助企业申请，等补助金下来后才收取服务费。这让我们非常惊奇，Seven Yang 为什么这么有底气，如此自信呢？

一切过往，皆为序章

Seven Yang 果真有两下子，来澳大利亚前的履历相当亮丽，所服务的两家公司在中国都具有响当当的名字：华为和腾讯。

2004 年，他于吉林大学计算机系毕业后进入华为公司，一干就是十几年，从销售、项目管理、产品经理、解决方案、财务、人力资源，到供应链部门经理，华为有的岗位他几乎都干过了，而且从深圳到北京，最后到海外的中东和非洲。海外归来后，2015 年他又就职于腾讯，对内负责云计算存储开发，对外负责互联网业务中心。尤其值得一提的是，2012 年在非洲阿尔及利亚时，他全权参与华为和世界五大著名公司之间展开的 14 个月 3 轮的 OTA 竞标，总竞标额为 1.2 亿美元，他特别负责其中 5000 万美元服务环节的竞标，从设备选型、价格需求、策略方案、覆盖率、维护维保、服务工期等，一一落实，光纸面文件就一米多高，最终他们获得 70% 以上的份额。这些经验为他在澳大利亚创立 AUGRANTS 公司打下了坚实的基础。

澳大利亚创业：两高一小一大加深耕

若不是机缘巧合申请了一个澳大利亚的技术移民，顺利拿到 PR，而 PR 的登陆时间马上就要过期了，他一定还在顶尖的公司、顶尖的领域一路狂奔着。看着刚刚出生的孩子，权衡纠结一番，最终决定，还是保住 PR，毕竟英语好、专业好，他不担心在澳大利亚的发展，于是放弃锦绣前程，全家人打包上路。

到澳大利亚后，他自然是香饽饽，各行业人士都找他谈合作，既有餐饮、送餐、微信支付、房地产等行业，还有补习行业。他一路研究下来，发现如果不局限于华人的小市场，而是放眼全球，就会发现英美澳这些发达国家早已把每一个细分行业做得很饱和，每个行业都有一只领头羊。Seven 说，如果不是大资本运作，一般的企业从研发到影响力上都是很难和这些领头羊相比拼的。况且澳大利亚客户忠诚度高，一旦确定合作关系，一般不出大差错，都不会更换。他觉得，他要做的行业，一定是专业度高、门槛高、市场空间大、竞争小、能够深耕的行业。

最终他选定政府补贴、政府采购这两个方面，帮助中小企业，尤其亚裔企业，在它们和政府之间搭建一座桥梁。政府补贴是指为澳大利亚企业提供各种补助申请和咨询，包括研发、出口、新能源、制造业、垃圾处理、高科技初创企业等补助。政府采购是指为澳大利亚企业提供政府招投标项目支持，包括寻找项目、标书解析、投标支持、标后澄清、合同签订、端到端辅导客户承接政府项目。政府项目覆盖建筑、清洁、会计审计、可回收垃圾袋等方面。

Seven 介绍说，在有 QIP（Quality Incentive Program）资质的 40 余家澳大利亚专业公司中，AUGRANTS 是唯一的华人公司，且拥有多元化跨领域的专业团队，基于对政策及产业的双重深入理解，有能力为客户提供量身定制的精准服务，并且根据政策的变化以及客户自身不同的发展阶段，提供长期跟踪和实时更新的解决方案。当然 Seven 也聘请了前政府官员担任顾问。

AUGRANTS 的客户遍布悉尼、墨尔本、珀斯、布里斯班、阿德莱德等所有澳大利亚主要城市。客户经营范围覆盖各种类型的制造业、药厂、保健品、化妆品、电商平台、红酒、牛肉、蜂蜜、奶制品、海鲜、旅游、留学、IT 研发、创新产品、AI/ 大数据 /ML/ 机器人周边等。在历届参加上海中国国际进口博览会的澳大利亚企业中，他的客户数量超过 15%。

帮助海外中小企业，实现自我价值

如果说当年在华为和腾讯打工是溢彩华章，如今在澳大利亚自己创业则是人生价值的升华。

BUSINESS ELITES
商界精英

Seven Yang 参加新药创始人俱乐部第八届年会

　　Seven 看到那么多优秀的中国企业家，踏踏实实，勤勤恳恳，业务做得很好，但是语言不精通，不熟悉财务流程和各种规范，比如很多老板把法人和自然人混淆，公司的钱和自己花销不分，导致很多应该记录的支出都用微信支付，而没有记录在账。因此，他在帮助企业申请补贴过程中，往往先成了 CFO，梳理、规范企业的业务流程和财务账目，甚至帮助企业树立品牌形象。而他的员工，更是随时服务，西人公司都是用 E-mail 和电话沟通，而他的公司顺应客户需求，愿意及时用微信沟通。这些服务虽然很琐碎，但他出于责任心和使命感，觉得特别有价值。比如某家制造业公司，在他的帮助下，一个月就申请到了几十万澳元的补贴，充裕的现金流使得整个研发速度提前了半年。

　　Seven 说，能够获得客户信任并迅速发展的秘诀有三个：专业的团队、合理的分工以及量身定制的长期服务。在华为的多年历练，让他具备了综合的才能。他把业务流程分为拓展、研发以及实施三个阶段。商务拓展负责沟通，尽可能详尽地获知客户诉求；研发团队负责根据客户的诉求对其业务内容和发展阶段进行深入研究，并与相关补贴及扶植政策进行契合度分析，最终提出实施方案；

最后，再由实施团队跟进协助客户进行具体实施，并在实施过程中随时与上述其他团队沟通，以便及时跟进调整，确保方案顺利进行。

"实际上，这就是 AUGRANTS 与受限于行业或团队，只能提供一点或一时服务的其他公司相比，最大的不同。"

"政府的补贴扶植政策不是一成不变的，而是根据政治经济形势、行业自身发展状况，以及执政当局的政见偏好等时时变化更新的。比如 EMDG，这个为了鼓励澳大利亚企业出口创汇的专项补贴改革后，从原来的先花钱再报销，改为先申请，企业再花钱，并从原来的最多 8 次 9 年调整为 8 年 3 个阶段，每个阶段 8 万至 45 万澳元。这个规则改变之后，如果不及时跟进调整实施方案，一不小心就会导致申请年限和总金额减少，因而给客户造成损失。"

"这些补助看似种类繁多，但其背后自有深刻背景：出口是为了鼓励创汇；研发是为了提升澳大利亚政府竞争力；制造业为了提升就业率以及制造业回流；新能源是为了国际承诺以及应对气候改变；垃圾回收是减少填埋并应对中国禁止垃圾进口……唯有深入了解政策制定的背景，才能够给出恰当建议并且拿到补助，AUGRANTS 能够同时跟踪 160 余项补助，并为客户提供最全面的补助建议，正是基于这种理解。"

做这些外行看似头疼的工作，Seven 却乐此不疲，他说："我想这源于我们的使命。从大的方面来讲是促进澳大利亚的科研创新、出口创汇和节能减排，让国家和企业更有竞争力，国民的生活更好更健康，同时促进双边和多边的贸易往来；从个人或者企业本身的角度来说，是一种自我价值实现！"

Seven 还给我描绘了未来的全球拓展规划：补助业务不仅在澳大利亚、新加坡、新西兰，甚至在英国和加拿大等都有类似补助；协助客户做业务咨询，对接好的项目和资金方，面向全球的采购需求。拥有专业、英语优势，更拥有经验、精力、野心和使命感的 Seven，眼前是无限蓝海……

徐方

将澳大利亚前沿生物科技推向中国和世界
PURECELL 集团联合创始人

疫情使人们意识到自身免疫力的重要性，怎么增强免疫力成为热门话题。因此，生物科技成为越来越受关注的领域。今天，有前沿科学家指出，从源头激活修复细胞，才能从根源对抗疾病和衰老。

某种意义上说，人类其实只有一种疾病，就是细胞故障（cell failure）！

从源头激活修复细胞，才能从根源对抗疾病和衰老。

修复细胞的根源是干细胞。干细胞是人体的起源细胞，能靶向性修复受损、老化细胞和组织。人出生的时候，1万个细胞中就有1个干细胞！10岁时10万个里面才有1个！到80岁，200万个细胞里面才有1个干细胞！所以，随着干细胞数量越来越少，人就衰老了。

何谓 UCF 细胞因子？谁发现的？

"启动体内干细胞发挥修复作用的金钥匙，是零岁全阵列细胞因子（Cytokine）！细胞因子是由机体多种细胞分泌的小分子蛋白质。如果把干细胞比喻成橘子，那么细胞因子就相当于橘子中的 VC，一个橘子吃下去，真正发挥作用的是橘子中的 VC。

细胞因子专利技术的发明人，是国际权威细胞再生医学科学家、人体胚胎干细胞克隆全球前5人，墨尔本大学的 Andrew French 教授，以及国际细胞再生医学转化研究专家、老年病学生物医疗专家 Dr. Peter Britton。

这两位专家是澳大利亚及世界细胞再生医学领域最杰出的抗衰老科研机构之一 PURECELL 集团创始人和首席科学家，但是能够让这两位科学家的科研成果展露于世人面前并落地中国和世界的真正推手，却是北大才子徐方。

2016年徐方正式投资 PURECELL 公司，成为澳大利亚这家专业生物科技公司唯一不是科学家的股东，以及唯一不是澳大利亚人的股东。正是因为他的出现，澳大利亚顶尖黑科技，才得以从实验室走向中国和世界。

从北大的光环走向澳大利亚，一切从零开始

1997年，因为北大学子的背景和在中国卓越的市场营销成就，徐方3个月就拿到了澳大利亚的永居身份。但当他踏上澳大利亚的土地才发现，北京大学的光环虽赢得世间尊重，但面对现实生存和市场，仅有光环是不够的。于是徐方决定一切从零开始。

徐方在澳大利亚第一份真正的工作是在著名电器零售连锁公司 HARVEY

NORMAN，一边全职销售，一边全职攻读悉尼科技大学的 MBA。结果未想到，仅用一年，就做到了全澳大利亚销售前 5 名并赢得大奖。这段小有风光的经历，让徐方获得了一些最初级的感悟：

原来内向不爱交际的人也可以成为优秀的销售专家。

要想比 80% 的人更优秀，只需要比别人学习了解得更多一点，更广一点，更有耐心一点。

销售不是卖产品和功能，而是分享价值和生活方式。

能够把复杂的原理变成简单的故事，化繁为简，才是销售的更高境界。

……

"在 PURECELL，生命逆转，已成现实！"

有了初步的成功，尤其是感觉具备了强有力的销售能力，徐方开始尝试迈向房地产领域。

徐方在地产界的 10 年是澳大利亚地产投资最好的 10 年，建立了百人团队，培养出一批又一批投资专家，活跃于中澳之间，也体验到了前所未有的事业风光和财务自由。然而，在地产事业的巅峰阶段，因为盲目扩张，参与地产开发，以至于外部危机来临时，没有准备好应对方案，徐方的事业陷入前所未有的低谷……

或许上帝关上一扇窗，目的是为你打开一扇门！

2016 年，一次偶然的机会，徐方结识了 Dr. Peter Britton，PURECELL 集团董事局主席。这个偶然的相遇，成就了徐方下半生的事业。

一个精彩无比、充满想象的前沿生物科技再生医学全新领域，扑面而来！

徐方清晰地感觉到："这就是我该用下半生全心投入的事业。"

2016 年正是再生医学领域群雄逐鹿、狼烟四起的时候，充满危机，又充满无限可能。那时的 PURECELL Group 还只是萌芽初期的一个概念，摆在徐方面前的，除了一张专利证书，一个公司 Logo，再就是一群一生专注科技研发、与世无争的顶级专家。

Peter 先生是一个介于商人和科学家之间的人，也是一个来往于中国和澳

徐方（左一）和科学家合影

大利亚之间的人，他热情欢迎徐方的加入，于是徐方开始了夜以继日的疯狂学习和工作。激发徐方兴趣和斗志的一个重要因素，就是PURECELL 所在的领域，和生命相关，和每个人相关，虽门槛很高，前卫且高深，复杂且专业，但一旦成为专家，就鲜有对手。

与此同时，上天送给徐方一个事业中的贵人，PURECELL 中国地区唯一创始合作伙伴 Aiko Wang，并由此构建中国的团队和平台。潜心学习和筹划一年后，2017 年 10 月，徐方带领团队，第一次以专业的医疗形象，把接近成型的技术和产品，带到中国和整个亚太地区。

之后的 3 年，徐方仿佛经历了所有创业者都应经历的磨难：

因为资金有限，徐方拿出了自己所有资本，投入学习和市场调研，力求成为技术和再生医学市场的权威专家。3 年没有成效却未想过放弃，这只能是意志力和信念的结果。

他曾亲自冲锋在市场第一线，12 天走遍 8 个城市，每天工作长达 16 个小时。亲自与每一个客户谈判，从普通客人，到顶级富豪。培训每一个可能的合作伙伴，无论大小，从北上广深，到四线城市。徐方坚信，所花费的精力形同修行，最终都会成为赢得竞争的强大基石，成为企业文化的核心价值。

作为前沿再生医学技术，UCF 的出现颠覆传统医学和产业链，因此受到众多质疑、否定和阻击。然而徐方最终还是站到专业医疗论坛上，直面学术问题和挑战，并赢得从客户到医生、从政府到资本的广泛肯定。一切努力，皆有价值。

3 年后，徐方完成了三件事：一是跑遍了中国大江南北和亚太地区，编织了一张支撑整个公司和市场的销售代理网络，这是 PURECELL 的半壁江山。二是带领中国团队用了 3 年多的时间，把 UCF 细胞因子全球专利技术合法落地在海南博鳌乐城国际医疗旅游先行区。这是第一个合法通过海南进入中国的澳大利亚前沿再生医学技术。UCF 技术开辟了博鳌医疗技术落地的先河。三是成功整合资源并启动了基于 UCF 技术的 2 个药物研发项目。成为国际医疗权威机构认可的药物，才是前沿再生医学技术应有的最终归宿。

如今，经过徐方多年的辛勤耕耘，PURECELL 的前沿科技与全球市场完美对接，澳大利亚严谨的科技精神与中国千变万化的市场机遇珠联璧合。

PURECELL，重新定义生命的宽度和长度！

徐方深有感悟：其实生意就是一个修炼的过程，让自己更专注，以至于更专业，忘掉所有行业都会存在的挑战、质疑、杂音、混乱、心无旁骛，才能成就梦想。徐方谦虚地说："和大多北大同学相比，我自认不算非常聪明。但不聪明有不聪明的好处，那就是每件事，都让我有机会用多一点的时间，驻足思考，沉淀心灵。因此大多时候，不仅可以更加清晰地悟到事物的本质，而且自然形成了一种品质，让我在每件事上，可以坚持得久一点，再久一点。毕竟，很多事业的成功，其实拼的不就是那最后 5% 的人，拥有 95% 的人所没有的持久力吗？"

在徐方投入 PURECELL 5 年之后的 2021 年，PURECELL 和美国上市公司完成了战略合作，实现公司估值 1.15 亿美元，并确定了纳斯达克上市的时间表。这，就是科技的力量，以及团队的力量。

每个企业家好像都把上市当作自己的一个里程碑和目标。徐方希望在不远的将来，PURECELL，在世间可以成为前沿、科技、品质和生命的代名词，创造健康新标准。正如其广告语所言：PURECELL，重新定义生命的宽度和长度！

同时，徐方心中非常清晰、泰然：成事，需要天时地利人和，缺一不可。目标明确，努力向上，脚踏实地，淡看风云，梦想才能自由展翅高飞。

马志刚

用心融入，享受每一天
金典地产集团董事长

他来澳大利亚11年，一直以开放的心态积极地融入当地社会，打造的金典地产一年销售额超1亿澳元，成为业界"黑马"；对他人热情援手，是一位热心公益、受人尊重的华人慈善活动的倡导者、组织者，曾任墨尔本澳华狮子会会长的他常常被人亲热地称呼为"小马哥"；推崇澳大利亚健康简单的生活理念，热爱家庭，亲近自然，是一个享受运动的快乐玩家，不断感悟全新的人生境界……

这就是金典地产集团董事长马志刚（Murphy Ma）。谈及自己的移民心得，他说："只要你沉下心融入这个国家，你会发现每一天都是享受！"

创业起点：立足长远 打造"本土店"

走进金典地产，处处都能感受到中澳文化和谐融合的"用心"。在整整一面 LED 广告墙上，是图文并茂的中英文房产信息；墙上的画框里是一百多年前 BOXHILL 的古老风景，而桌上摆放的却是中国茶具，随时可以为客人奉上一杯工夫茶。如此用心地大手笔装修店面，小马哥不是第一次。

2012 年，小马哥持商业移民签证来到澳大利亚，在 Knox City 接下一家卖酒的商店，因为澳大利亚卖葡萄酒、啤酒、烈酒等带酒精的饮品都必须有执照，要和其他产品分开，单独卖，因此俗称瓶子店。很多人做移民生意只是为了两三年后拿到身份，对暂时的"跳板"自然不会做太大的投入。小马哥却不这么想，他说："我选择移民，是要真正生活在这里，所以要立足长远做事，做一家'本土店'。"

接手瓶子店后，他不仅整体改造了店内外的硬件，还升级了软包装，为店里近 800 种葡萄酒精心搭配灯光，一一制作"名片"，标注上产地、年份、口味特点；为了消除语言不同造成的隔阂，小马哥在店里别出心裁地开辟了一个"中文角"，让进门的西人顾客都愿意乐呵呵地学上几句中文；而每逢澳大利亚节假日，他总是适时推出各种各样的促销活动，营造浓浓的本土氛围。

小马哥说，"立足长远做事"更重要的是在行动上、文化上融入当地社会。

用"现金不入账"的方式来逃税，这是一些华人做生意心照不宣的"小门道"，小马哥却从来不做这样的事情。他说，澳大利亚是一个推崇诚信的社会，以这次新冠肺炎疫情为例，尽管各行各业深受影响，但澳大利亚政府根据中小企业报税情况给予 Cash Boost 和 JobKeeper 补助，扶持保障正规纳税企业顺利渡过难关。既然移民来到这里，一方面，我们要真正认同澳大利亚价值观；另一方面，我们要用自己的行动来维护澳大利亚价值观，不贪眼前之利，立足长远做事，成为受澳大利亚社会尊重的人。

事实证明，小马哥"立足长远做事"的理念赢得了丰厚的回报和尊重：他打造的"本土瓶子店"第二年营业额就实现翻番，突破 130 万澳元，如今更是成了深受当地人喜爱的"邻家老店"。

成功秘诀：真诚相待　水到渠成

2018年5月，小马哥再拓事业新版图，注册成立金典地产，开始在地产领域大展身手。尽管从零开始，但短短一年的时间，金典地产的销售额就已突破1亿澳元。而他却说："我觉得自己并不是一个商人，我更看重的是人与人之间的真诚友善，财富不过是人们真诚相待之后的水到渠成。"

小马哥成长于20世纪80年代，在他身上有着那个"黄金时代"特有的真诚善良，如今这份真诚善良已经一一融化在金典地产经营服务的每一个细节中。

金典地产是一个其乐融融的团队。金典的员工说："小马哥永远像兄长一样关照着我们。"而采访中小马哥多次告诉我们："我很庆幸有一个特别好的团队，我们不仅是同事，更是朋友、兄弟姐妹！"金典地产成立初期，只有一间小小的办公室，条件非常艰苦，但金典地产团队的小伙伴们还是义无反顾地跟随小马哥一起创业，每每说起这些，小马哥的言语里总是充满着感情，而这也成了他不断冲刺事业新高的强大动力。

"实诚"则是客户对金典地产的评价。金典地产几乎不搞营销活动，也没有让客户心旌摇荡的承诺，小马哥说："我们唯一可以承诺的是，我们做成的每一单都是诚信的。"谈及在房地产行业日益激烈的竞争趋势下，一些公司纷纷以虚高获利信息吸引客户的现状，小马哥说："我们只说能做到的事，兑现不了的，哪怕只是多一丁点儿我们都不会讲，我们始终坚持这么做。"

正是这份"实诚"，两年间金典地产吸引了大量客户，金典地产的服务半径、服务项目不断扩展。目前，金典地产代理墨尔本市区几乎所有的公寓项目，BOXHILL周边公寓、House、Townhouse、二手房、首次置业项目是金典地产的优势项目，同时金典地产在House Land买地建房以及租赁业务上拥有独特的优质资源。

融入社会：爱做分外事　传递温暖

刚登陆澳大利亚时，小马哥常常被一些温暖的"澳大利亚日常"深深打动。比如，超市、商场总是把最方便的车位留给残疾人；问路时，并不顺道的当地人特地陪他走到目的地……现在，小马哥也成了"澳大利亚日常"的一部分，成为温暖的传递者。

小马哥利用公司的场地便利，每月组织红酒品鉴、陶艺亲子课堂等公益主题活动，金典地产成了附近华人定期交流沟通的"根据地"，一段时间不来就会想念的温暖之所。

金典地产的员工说，金典地产有庞大的安家置业微信群，其中大多数是初来乍到的新移民，只要群友有困难，小马哥总是想方设法去解决。有一天，一位群友突然身体不适，在群里发出求助信息，尽管天色已晚，但他看到信息后马上开车买好药送到群友家，确认群友安好后再离开。为车胎被扎的群友提供紧急援助，为汽车发动不了的群友驱车去 BUNNINGS 买线搭电，为在国内的群友看护房屋……把这样的"分外事"当成"分内事"来做，小马哥已经习以为常。

来澳大利亚十年，小马哥一直致力于援助非洲儿童的慈善活动。一次偶然的机会，他接触到全球慈善机构狮子会。经深入了解，2018年，他和几个志同道合的朋友共同创建了墨尔本澳华狮子会，2019年小马哥出任会长，有了更加广阔的平台去帮助他人，疫情期间，他积极开展活动，多次组织慈善高尔夫比赛和医疗物资捐赠活动，为澳大利亚抗击疫情贡献了华人的力量。

快乐生活：健康理念　越玩越精彩

小马哥说当年他因"玩"而结缘澳大利亚。在国内时，他热衷旅游，一家人一起去过世界很多国家和地区。2010年的澳大利亚之行，让他和家人都爱上了这个美丽宜居的国度，并开启了全新的移民生活。

来到澳大利亚后，小马哥尤其认同和享受澳大利亚人简单健康的生活理念。让他特别开心的是，在这里没有赶不完的饭局酒局。现在，他所有的时间只用来做三件事：享受运动、管理公司、陪伴家人。

徜徉于澳大利亚的碧海蓝天，这几年小马哥已成为高尔夫、海钓、打猎、潜水运动的专业玩家，每周都有近一半的时间用来运动。

小马哥的澳大利亚生活可谓越"玩"越精彩。热爱自然、追求自由、正直坦荡，小马哥身上专业玩家的性格特质让他结识了很多志同道合的朋友，凝聚

金典地产赞助高尔夫球活动

了大量人脉和资源，这些都成了他经营公司和推动公益事业的宝贵资源。

更重要的是，广泛的兴趣爱好让他不断挑战自我、超越自我，体验到了更为辽阔的人生境界。近年来，小马哥迷上了潜水，他时常辗转澳大利亚、印度尼西亚、菲律宾等不同海域进行训练。小马哥说，每当潜入五彩斑斓的海底世界，感受大自然的神奇伟大，他的心里都会不由得涌起满满的感恩之情，感恩拥有如此美好的经历、如此精彩的人生！

Crystal Tung

澳大利亚奶制品行业发展的见证者

CM-8 和 CBS 国际公司创始人

2008 年中国发生震惊世界的"三聚氰胺毒奶粉"事件。此事件导致中国奶制品口碑严重下滑，而澳大利亚被认为是世界上纯净清洁的奶源地之一，中国市场对澳大利亚婴幼儿奶粉的需求迅速增长。此时在澳大利亚生活的中国香港女子 Crystal Tung 意识到这是个千载难逢的商机，于是她在多年做贸易的父亲的帮助下，走进澳大利亚奶粉行业，至今已有 15 年，不但成为此行业全供应链的专家，更是这个行业起源发展的见证者。

如今 Crystal 创立了自己的 CM-8 International P/L 和 CBS International P/L，还和他人合作和管理 Natur Top Biotechnology P/L、Kinns Dairy P/L、Nutrico Dairy Milk 等公司。

入行即被骗　她在初期的乱象中坚强地挺过来

Crystal 是 Sau Mei Tung 的英文名字。虽然是中国香港人，但她的普通话讲得相当流利。在进入澳大利亚奶粉制造业之前，她在澳大利亚完成学业后回中国香港工作 10 年，在一间大型 IT 公司稳步做到高管。为了家庭，最后选择回到澳大利亚。但不久还是遭遇家庭变故，一个人带着年幼的女儿租屋，还要边带孩子边寻找商机。

她做过旧电脑回收，甚至经常跑到垃圾堆搬回人家扔掉的旧电脑修理改装。对于一个看起来纤弱美丽、家里排行最小、从小被父母宠爱的女子来说，那段岁月绝非易事。

机缘巧合，Crystal 得知中国对优秀奶粉需求量很大，她想，为什么不把澳大利亚纯净奶源加工好的奶粉运送到中国售卖呢？方向一旦确定，一切从头学起：进出口产品标准、贸易、生产商家考察……那时候，澳大利亚很少有奶粉，大家都喝新鲜牛奶，极少量的奶粉都放在超市不起眼的地方，袋装，很便宜，也没有什么品牌。大罐婴儿配方奶粉则都是世界大品牌：雀巢、惠氏 S-26、爱他美、可瑞康、雅培、美赞臣等。

澳大利亚本地更是很少有大型奶粉厂，当然很多人也意识到了商机，于是大大小小、参差不齐的奶粉厂应运而生。当时奶粉制造炙手可热，代加工客户都要交 80% 订金，工厂才给生产，而且要排队很久。Crystal 也一腔热情地加入，拿到中国的订单后，便急吼吼地交订金，一交就是 80 万澳元。但完全没有想到，拿到很少的产品后，这个厂子竟然宣布倒闭了。天啊，80 万澳元，对于她来说可不是小数目啊，而且那是客户的钱啊，况且家里的孩子还小，生活负担相当沉重。Crystal 完全蒙了！而这个厂子的老板却毫无歉意，后来她才明白，原来这个老板收到了上千万澳元的订金后，心生恶念，以破产来侵吞客户的订金。但是客户那边催货，Crystal 顾不得悲伤愤怒，赶紧到处借钱，找了其他工厂生产，及时给客户交货。我问："你没有考虑也宣布破产吗？"她说："完全没有，人在做，天在看。"

诚信做事的人果然受眷顾，你失去的，总会以各种形式补偿给你。那时候中国市场好，两年后她就翻身还清了债务。

可是坎坷并没有停止，由于澳大利亚奶粉制造业还很年轻，缺乏经验丰富的管理人才，难免出现疏漏。有一次，她委托的代工厂在放配料的时候，失误多放了维生素的剂量。当她得知后，那批货已经进入中国，报关税务都已经付清，如果闭着眼睛，说不定侥幸也能通过中国检验，但是 Crystal 遍询专家，了解到这会给婴儿健康造成不良后果，于是她赶紧告诉中国合作伙伴，果断撤回，4 万罐啊……更可气的是工厂不但不承担责任，反而为了证明自己没有问题，送了大量的各个批次产品去检测，光检测费就花了 18 万澳元，而这些费用都让她承担。最后当检测结果出来，无一例外都有问题后，工厂就说："我们不能赔偿，如果你让我们赔偿，我们就宣布倒闭。"而同时这又不是中国合伙人的错，这中间的全部损失，Crystal 主动扛下来。而这个中国合伙人，也因为此事件而对她钦佩无比，多年来一直和她合作。

自己建厂，严把生产质量关，稳中求胜

吸取了之前制造工厂的教训，2018 年 Crystal 决定融资，自己收购奶粉加工厂，但是谈了几家，不但没有谈成，有几家自己内部的股东却打起了官司。她没有办法，只能决定自己建厂。这可不是一个简单的工程，太多的知识点，太多的要求，她全都亲力亲为地参与，一点一滴地学习，硬是把自己逼成了专家。

奶粉厂建成后，她啃遍生产制造的所有流程细节，自己组建团队，亲自把关所有的生产流程。同时，为了防止意外，每个生产环节，她都派两个人参与，这样极大地减少了人为的失误，哪怕澳大利亚劳力贵得惊人。后来有顾客妄图讹诈她，说某批产品有质量问题，她胸有成竹，拿出证据逐一驳回。她说，她经手的产品，她敢拍胸脯保证质量。Crystal 骄傲地说，从开始研究奶粉配方、建立品牌、开拓贸易市场、进出口运输到如今奶粉行业的

Crystal 在中国销售的产品

Crystal 在澳大利亚销售的产品

加工制造，各个环节她都驾轻就熟，成为名副其实的奶粉行业专家。

内部问题解决了，外部市场又起硝烟。

A2 和贝拉米乘风发展，成为澳大利亚众多品牌的明星。机遇层出不穷的同时，新兴行业也在不断大换血，不断洗牌。进口奶粉在中国市场红火的同时，中国政府也在不断规范奶粉市场，以至于中国进口奶粉的标准甚至成为世界上最高最严苛的标准。澳大利亚的奶粉品牌，生产厂家都要重新拿执照，重新注册，这一下让澳大利亚奶粉行业损兵折将。而 Crystal 的工厂也没有拿到执照。

与此同时，代购市场火热发展。因为代购不是大宗贸易，是以个人物品邮寄的形式进入中国，不需要课关税，不需要执照，更不需要检验，自然也不需要生产工厂必须是中国注册的那几家。那时候，澳大利亚的中国留学生、家庭妇女，甚至白领都加入代购大军，各超市、药店等都充斥着大小代购，华人大包小包地扛着奶粉，很多华人家的车库都堆满了各处抢来的奶粉……后来澳大利亚出台政策，海关税务严格把关，正规电商雄起，代购热潮也逐步退去。

游击队解散，正规军进驻，伊利、蒙牛、雪印、君乐宝、A2 等著名企业相继来澳大利亚收购并购。Crystal 意识到自己的工厂需要大资本的注入才能立于不败之地，于是她又一次敏锐地抓住了商机。如今工厂经过 4 年改组转型之后，她又从专注于生产流程，转为跨境贸易和新品牌、新配方的建立。

如今她和中国合作伙伴 Gary Chen 合作开发的 Natur Top 诺崔特系列品牌产品，包括孕妇奶粉、中老年奶粉、乳铁蛋白配方奶粉、羊奶粉等，分别在中国 2000 多个渠道售卖。她还准备开发儿童咀嚼片、骆驼奶等营养产品。所有产品都具备一般贸易的资格，符合进口产品国家标准。

除了中国，她还布局美国市场，以及新加坡、马来西亚、越南、柬埔寨等东南亚市场。

奶粉生产车间

生命的成长：从骄傲到谦卑

Crystal 一再强调，自己并不是一个成功的企业家。她说自己不是一个天生多么坚强的人。第一次婚姻的失败让她忧郁甚至想自杀，当时带着三个分别是 1 岁、5 岁到 18 岁的孩子，压力如影随形，虽然父母经济条件好，但她从没有向父母要过钱。和前夫也一直处于官司纠缠中，更是得不到一点点帮助。最后她都凭借坚强的毅力挺了过来，她至今都抱着无限感恩的心态。

虽然经历了生意上的挫折、家庭的变故、育儿的不易，但她总是能看到乐观的一面。她前夫在上一段婚姻中生育的孩子，都一直黏着这个曾经的后妈，张口闭口"妈妈"地叫着，和她特别亲。她对员工也是亲如家人，关怀备至。她现在的先生，在婚前就认识她十几年，说她像变了一个人，不再柔弱，不再娇气。她回忆自己走过的路，很愿意分享给那些还在困苦中挣扎的人，帮助他们从黑暗中走出来。她的理想，是希望在年老时去做慈善，能够帮助到他人，她认为这是人生最大的价值。

温小东

每天一杯咖啡不如每天一盅海参
海参网创始人

在墨尔本一个阳光灿烂的下午,第二次封城前,我们紧赶着去了温小东的冷冻仓库。他笑眯眯地在门口等着我们,一看就是心情大好。他告诉我们,疫情期间生意增长了60%,我们大呼:"太棒了!"这是疫情几个月来我们听到的最好的消息,当市场哀鸿一片的时候,营业额能不降就相当不错了,竟然能增长这么多,简直是奇迹。我们发自内心地为他高兴。

读者肯定会问:到底是什么生意?怎么会这么好?那么我们就替大家访谈一下温小东。

维州华人第一张海参经营执照

其实机会永远都是留给有准备的人。"泰和行"这个响亮的名字始于1990年，在澳大利亚维多利亚州的专业海鲜肉类Price Safe经营牌照号码为W00018，也就是全维州排在第18号，可见其历史悠久。公司设立于澳大利亚墨尔本，是一家以食品批发为主要业务的公司，已经服务澳大利亚市场多年。公司早期经营活海鲜、急冻海鲜及海参业务，经过几拨人马的不断整合与收购合并，公司最后为泰和行接手，形成一个以干货系列、急冻海鲜产品系列及火锅食品系列为主营业务的食品批发公司。公司的食品生产、加工、制造、包装等流程完全符合HACCP澳大利亚食品安全管理体系的要求。

时间带来价值，泰和行无论在货源、市场、服务、经验还是专业度上，都是毋庸置疑的。尤其在澳大利亚，一家公司的历史有着非凡的意义。

不过，任何光鲜的背后，都有无比艰辛的努力和奋斗，甚至无法想象的挫折。30年前，海参是没有多大市场的，澳大利亚本地人是不吃海参的，只有少数马来西亚、新加坡、泰国、中国香港移民中的有钱人才会买海参，这些海参又是在有数的几家亚超售卖，超市服务跟不上，不懂海参类别，也不会泡发和制作，严重影响销量。公司一开始也赔了很多钱。当时公司的几个股东信心受挫，纷纷转向其他生意，更无心推进业务，拓展市场。好在后来加入的温小东喜欢研究海参，他一口气能说出30多种海参的类别，各自特点，如何区别，以及适合的对象。

后来他开始脱离超市，转入B to C，直接自己一点一点地开拓客户，一个个客户地讲解服务，苦心经营近十年才打开局面。163和188投资移民兴旺之后，大量来自中国大陆的投资移民懂得海参的价值，尤其是很多太太重视滋补和美颜，使市场迅速扩大，温小东的业务蓬勃发展，于是他不但有了大型的冷库，更建立了自己的海参展示厅。

在冷库里，他亲自开着叉车工作，疫情期间甚至送货上门，外地大量网购也要每天跑邮局寄包裹。疫情的确为他的生意提供了机遇，大家待在家里工作，有时间去泡发、煮炖海参，更重要的是海参增强免疫力的功能引起了人们的重视，再加上温小东的产品性价比高，服务周到，更是广受欢迎。

冷冻的泡发海参

服务第一　无条件退货

　　海参难卖，在于大家不会泡发，泡发时只要不小心沾到油，哪怕手上、锅里有一点儿油迹，都会导致整锅海参溃烂、发臭。笔者有一次把大海参和小海参一起浸泡，又没有及时换水，导致整个大锅腥臭无比，从此再也不愿意买海参了。除了泡发，烹饪也是问题，有时候没掌握好，海参在烹饪过程中化掉了；有时候泡发的海参质量不好，泡发出来的有股腥臭味。温小东除了售货前认真辅导，还重视售后跟踪。这样细致服务后，回头客越来越多。

　　很多人自己吃好了，还推荐别人来，甚至买来送礼。温小东都不厌其烦地一一服务。有一次，一个客户买了许多海参准备送人，但是后来行李装不下了，联系他退货，温小东很爽快，只要没有打开包装，都可以无理由退货。他说，他对自己的产品有信心，不怕比较，不怕卖不掉。

　　随着时代的发展，公司也进入互联网时代，为了更好地服务客户，2014年温小东创立了澳大利亚第一个海参花胶大型购物平台：澳洲海参网

（www.883.com.au）。又成立新公司 883 FOOD PTY LTD，专门运营平台业务。把以前批发到超市的澳大利亚海参、新西兰花胶等干货，直接放到平台上，实行工厂直销模式，整个流通环节为从批发商直接到达终端客户。这样不仅节省了商品流通过程的大量渠道成本，而且最大限度地返利给终端客户，实现客户利益的最大化。我们在网上搜索"澳洲海参网"，排在第一个的就是他们家，打开页面，照片、名称、价格，清清楚楚。

公司的口号是"多，快，好"。多：品类齐全、轻松购物；快：多仓直发、极速配送；好：正品行货、精致服务。最近，温小东又开始认真做起短视频，准备把自己积累的海参知识分享给大家，从最基础的普及教育做起。公司在网上提供的海参知识应有尽有，光菜谱就有 20 多种。

海参不是高档品，而是日常食品

人潜意识中认为海参是高档奢侈品，但温小东告诉我们，如果你每天喝一小盅，喝上一年，其实算下来也就是一天一杯咖啡的费用。但是一天喝一杯咖啡，对身体的补养并不起什么作用；坚持食用海参，一年下来的结果可是大大不同。

"只要 3 岁以上的孩子都可以吃海参，海参吃习惯了，泡发好了，冻起来，每天做饭的时候，无论煮、炖、炒都行，就像豆腐一样，你怎么食用豆腐，就怎么食用海参，把海参想象成豆腐就行，它就是日常大众食品，这是我要倡导的观点，一年也就 2000 澳元左右的投入，比什么营养品性价比都高。"温小东形象地比喻，一下子打破了我对海参的既有认知。

在澳大利亚，广袤的海域是大自然赐予的宝藏。温小东告诉我，在中国买的澳大利亚海参，也可能有问题，因为大批发商都是把海参运到中国加工，但有些加工厂存在很多问题，在加工过程中加了防腐剂或其他完全不应该加入的东西，人为地增加重量，弄虚作假，假冒澳大利亚产地海参的现象也很普遍。澳大利亚对食品加工的要求是全球最严格的，完全按照 HACCP 食品安全法去执行。而澳大利亚海参的加工，合法合规，完全纯天然，没有任何猫腻，自然价格是存在差异的。温小东可以做到让客户从澳大利亚订货，直接邮寄到中国

未经过泡发的干海参

的地址，这样既满足了中国客户的需求，也保证了产品的品质。

　　看着温小东海参展示厅的各色海参，笔者问他为何不做燕窝，他说，我就要专，我要做澳大利亚海参第一人，就要把海参研究透，宣传好，为所有朋友谋福利。

　　疫情虽然没有影响海参网在澳大利亚的市场，但是中澳关系一度遇冷，还是影响了海参网在中国国内的生意。现在随着中澳关系回暖，温小东在2023年9月受邀回到中国参加"同根同梦·2023全球华人中秋联谊会"，同时中国国内的业务也逐步恢复，这让他特别开心。他信心满满地期待中澳两国经贸交流更加密切。

陈玲玲

离开光环，在澳大利亚寻找独立的新天地
奥菲尔品牌创始人

"美丽的浅紫红色，酒香诱人，散发着李子的香甜和白胡椒香料味，酒体丰满，口感完整而有层次，蕴含着成熟李子和浆果的香甜。柔软的质感在口中久久环绕。"这是对奥菲尔·晴天西拉干红葡萄酒（Mt.OPHIR SUNNY DAY）的描述。韵味迷离，读来令人向往。

那么，我们就来探访一下奥菲尔品牌的女主人——陈玲玲。

离开舒适区　换角度思考

第一次认识陈玲玲就感受到了她的开朗和乐观。她让人感受到的是满身的魅力，而且自然、得体，没有矫揉造作，仿佛她身上有一种能量，一下子就能吸引你。

因为听多了来澳大利亚商业移民太太们的不易，突然来这么一个天天乐在其中，无限满足、无限感恩的"另类"，还真令人有些好奇。

其实陈玲玲和大多数太太一样，在中国有着助理、司机和保姆。先生是上海著名的企业家，夫妻俩一路打拼，陈玲玲在事业上给予先生极大的支持，更是在家把一双儿女教育得优秀懂事。但眼看着儿子读高中，长大成人，自然要考虑开阔眼界，于是夫妻俩商量让儿子到国外留学。此时恰巧朋友介绍澳大利亚移民，看看条件也都符合，于是索性决定让陈玲玲带着儿子一起去，这样既可以陪伴儿子，又可以为女儿铺路。

想得虽然好，但实际困难真不少。到了澳大利亚凡事都需要亲力亲为。但只会简单英语，特别是不认路又害怕在澳大利亚开车，还要做生意满足澳大利亚移民局对投资移民的营业额要求⋯⋯面临这么多的困难，陈玲玲到底为什么能这样乐在其中呢？

后来交流多了，发现她是个非常聪明能干的女人，她能够很快地调节自己的心态，从而迅速地进入角色，然后乐在其中。她说或许与她当年和老公从温州到上海，在一个陌生的环境开辟事业的经历有关，她有着比较强的适应能力。

陈玲玲说他们夫妻以前从来没有分开过，好在丈夫常来澳大利亚相聚，让彼此能够更珍惜。短聚的日子里，像重新回到恋爱的感觉。虽然她也担心长时间的分离可能有变数，但是她不纠结不害怕，认为无论如何自己都会更努力更优秀。

从事业的角度上讲，在国内，虽然自己在销售方面也曾卓有成绩，但那么多年都是在丈夫的光环下。来澳大利亚后终于有一块独立开创事业的小天地，可以寻找自己的成就感，一展风采了。

听她这么一分析，还真是，就看您怎么想。的确，富豪太太们孤身一人带着孩子来到一个陌生的环境后非常不容易，没有了前呼后拥，众星捧月。此时，是否依然可以快乐、独立、自信？是否可以虚心从头学习，主动积极融入社会生活？每个人都面临不同的挑战，不如主动离开自己的舒适区，调整心态面对困难。反反复复想困难，那困难的阴影就会越来越大；但想优势、想好处，那困难就会被阳光照得无影无踪。

树立良好形象　诚信是关键

陈玲玲说她刚来的时候不适应的事情也很多，比如搬入新居的第一天，洗了很多衣服，结果半夜有人敲门，她壮着胆子打开门，发现一个穿着睡衣的男人站在门口，她吓得大叫一声马上把门关上，只听门外不断地传来"Sorry" "Manager"的声音，这两个单词她还是能听懂的，她这才缓过神来，想起这是白天见过的管理公寓的经理。但打开门，经理说什么她一句也听不懂，还好她打电话给朋友的儿子求救才弄明白，原来下水道坏了，洗衣机里的水全都流到了楼下，楼下邻居紧急告知物业，经理才慌忙穿着睡衣就跑来了。经理很聪明，第二天拿着电子翻译词典，两人通过翻译机解决了很多问题。陈玲玲说，自己下决心要好好学英文，这也是一个大挑战，她来澳大利亚就是抱着来学习的态度。

如今陈玲玲已经以优秀的成绩完成了"品酒课程"的中级考试，她还很自豪地告诉我，她的初级考试是100分。

她每天穿得那么漂亮，不熟悉她的人会以为她只是一个"玩家"，但她做起事来相当认真。比如她做红酒，从联系货源、研究品质、市场定位、设计和注册商标、灌装、运货等方面都是她亲手打理。

不过在异国他乡开创一个生意不会一帆风顺，比如注册商标，她说记得起了30多个名字，结果不是澳大利亚法律不允许就是在中国已经被注册了，最后酒庄老板被她的认真执着感动，主动提出把自己已经注册的商标转让给她。

又如她的第一个集装箱中选的两款酒，当年并不受市场欢迎。这是因为中国人喜欢偏甜的酒，不是慢慢品，而是大口喝。这让她的自信心有些动摇，这可是她费尽心思精挑细选之后的成果啊。不过随着品酒知识的增长，她越来越对自己充满信心。而中国国内消费者随着品酒教育的普及，习惯有所改变，懂酒的人也越来越多了，慢慢地她的品牌不但被认可而且现在相当叫好。

有一天陈玲玲去拍摄自己品牌的宣传片，在拍摄灌装生产线时，艾佛泰勒

陈玲玲和澳大利亚著名品酒大师 James Halliday 合影

（Alepat Taylor）酒庄大老板 Carlo Travaglini 给了她相当高的评价。

　　艾佛泰勒创建于 1829 年，是澳大利亚最古老的酒庄之一，是葡萄酒业的先驱者，20 世纪后期迅速发展壮大的大型酒庄。如今的艾佛泰勒已成为澳大利亚最大的葡萄酒生产及批发商之一。这样一个酒庄的老板能亲自出马参与陈玲玲的拍摄，可见他对陈玲玲的重视程度。他说彼此合作非常愉快，因为陈玲玲不但是个快乐美丽的中国女人，更是一个诚信且有能力的太太。因为之前一些中国人订了酒之后由于各种原因，定金不要了，酒也不要了，导致他库存积压了很多，因此他对中国人产生了很深的成见，但陈玲玲让他另眼相看。

　　我问陈玲玲和西人合作的感受，她说非常愿意和西人合作，而且非常感动，比如有一次她花了两万多澳元把 2012 年产的酒标全部印好了，但酒庄 2012 年的酒全部卖光了，她觉得那就灌装其他年份的葡萄酒也没有关系，但酒庄坚决不同意，诚信在西人经营概念中是至高无上的。后来陈玲玲的诚信也取得了酒庄老板的信任，她刚刚订了 5400 箱红酒，按照以前的规矩，她还要付订金，但那天老板只收了陈玲玲那批灌装 2000 箱的货款。

回国的日子 充满对澳大利亚的思念

陈玲玲那一批澳大利亚投资移民是非常幸运的，当时正赶上中澳关系的"甜蜜期"。陈玲玲完成了澳大利亚移民局的各类要求顺利拿到 PR 永居，此时儿子也大学毕业，所有任务都圆满完成，她也要回国好好陪陪先生，她说这几年先生的生活质量也下降很多。此时陈玲玲本可以停下澳大利亚葡萄酒贸易的生意，但她是真心热爱葡萄酒，于是回上海建立了一个品酒室，继续从澳大利亚不断地订货，同时她继续深造 WSET 的三级课程。

正当她要进行更大的布局，轰轰烈烈把她的葡萄酒事业进行到底的时候，疫情突至，澳大利亚边境关闭。雪上加霜的是，中澳关系突然紧张，葡萄酒关税一下子增长了近 200%，无奈陈玲玲只能先搁置生意。

这时也正好陪伴女儿高考，女儿成绩优异，本来要报考英国的牛津大学，但后来被陈玲玲热爱澳大利亚的情绪感染，选择了墨尔本大学。

随着中澳关系逐渐回暖，调降葡萄酒关税的呼声越来越高，相信不久就能听到好消息。陈玲玲热切地希望重整旗鼓，再回到她熟悉的酒庄，举一杯 Mt.OPHIR SUNNY DAY，和澳大利亚的好友们赏落日、看晚霞。

Mt OPHIR 品牌的部分产品

青年翹楚

YOUTHS OF EXCELLENCE

Vast Capital
MORTGAGE MANAGEMENT

Jeff Lee

华人非银行贷款机构开拓者
宏大资本创始人

　　20世纪80年代末到90年代初，大量华人涌入澳大利亚，这一批大约4万人基本上在1995年左右获得澳大利亚永居身份。当时，澳大利亚刚刚从经济萧条中苏醒，在金融方面首先活跃起来。以前澳大利亚房价很低，十几万澳元便可以买到很好的房产，但是贷款非常难，利率也超过了20%，整个房地产市场死气沉沉。90年代末，银行和贷款方面的政策一扫之前的僵化死板，贷款政策发生变化，不但容易借到钱，利率也大幅下降，于是房地产市场风起云涌，房价不断蹿升。

时势造英雄　宏大资本应运而生

2000 年，16 岁的 Jeff Lee 刚刚从中国香港来悉尼上中学。虽然年龄小，但他积极参与社会实践，也感受到了澳大利亚房地产的热度。因为他是中国大陆人，在中国香港就是寄宿，所以人非常独立，边读书边去餐馆、加油站打工赚钱。后来到黄金海岸上大学，业余时间去汇丰银行（HSBC）打工，挨家挨户敲门卖信用卡。Jeff 业绩很好，从团队第一名逐步做到全澳第三名。在这个过程中，他敏锐地感受到房地产火热的关键因素是贷款，于是毕业后果断换到一家华人贷款公司工作。

在房地产买卖方面，澳大利亚整个系统公开、透明、完善，不需要背景、资源，且对语言没有更高的要求。1995 年拿到永居身份的华人，正处于收入稳定、家庭团聚或结婚成家等准备买房子的时刻。天赐良机，能从澳大利亚房地产市场的底部进入，于是聪明且爱房子的华人圈中一下子出现了许多造富神话。比如一个朋友，不会英语，不会开车，只是在餐馆刷盘子，但是他最多曾经拥有 40 多套房子。这里面的诀窍是运用了贷款的金融杠杆。他先买一套房子并装修，待一年左右房子升值后就卖掉，或者重新评估房屋价值，以此为资本再贷款（Refinance），利用其中的差价去付第二套房子的首付。当然这是在整个房地产趋势往上走的情况下，那时的趋势是房价每 7 年翻一倍。

疫情前，澳大利亚 GDP 已连续 28 年增长。同时那几年贷款容易，不用任何收入文件，用房子抵押就能贷款 60%，或者有收入证明，哪怕是海外收入证明，也很容易贷到 80%。然后以房租支持贷款利息，一般银行前 5 年都可以只还利息不还本金。如此循环，以至于 Jeff 出门买菜路过房屋拍卖，经常就举手出价买了下来。

在贷款公司工作的两年，Jeff 学习到很多贷款中介业务，但是理念不尽相同，他意识到是时候自己出来闯一闯，摸索出一条新路。于是 2013 年 4 月他创立了宏大资本（Vast Capital），独立从事贷款中介业务，那年他 28 岁。那时候也是整个澳大利亚房地产市场最鼎盛时期，他公司的员工一度达到 30 人。

只是，这样的美好景象到 2016 年戛然而止。

又是政策！因为到银行贷款容易，没有人考虑去非银行机构贷款，这样一来，银行面临的风险就大了。澳大利亚政府担心房地产泡沫，并重视其在全球金融市场的地位和信用评级，于是2016年开始专项整顿，银行不再接受海外收入贷款，而且对收入和消费审查极其严格，甚至有华人客户因为提供假收入证明而上了银行黑名单，有银行华人职员被解雇。真是一片风声鹤唳。

融入主流　勇于独创

面临市场突变，Jeff亲身感受到客户的痛苦。对很多客户而言，10%的首付可能是一辈子的积蓄，尤其是对年轻人而言，可能是借款。如果不能贷款，无法支付剩余房款，就会丢失10%的首付，真是晴天霹雳一般。

整个银行系统大整顿，贷款业务迎来寒冬，华人房地产行业一片哀号，尤其是喜欢大量买公寓的华人。因为在澳大利亚如果是买楼花，签署买卖合同不需要缴纳全款，只需将10%的订金放在第三方律师的信用账户，等到房子盖好后，开发商提前通知时再贷款，并缴纳剩余的90%房款。除了富豪，谁也无法一下子拿出全款。

短暂的痛苦之后，Jeff意识到此时唯一的途径就是非银行贷款。可能由于从小寄宿的缘故，Jeff性格早熟，更有独立的思考能力。其实他并不满足于眼前的生意模式。他觉得要想在澳大利亚发展，必须进入主流金融系统。作为普通中介给各大银行介绍客户、拿佣金不是Jeff的最终目标，他希望站在食物链的顶层。

澳大利亚金融系统的食物链由上到下为：银行—非银行机构—Mortgage Manager—Mortgage Broker。由贷款中介Broker跃升到Mortgage Management，谈何容易，更何况是华人背景。但是当Jeff看到众多客户苦不堪言时，决定破釜沉舟，变卖公司资产，筹措资金，进入非银行机构的Mortgage Management领域。

2016年，宏大资本的业务转变为Mortgage Management，成为海外华人金融服务机构，也成为澳大利亚第一个华人非银行贷款机构。也就是说，在银行贷款走不通时，非银行机构的资金通过Jeff批发给各个零售贷款中介，再由这些中介贷给购买住宅的个人。非银行机构的资金在审批和利率上都比较灵活，贷款产品也丰富全面。

　　Jeff 的英语非常好，而且为人踏实，在和澳大利亚非银行大型机构的沟通过程中，深得信任，成为澳大利亚抵押贷款与金融协会中唯一华人，当他们同赴堪培拉去游说国会，改变贷款政策时，他也是发言的唯一华人代表。

　　Jeff 兴致勃勃，这正是他寻求的目标。但是要想设计出一套自己的流程和产品，在众多金融产品中脱颖而出，也不是一件简单的事情。他聪明且谦虚，不断地学习请教，一遍遍亲自画图、修改，终于使自己原创的贷款产品走向市场。

　　非银行贷款机构亲自派人在 Jeff 办公室坐镇，分析、审批一个个案例，Jeff 的业务推出后，市场反响强烈，各大华人贷款中介如同找到救星，纷纷与他合作。

Jeff Lee

　　Jeff 知道，华人移民以做生意为主，大部分人手里都有钱。尤其中国改革开放后，中国房价猛涨，随便卖一套中国房子，就可以在澳大利亚买到品质更好且有永久土地产权的房产。但是澳大利亚银行业整顿后，不要海外收入证明，只认所谓的澳大利亚税单、工资单，把众多华人挡在门外，他们手中有钱却难以派上用场。Jeff 的能力就是把西人的金融系统和华人的实际情况综合规划，一方面保证投资人的金融安全，另一方面大大满足了华人个人的贷款要求。Jeff 相信华人，在华人的传统文化中很少有借钱不还的，于是局面迅速打开，中介源源不断送上客户。

拓展全澳，打造共赢平台

　　疫情后，随着业务的进一步拓展，Jeff 并没有止步。他不想拘泥于悉尼一个城市，而是飞往全澳各个城市，拜访一家家中介，洽谈合作，参加全澳房地产

Jeff Lee（中）、Tina（左）、Peter（右）管理团队合影

博览会，举办各种演讲，开展各种宣传活动，员工队伍和网络业务逐步扩展开来。2023年宏大资本在墨尔本快速发展，也在阿德莱德设立了办公室。

Jeff借助自己的中西优势，在拓展全澳业务的同时，将贷款证券化。他从养老金和海外银行融资，打造RMBS证券，让融资和证券化紧密连接在一起，使融资更加丰富多元，以跟上公司全澳拓展的步伐。

2020年疫情期间，Jeff还抽空去悉尼科技大学（UTS）读了MBA。他不是书呆子，多年之后再返校园，让他反而更不拘泥于常规思维。他敏锐地发现人工智能（AI）在贷款领域的应用，他说他要通过科技的进一步发展，打造一个大家共赢的平台，不仅自己赚钱，还要让更多的年轻人、更多的新移民参与到这个平台，共同发展。

2023年7月27日，宏大资本从全澳100多个杰出的入围公司中脱颖而出，获得了全澳最具权威和影响力的贷款管理机构奖——澳大利亚抵押贷款与金融协会全澳卓越奖（MFAA Excellence Awards）。卓越奖旨在表彰和赞扬那些在客户服务、专业精神、道德标准、成长和创新等领域表现优异的MFAA会员。

在采访过程中，Jeff显得偏内向，但当谈起他的宏伟蓝图时，却兴奋异常。虽然他个人生活遭遇了一些打击，甚至整夜失眠，但能感受到他坚韧的性格和内心生生不息的强烈内驱力，或许这是对一个成大事者必不可少的磨砺。

Martin Zhang

从金诺到魔方
一代和二代移民的相辅相成

2003年，澳大利亚启动投资移民签证。20多年来中国众多成功的企业家为了培养第二代，使之成为具有国际视野的人才，带着子女纷纷赴澳。不过，培养二代是一个相当复杂的系统工程。东西方文化冲突，时代变迁，一代和二代如何取长补短、相辅相成，一直是新移民讨论的焦点。本文父亲David和儿子Martin的故事，或许会给读者一些启发。

"金诺地产"是父亲 David 起的名字,那时儿子的事业才刚刚起步,公司的名字当然要听父亲的。过了 3 年,儿子 Martin 逐步成熟,有了自己的想法,要把公司的名字改为"魔方发展"。父亲说:"公司最重要的是诚信,要一诺千金,一定要体现在公司的名字上。"儿子说:"公司的开发管理业务就像魔方一样,通过中心轴,关联并控制所有模块,进行有序高效的组合运动,拼出不同的精彩作品,把梦想中的房子照进现实。"父子俩因为公司名字沟通了大半年。最终,父亲被儿子说服,于是有了从金诺到魔方的变化。

金诺地产:有事做,有钱赚,享受澳大利亚生活

父亲 David 来澳大利亚之前是中国一家以地产开发为主的集团公司的总经理,母亲是房地产造价师。父母工作忙,晚上饭局常带着儿子一起,于是 Martin 从小学起就跟着大人在饭局上听着房地产方面的各种信息。Martin 说:"来澳大利亚进入房地产行业是顺理成章的事情。"

2014 年,Martin 马上 18 岁了,父亲深知全球化是必然趋势,觉得要让儿子开阔视野,于是不惜放弃中国的业务,办理了澳大利亚投资移民,举家搬至墨尔本。一般投资移民家庭是父亲在中国,节假日来澳大利亚几天,而妈妈陪同孩子在澳读书。但是 David 观点是"一家人不要分开",于是 Martin 享受着其他移民二代少有的家人陪伴,更重要的是父亲耳濡目染的指导。

David 说,这些年他在培养儿子的问题上坚持两点:一是陪伴,二是开放。无论在中国还是澳大利亚,David 家有一个传统,就是每周有一个头脑风暴的时间,全家找到一个主题,各抒己见,不作评判,一聊就是几个小时。就像文章开头所说公司的名字,即使 David 开始不同意,也没有一票否决,而是与儿子持续讨论了大半年。

David 是一个相对谨慎稳妥的人,没有随大溜盖公寓,搞大开发。虽然他在中国操作的项目小则是十几万平方米的住宅小区,大则是接近百万平方米的城市综合体项目,但毕竟对澳大利亚的开发不了解,于是最初的项目都定位在墨尔本近郊的灰地区域,投资中小型的联排别墅与独栋别墅开发。这个决定让金诺躲过了 2016 年和疫情后许多华人开发商的困境。

在父亲的大方向指导下，英文好的 Martin，负责具体操作，父子配合默契。几个项目成功之后，他们边享受、边赚钱的理念也影响了周围的投资移民朋友，大家纷纷聚拢到金诺周围，参股投资。金诺凡事公开透明，及时沟通，更加上 David 有 20 多年的地产经验，技术出身，做事靠谱，让更多的投资者投了信任票。没有任何宣传推广，6 年时间逐渐扩展到有 30 多位忠诚的投资股东，开发了 30 多个项目，并于 2021 年拓展旅游地产板块，让一路相伴的投资者也都赚得盆满钵满，满载而归。

旅游地产项目

魔方发展：点滴成河，聚沙成塔

和老爸 David 安静的性格不太一样，儿子 Martin 激情四射，热情洋溢。

Martin 从小学习不用操心，还是班长和学生会主席。从小学起每年寒暑假都去北京、上海参加培训，有"巨人头脑风暴培训班""北大青少年巅峰领导力培训班""篮球夏季训练营"等，高中时还参加了联合国演讲培训专家——美国人娜塔莉·H.罗杰斯的"公共演讲"培训。这些培训开阔了眼界，提升了逆向思维能力及演讲能力，同时结识了更优秀的同学，知道山外有山，人外有人。

当然，父亲也让儿子学习吃苦，让他在初中三年级暑假去酒店打工，跟一些农村出来打工的孩子一起，榨果汁、端盘子，参加晨会接受酒店经理训话，去理解很多人生活的不易。

父亲对 Martin 的培养，不仅是物质方面的，更多的是精神层面的，他不希望把 Martin 培养成一个听话的孩子，而更注重对他决策力的培养。他有意让 Martin 参与决策很多大事，认为最后不管结果怎样，经历过了才能不断成长，该承担的后果就要承担。

比如2015年，那时一家人已来到墨尔本，最初每天一打开股票软件，账面上就多个几百万元人民币，后来股价开始波动，卖还是不卖，一家人出现分歧。那时Martin还在墨尔本大学读书，刚满20岁，但最后家人采纳了他的意见，结果短短几周，账户上就少了几千万元人民币。虽然有遗憾，但也让Martin知道了股票市场的不确定性与残酷。

又如，Martin跟中国台湾的朋友一起投资石材厂，朋友做生意的主意很多，妈妈也很支持，希望他能够跟别人学习如何做生意。虽然在后期追加投资的情形下，仍因疫情的影响，亏损大半，但依旧是一段独特的投资经历。

Martin一边和父亲、朋友学习做生意，一边磨炼销售技巧。他在一家大名鼎鼎的地产公司做销售6年，20岁时年收入就达到10万澳元，而后又逐步成长为带领30多个销售的销售总监。什么奇葩的客户都见过，也常常被客户"折磨"，甚至欺骗。老板给Martin的评价是四个字："少年老成"。他的组织协调及领导力很强，管理的员工有的比他父亲年龄还大。

在这个过程中，Martin也顺利取得了墨尔本大学地产评估系学士和维多利亚大学市场营销学硕士学位。

同时，在金诺的这些年，他从前期全面的市场分析、购买土地、产品准确定位、土地分割、设计优化，到他学的专业策划包装、市场营销，一直到最后项目监管、成本控制，一一历练。

研究生毕业后，Martin决定将全部精力放在公司上，于是从品牌策划、营销上开始全力整合金诺。这样一路培养出来的孩子，自然不会仅仅满足于在父母的荫庇下"享受澳大利亚生活"。他想要从金诺过渡到魔方。

Martin zhang 审阅合同

承上启下　让魔方变换出多彩多姿的创意

"有事做，有钱赚，享受澳大利亚生活"是 David 提出的口号，毕竟他曾在中国火热的年代奋斗过，成就过，满足过。但对 Martin 而言，仅仅享受生活，并不甘心。他更想创造，就像魔方一样，不断变换出多彩多姿的创意，把梦想中的家照进现实。

魔方发展致力于为澳大利亚居民及海外投资者提供专业的房地产开发投资、开发管理和豪宅定制服务。这两年的更富有生机的魔方每个项目也是各具特色，从电梯联排社区、翻新加建到现在的旅游地产——Metung 临水小镇三部曲的蓝花楹温泉度假村。

随着投资人和市场的不断认可，Martin 有了一整套自己的想法，就是承上启下带领一批同代人甚至"00 后"一起闯天下。

Martin 从小就听爷爷说过，张家是书香门第，祖辈出过晚清的举人，曾祖父的四个儿子中有三个是名牌大学毕业。父亲是同济大学本科毕业、MBA。张家的教育不仅注重学习，更多的是品格方面的培养，诚信、正直、积极向上的人生态度，这些长辈都言传身教。

其中核心的一点就是孝顺。Martin 的孝顺让周围的叔叔阿姨羡慕，他经常带父母出去吃饭，年轻人应酬多，知道哪家餐厅好吃后，他立马带父母过去吃；每逢父母的生日或者结婚纪念日，皆有他的精心安排。

于是父母身边的朋友把自己的孩子送到公司实习，Martin 说他希望打造一个华人会所，组织各种活动，让投资移民的孩子们，有一个能聚会，并且像家里一样可做头脑风暴、施展创意的地方，不管什么想法，大家天马行空，不受约束，尽情发挥。澳大利亚的教育就是鼓励发挥想象力，这也是他从小喜欢魔方的原因。

他感谢爸爸最后同意采用"魔方"这个名字，让他极大地发挥自己的想象力。未来的世界，一定是多变的，一定是需要创意性思维多于传统的思路；未来的世界，更是像 Martin 这样有想法、有主见、肯历练、愿意付出、善于沟通的下一代的天下。

徐媛

奔跑——向着光的方向
Labassa 资本创始人

  Labassa 资本（www.labassa.com）是一家资本和资产管理公司，业务包括地产债权及股权基金和商业地产资产管理。打开企业介绍，我看到公司人员中西结合，多数为曾在主流大公司担当重任、资历深厚的专业人士。创始人徐媛是一个非常靓丽的华裔女性，她在资本市场和机构银行业务领域拥有14年多的经验，在澳大利亚、亚太地区以及全球资本市场建立了广泛的商业人脉。我禁不住思考，在澳大利亚金融这样一个门槛很高、背景很深的领域，一个没有背景、年纪尚轻的华裔女性，为什么能够领导这样的团队呢？

血液里流淌着企业家的基因

徐媛的爷爷是上海的前辈企业家，早年在上海创立并经营一家护肤品牌。徐媛把爷爷看作自己的榜样，或许是出于作为长孙女的使命感，抑或是血液里与生俱来的企业家精神使然，徐媛从小就对经营企业很有自己的想法。1999—2003年她攻读了工商管理学士学位。本科毕业后，她的目标是去国外进修工商管理硕士（MBA），学习海外更先进的企业经营理念和实操。

徐媛和妈妈分享了自己出国的打算。一天，妈妈带来一份报纸，上面有一则广告：寻找"幸运之星"。这是悉尼科技大学语言学院在中国举办的公开征选，胜出者将获得6个月语言课程的奖学金，徐媛毫不犹豫地报了名。幸运果然到来，经过面试和投票诸多环节，她脱颖而出，2004年4月如愿以偿来到澳大利亚。

徐媛来到悉尼之后没感到任何的不适应，这里温馨的人文氛围让她深受感染，加上自身天生外向的性格，她如鱼得水。她是一个有勇气的女孩，为了提高英文能力，也为减轻父母经济负担，她来到澳大利亚第二个月就开始勤工俭学，做过冰激凌店、百货商店店员及理财公司文员。半年语言课完成后，她进入悉尼科技大学就读MBA硕士课程。

徐媛在硕士就读期间，积极参加学校各类活动，从独唱表演、志愿服务到商业竞赛。2006年，她代表悉尼科技大学商学院参加世界著名管理咨询公司Boston Consulting Group主办的澳大利亚高校商业案例分析比赛。在90天的比赛训练期间，她和其他五个队员共同完成了近100个商业案例分析和演说，这段时间的强化训练为她接下来的商业实践打下了深厚的理论基础。

人生有规划 事业有目标

很快，徐媛面临毕业找工作。她和别人一样投了很多简历，也得到了一些来自各类行业公司的offer。徐媛戴着硕士帽参加毕业典礼当天，接到一个来自澳大利亚汇丰银行总部的电话，说周一可以去上班，虽然那是一个起薪不高的初级职位，徐媛还是欣然答应。

徐媛属于非常理性、逻辑思维强、处处有规划、方向目标特别清晰的类型。

还在念高中的时候，她就喜欢阅读名人传记，她把自己特别欣赏的名人特质罗列下来，贴在书房墙上，并要求自己在生活中也去践行这些优秀特质。

她加入汇丰银行后，迅速了解各个部门的业务和人员，在接下来的6年里，晋升了多个职位，从工商业务部客户经理很快做到金融机构机关业务部客户经理，负责汇丰银行与其他国际金融机构包括顶尖投资银行、资本资产管理公司、保险公司和国际银行的业务往来。

作为这些国际领先金融机构的银行客户经理，日常联络和交易对手多为国际顶尖金融高管，从专业知识到举止言谈上都有相当高的要求。无论在金融市场认知、商业谈判、风险管理方面，还是在处理复杂问题和把控突发事件的能力方面，徐媛都得到了极大的磨炼和提升，她更是圈子里少有的华人女性。

2012年徐媛加入西太平洋银行（Westpac），担任副总裁，负责银行与其他金融机构客户的相关交易和业务。汇丰银行和西太平洋银行均为福布斯全球500企业上榜企业，徐媛感恩自己的这段履历，她在知名国际银行和澳大利亚本土银行共11年打下的扎扎实实的基本功，成为她后来创业道路上巨大的无形资产。

2016年，徐媛的第二个孩子满两岁，她觉得一切俱备，只欠东风，她要启航了。

她辞去了西太平洋银行副总裁的稳定工作，开始专注于地产投融资并完成了多个地产开发和投融资项目。2019年年初，Labassa资本作为一家持有澳大利亚金融牌照的资本管理公司正式启动，她从此踏上了私募地产基金的旅程。

Labassa资本业务包括地产债权及股权基金和商业地产资产管理，基金投向为澳大利亚优质的不动产抵押贷款、地产开发项目和商业物业投资。公司在悉尼和墨尔本设立办公室，团队拥有丰富的实战经验，为投资人获得稳健的投资回报——地产债权基金年回报8%以上，地产股权基金年回报15%以上。

Labassa注重数据分析和风险管理，全程监管所有投资项目。对创立企业，徐媛的初衷是做热爱的事业，用自己的方式去做，与志同道合的伙伴同行，通过经营企业来历练成更优秀的人，通过打造一家成功的企业来回馈社会。 坚定的信念，清晰的规划，高效的执行，以价值投资为基础，以人为本，这是徐媛经营企业的信条。

融汇中西 成功和幸福的平衡

在澳大利亚，真正的成功人生的定义并不仅是事业成功，而是能将事业和家庭相融合，做到成功又幸福。采访中听徐媛描述她的人生规划，我心里就有一个问号，这么理性的人生，是不是太辛苦了呢？听到她的爱情故事，这个问题才迎刃而解，幸福家庭让她充满了感性的快乐。

徐媛 2004 年进入悉尼科技大学商学院，一次去派对的路上，她遇见了一个高大帅气的澳大利亚男孩，他是工程系本科学生，比自己小 5 岁。因年龄差距她没多想，更没想到这个男孩后来会成为自己的人生伴侣，他打动徐媛的地方也完全不在她的预料之中。

中国人从小就习惯拼搏，加上徐媛的父母是知识分子，受他们影响她从小就立志让自己变得更优秀，让家长引以为傲。这份执着的责任感和竞争意识，使她在不经意中难免遗失了一些轻松自在。

在和他交往的日子里，她和他在海边与小狗赛跑，在沙滩上双手倒立，在树林里骑单车，看日出，吃冰激凌，因浇花水洒到脸上而捧腹大笑。渐渐地，徐媛脸上的笑容多了，身心放松了。她说："这种淳朴的快乐在

徐媛

遇到他之前，没好好细心体会，原来这些以前觉得'浪费时间'的事情才是生活最本质的美，我才明白，理想的路上也可以有很多种风景。"

徐媛形容他就像阿尔卑斯雪山中一面纯净的湖泊，波澜不惊，清澈见底。这个澳大利亚男孩最终打动她的特质也正是人最本质的美德：诚实诚恳、稳健务实、善良谦和。他15岁开始假期打工，16岁经济独立。在得知徐媛的人生计划是30岁生第一个孩子后，他一边打两份工一边加快自己的本科学习进程，最终提前毕业。

毕业典礼那天，他第一个上台领毕业证书，直到她后来问起，才知道他是个学霸，他的本科成绩在那年所有工程系毕业生里排第一名，得到了学校颁发的第一荣誉学士学位（bachelor's degree with first class honours）。徐媛发现他从不炫耀自夸，不把忙挂在嘴上，他骑士般的优雅从容让她感到温暖。

徐媛29岁结婚，30岁如愿生子。当她准备离职创业时，她问他："创业成功、失败皆有可能，我们能行吗？"他说："你有商人的天赋，你应该去发挥它，让它为社会带来价值，无论成败，你还有我们。"也正是有了这一番话，2016年，她毅然投身于创业之路。

"那么，你这么努力工作，先生和孩子会不会有意见呢？"徐媛回答，她每周都会拿出特定的时间全身心地和家人在一起，认真听他们说话，一起做有趣的事情。

人生是一场自我完善的修行，顺境修力，逆境修心

Every day is a school day. 这是徐媛的座右铭。她认为金融危机也好，疫情也罢，我们永远在不断地解决各类问题。世界瞬息万变，我们能掌控的是自己的思维和情绪，人生就像万花筒，换个角度，又是一番天地。无论中国还是澳大利亚，不同的环境和文化，做人的精髓和成功的路径却是一样的，亦如徐媛，在哪里，她都是一个榜样，永远向着光的方向奔跑！

Mimi Gao

10年磨一剑，不变少年心
高盛集团创始人

  从近年来的发展情况看，澳大利亚房产市场十年一个周期，高盛集团创始人"80后"Mimi Gao凭借对房产市场敏锐的预判能力和应变能力，引领公司脚踏实地走过了一个完整的地产周期。

  在多变的市场中，她总能嗅到时代的先机，比如澳大利亚第一个房产类微信公众平台"墨尔本房产资讯"就是Mimi早在2013年就建立的；她有"独立之精神，自由之思想"，从不随大溜；疫情后，她倡导"合在一起，成为一伙"；她注重对人才的培养，选人先看人品，选定就留住。在慈善事业上和企业社会责任上，崇尚信仰的Mimi总是怀着一腔恻隐之心，尽力而为。

从尘埃里走来，做我人生的主

谁又可曾想到，如此亮眼的女性竟是普通地方、普通家庭出身，一路靠自己打拼，在异国他乡闯出一片天地的？

Mimi Gao 是 2003 年从山东一个小城市来到澳大利亚留学的。那时汇率高，澳大利亚的学费对她做小生意的父母而言是沉重负担。Mimi 稚嫩的肩上扛起了生活的担子。为了节流，Mimi 跟 8 个学生合租住房，总是在菜市场关门前甩卖时去买剩下的最便宜的菜。为了开源，Mimi 四处找工作。但即便是在这样的生存压力下，Mimi 找工作也与其他留学生思路不同。她觉得，既然是工作，就不单纯是为了挣钱，而应该同时通过工作锻炼自己的能力，"一箭双雕"。因此，Mimi 把目光放在了销售这个工种上。

第一份销售工作是上门推销电话套餐的无底薪工作。一周培训后，由组长带队去各个偏远地区地毯式地推销。Mimi 每天要从下午 4 点敲门推销到晚上 9 点，无论刮风下雨还是酷热的天气，都要挨家挨户地推销。5 个月的历程，家常便饭似的遭遇白眼、怀疑、冷漠、质问，Mimi 不仅在英文上突飞猛进，也克服了自卑，渐渐锻炼出强大的内心。

第二份销售工作是在电话中心做电话推销。之后，Mimi 进入墨尔本一家华人报社做广告销售。与前两份直接面对终端消费者的销售不同，广告销售面对的是企业客户。Mimi 又抱着学习商业谈判和商业交易的心态，迅速成长，后来毕业找工作之际就获得了报社的录用。

正式工作之后不久，Mimi 主动为自己思考职业规划，向公司老板毛遂自荐做销售经理，组建销售团队，自己设计薪酬体系，招聘培训新人。短短 3 个月时间，Mimi 带领 5 个初出茅庐的新人将报社的广告营业额提高了 10 倍。

那时的 Mimi，在拼搏的年纪不选择安逸，一周 7 天无休，周六锻炼组织能力，担任墨尔本中华青年联合会的副会长，周日还在一个中文学校兼职校长助理。

回到尘埃里，寻找自我的救赎

报社的工作经历让 Mimi 自信满满，她决定自己创办杂志。但首番创业在不到一年的时间内以失败而告终。曾经的成功光环粉碎一地，失败的打击像涨潮

YOUTHS OF EXCELLENCE
青年翘楚

高盛团队成员合影

的海水涌来，让她对自己前所未有地失望，辛苦积攒的血汗钱全打了水漂，连最后一期杂志的印刷费也付不出，每天只能刷信用卡度日。Mimi 跌回尘埃里，每天像踩在棉花上，惶惶然不知所终，直至发生意外撞了车。

最危难的时候，情况出现了转机。一个俄罗斯客户打来电话说要在杂志上刊广告。得知 Mimi 的杂志关张的情况，素昧平生的客户竟极力推荐 Mimi 去一家房产公司做销售。所谓"天助自助者"，Mimi 马上收拾破碎的心情，以崭新的姿态出现在新公司里。

在房地产公司打工的那些时光里，Mimi 胜于常人的地方在于会观察，会思考，敢行动。别人塞到每家每户信箱里的 listing letter 是打印出来的，Mimi 就愿意花时间手写；每有新项目出来，Mimi 就从头到尾地吃透，做成一个精美细致的文件夹；没有客户资源，Mimi 就翻开电话簿从 A 打到 Z；要助推销售，

Mimi 就与曾经工作的媒体联合……

在尘埃里开出花来的 Mimi 仿佛重生一般，在房地产业如鱼得水，头年就卖了三十几套房，成为公司的金牌销售，而那是 2008 年全球爆发金融危机的时候。

还完欠款和信用卡的透支后，Mimi 也终于在澳大利亚扎下根来，凭一己之力买了人生中的第一套房。她又破釜沉舟地注册了高盛地产。

高盛——低起点，高要求，盛未来

2009 年年底，高盛地产诞生了。从 0 到 1 的过程往往漫长，Mimi 不失耐心，一步一个脚印，慢慢积累，稳扎稳打。2012 年，Mimi 开始发力，换了大的办公室，暗暗告诫自己要在两年内把团队发展到 10 人。

在那段时光里，作为老板的 Mimi 钻研业务，选人带人，潜心练就了十八般武艺。参与马来西亚房展，从第一年的两位数成交量到第二年就翻身成为签单率最高的墨尔本中介；发现数字化营销趋势，成为墨尔本第一家推出微信公众号的房产中介；选盘也形成了别具一格的原则，只代理区域好、开发商好的精品公寓；对待客户像对待家人，为客户选房仿佛是为自己安家。

借着这样的经营哲学和市场眼光，即便是过去两年澳大利亚公寓市场哀鸿遍野的情况下，高盛代理的楼盘仍逆势上涨。因为对开发商精挑细选，高盛代理的楼盘从未出现过违约。万一客户出现资金跟不上的情况，高盛会帮客户跟开发商申请延迟交割期限，让高盛的客户口碑只涨不跌。

10 年磨一剑，高盛现在的团队里每一个都是精兵良将。团队的每位成员都是 Mimi 如相亲般相来的。选人看人品，选到正确的人，Mimi 总是第一时间手把手培训，不是培训员工的销售技巧，而是教人判断楼盘、户型、市场趋势，因为 Mimi 懂得，"授人以鱼，不如授人以渔"。她并不担心"教会徒弟饿死师傅"，对团队全部倾囊相授，因为她完全相信高盛团队的文化和氛围才是留住人才的吸铁石。

公司成立 13 年来，Mimi 实现了对自己、对团队的承诺，不管是谁接了单，整个团队都鼎力相助，成全队友，也成全自己。都说创业公司一般活不过3年，地产公司更是开开关关。13年过去了，高盛活下来了，且活得踏实，活得漂亮。

合在一起，成为一伙

对企业而言，如何能如水一般，因势利导，灵活变通，在瞬息万变的商业世界里活下来，活得久？这是每个企业家都应该思考的问题。

你的公司运营是否可以不依赖线下？你的团队是否能网络协同作战？你的品牌是否IP化的品牌？你是否已经从"流量思维"转换到了"留量思维"？

Mimi分析，在这个特殊的时代变革期，个人英雄主义时代已黯然退场，金字塔结构的企业会被慢慢淘汰，未来人人都想创业实现个人价值，企业结构在向扁平化发展，要做到随时能"变"，才能适者生存。创业者追求的是归属感、拥有感、价值感和主动权，如果可以实现企业内部创业，合在一起，成为一伙，每个人都能把自己所长发挥到极致，共同把蛋糕做大，才是最大的赢家。

高盛在组织架构上做了两个重大调整。一是采用分权式"海星组织"结构模式和OKR（Objectives and Key Results）管理模式，使企业架构富有弹性，可根据市场变化快速伸缩调整。二是为企业量身打造线上CRM管理系统和客户端服务系统，用系统来管理和跟进客户的大事小情，减少人为因素的出错概率，提高客户转化率、成交率和重复购买率，以协助销售团队更轻松、更高效地管理客户，并为客户提供更好的服务。

高盛内部设有完善的晋级制度和PK规则，工作犹如在游戏世界升级打怪，赚钱的同时能享受到成就感和满足感。只要你有能力，收入上不封顶，更可以实现内部创业。

现在的高盛，已发展成集团公司，包含房产销售、物业管理和地产开发三大业务范畴，力求为客户提供"一站式"服务。

Liam Zhou

"大味"餐饮横空出世
"90后"Liam Zhou 执掌美食天下

  墨尔本的餐饮享誉世界，各国风情的餐饮文化蓬蓬勃勃，这和世界最宜居城市的称号相得益彰。为什么宜居？因为幸福度、舒适度和文化包容度……吃得舒服，吃得丰富，吃得地道，绝对是其中重要因素。

  甚至可以说，在墨尔本你能品尝到比各国当地更为地道的餐饮，因为墨尔本能吸引高端餐饮投资移民和最高级的大厨。澳大利亚大厨的地位相当高，"Master Chef"大厨的餐饮节目，很多重量级的节目都要为之让位；况且每个月都有各种大型赛事和节日，自然盛宴不断。在饮食业竞争如此激烈的地方，中餐品牌"大味"蓬勃发展。

"大味"，让华人为之骄傲的品牌

澳大利亚华人群体在近 30 年才逐渐壮大，而前 20 年的移民没有资金，更不懂什么品牌。后来新投资移民兴旺，有资金，有品牌意识、连锁概念，但当地的移民和留学生的数量还不足以支撑中餐品牌的发展。中餐没有著名连锁品牌一直是澳大利亚华人心中的缺憾。

2016 年，天时地利人和俱备，"大味"横空出世。当人们还没有搞清楚这是何方神圣的时候，"大味"已经以迅雷不及掩耳之势遍布墨尔本，10 家店分布在东南西北，仅市中心就 5 家！

大味老火锅、大味麻辣烫、大味江湖、蓉·川菜，无论是店面的装修，还是口味的地道、产品的创新，各种市场玩法层出不穷，让大家觉得如果不去吃一次"大味"，就算"Out"了。一个晚上，接待数百位顾客。大味在墨尔本的餐饮界可以说是战绩赫赫。大味的"火"似乎在一夜之间，而对于筹备大味品牌的人，却是历经多年辛苦的准备，才迎来的曙光。

许多人可能不知道，"大味"品牌背后，是一位来自四川成都的"90 后"，这么年轻的掌门人用了什么魔法，让"大味"一夜成名？

说来，认识"大味"的掌门人 Liam Zhou 已经有一段时间了，但若不是采访，我完全没有想到他是"90 后"，因为无论是为人处世，还是举止言谈，他都展现出异于同龄人的成熟。这可能和他从小就见多识广有关吧。

周父从 20 世纪 90 年代起，便进军酒店餐饮行业，至今已有 30 余年。Liam 自小便受到父亲的言传身教，父亲待他严厉，告诫他对餐饮行业的热爱不是简单的油盐酱醋，他小小年纪便被送进酒店后厨从基本刀工学起。

如果说，16 岁独自一个人留学让他开启了新的旅程，那么 20 岁在澳大利亚做生意则为他日后的成功奠定了基础。

让年青一代喜欢中华传统餐饮文化

做连锁品牌早就在 Liam 的人生计划中。早在 2008 年，那时他还不到 20 岁，在父亲的帮助下，就加盟了澳大利亚咖啡连锁生意。这对他来说是一个巨大的挑战，也是在父亲面前证明自己，拥有能接住机会的能力。

大味品牌之一"大味老火锅"

但这条路其实并不好走。刚开始因为年轻，实际经验不足，而咖啡又是源于西方的饮品，Liam 的店不断亏损。为了及时止损，他白天在店内亲力亲为，结束了一天的工作后，晚上认真复盘，研究连锁品牌的各个环节、成本，学习西方人的管理经验。这样的生活，他坚持了 6 年，同时逐渐清晰地认识到文化的重要性。

文化是根基，是流淌在血液里的，是自小耳濡目染最熟悉的东西。身为海外华人，更应该承担起发扬本民族传统文化的责任。于是，即使所有事情都在朝着好的方向发展，他还是毅然卖掉生意，带着连锁餐饮和弘扬中华传统餐饮文化的梦想，回到他的家乡，回到成都。

经历过一次海外创业的 Liam 对未来的选择十分清晰，就是要做火锅，这是最能代表四川味的美食。当时的墨尔本市场上，还没有真正的四川牛油火锅，火锅文化也还没有完全展开。

于是，回国后的他开始踏踏实实跟火锅老师傅从最基础学起，从最苦最累的活做起。或许是因为他骨子里的商业天赋，又或者是凭着对家乡美食的一腔热血。一年多的时间，他就熟练掌握了四川火锅餐饮的流程和品牌的运作，了解了火锅的精髓，也认识了一群志同道合的朋友，组织了最初的大味团队。2016 年年底，他开始筹备将四川牛油火锅带到墨尔本，为当地美食注入新鲜血液。此时，除想要完成自己最初那个建立的连锁品牌的梦想外，他还怀着弘扬中华传统餐饮文化的使命。

咖啡作为西方本土饮食文化代表，可以说已渗入西方人的骨髓，那么，四川火锅文化是否能在西方的环境里，成为人们日常餐饮中的一部分，甚至成为让他们欣赏甚至聚餐的首选呢？

这是 Liam 在品牌建立之初所考虑的问题。在调研和学习后，他凭借商业敏锐度和对市场的了解，决定将新颖的风格融入中国传统的餐饮文化，去吸引海外华人和西方本土人士。餐饮文化不仅体现于食物本身，店面装修、家具、小玩偶、海报等各个细小的环节，都是文化传递的窗口。同时，大味的团队在不断考察和研究本地市场，入驻当地平台，与酒庄跨界合作，共同打造舒适的酒文化，等等。文化的交流是相互的，只有加强交流，才能将文化真正地传递出去。

就西方本土人士在顾客中的占比而言，大味麻辣烫为40%，大味江湖高达90%，当然，作为很多华人心中聚餐首选的大味老火锅，这一比例也高达45%。同时，大味更是受到 Broadsheet、The City of Melbourne、Good Food Guide 等当地媒体的采访。初心未变，大味品牌在弘扬中华传统餐饮文化这条路上一直坚持着。

"大味"获得四川政府颁发的"全球形象体验店"

让海外华人餐饮成为真正的企业

为大味的第一家店选址、装修、招聘、宣传，这对于第二次在澳大利亚餐饮界整装启航的 Liam 来说，已经驾轻就熟。为什么要叫"大味"？除了因为"味道"是根本，还因为将传统现炒牛油底料的火锅手艺带到了墨尔本，为当地空白火锅环境画下了浓重的一笔。食材则当地化，用澳大利亚安格斯牛熬制牛油底料，精选澳大利亚农场直送的鲜嫩无比的牛肉、羊肉和新鲜海产品，这让大味火锅锦上添花，比成都的火锅更加分。

由于生意比初期预想的还火爆，问题也接踵而来。由于大味坚持每日现炒火锅底料，导致供不应求的情况出现。最初，炒制在厨房就可以完成，到后来，火锅底料的需求量大到必须找一个加工厂。大家都说隔着条马路都能闻到大味的火锅香，同时炒料又经常要炒到凌晨四五点，这也遭到了工厂附近的居民投诉，短短5个月，竟然搬了3次家。最后，他们终于找到合适位置，建造了自己的600多平方米的中央厨房。

在律师、会计、人力资源、高管、市场推广、品牌经理一一到位后，大味餐饮集团的总部诞生。Liam 为加盟商准备了完整的服务团队。同时，建造了1000多平方米的仓库，每个月准备一个货柜的调料，也建立了供应链系统和车队，为货源的稳定、成本的控制和配送的及时做好了万全的准备，为各门店的正常运营打下了坚实的基础。

正当品牌最红火之际，疫情猝不及防地到来。大味的精兵强将，从前厅人员到客服部，全面进行外卖的筹备与推广，菜单中的江湖烤鱼则在疫情期间一炮而红。

不得不说，Liam 在企业建设和发展方面极具远见，IT 部门的成立不仅将技术和数据抓在了自己的手里，更从技术上优化效率，做出了技术创新。疫情期间，"大味"又推出蓝、黑、金各级会员卡，推出外卖团购小程序，还有微信群，里面非常热闹，参与度很高。

总部也没有因疫情而懈怠，大家没有一天休息，加强培训，检查优化管理流程，凝聚战斗力，因为平日生意忙而顾不上的细节，此时正是梳理的时候。

终于，大味扛住了最艰难的考验。疫情后，大味在原有门店快速恢复的情况下，以两个月开3家店的速度，于 Boxhill 和 Glen Waverley 开了两家加盟店，在 CBD 最热闹的 Swanston 街上开了第5家麻辣烫。而此前2021年年初，全新概念店"蓉·川菜"已应运而生。现在大味旗下的10家门店遍布在墨尔本 CBD 与周边。

最后，我们祝愿 Liam 和他的团队实现理想，做大做强华人自己的餐饮品牌！

"大味"餐饮

Cris Chen

流浪的富二代　扎根澳大利亚

喜凤台 CEO

在悉尼提起中餐喜凤台，可谓无人不知，无人不晓。喜凤台在疫情前最多开到 7 家连锁，甚至延伸到布里斯班，而且每一家都是容纳上百人的大店，无论是中午餐、下午茶还是晚餐时间，经常一开门，大家就像约好了一样，10 分钟屋子就爆满，几乎每天都会有在外面排队等位的情形。由此可见，喜凤台以自己的品牌、品质、价格和服务赢得了好口碑。毕竟悉尼的餐饮业竞争还是相当残酷的，尤其是拥有 280 名员工，在澳大利亚这种劳动力奇缺、劳工保护至上的国家，是相当不容易的。那么我们就不妨深入喜凤台的背后，采访喜凤台如今的当家人 Cris Chen，了解一下这个品牌的发展过程吧！

100万的兴衰起伏　孤独少年的幸福与磨难

Cris Chen 的爸爸是中国台湾人，18 岁创业，进入中国香港、内地，早在 20 世纪 80 年代初就抓住了中国改革开放的大好时机，近乎垄断了喇叭、音响等相关的产业，成为巨富。Cris 1979 年出于生中国香港，可谓一出生就含着金汤匙，家有两个保姆、一个司机，暑假还可以去中国台湾吃喝玩乐，在 11 岁之前真是幸福得无忧无虑，快乐至极。

当然，没有一个人会永远如此。11 岁的时候，父母离婚，他被送到英国寄宿学校，虽然是贵族学校，但对一个 11 岁的孩子来说，周围除了一个中国澳门人，没有一个亚洲面孔，全是金发碧眼，曾经吃惯了中餐，凡事有家人呵护，如今一律西餐，家人都不在身边，这一变迁还是相当残酷的。面对如此大的落差，Cris 内心无限孤独，无人诉说。

暑假，Cris 一个人坐飞机回中国香港。从此，他明白，这就是生活。

在他 19 岁，懂得了责任、自立之际，又被家人告知要去加拿大陪伴弟弟留学。那时候，Cris 开始琢磨赚钱，他边卖衣服边读书。

21 岁的时候，有一天爸爸把他叫到房间谈话，意思是，你 21 岁了，以后家里不再养你，但可以给你一笔启动资金，你想想要干什么？需要多少钱？

Cris 有些措手不及，也有些小激动，思考了两周，最后决定和朋友一起开车行。他计算了一下，然后张口向爸爸要 100 万加元。那是 2000 年啊，100 万加元是什么概念？没想到，爸爸一口答应，并在一周之内就打款给他。面对突如其来的 100 万加元，Cris 有些不知所措，认认真真冷静了两周，决定先买两套房子，一套 13.8 万加元，一套 23.8 万加元，然后才全部投入车行，占了车行股份的 40%。

Cris 还是很有做生意的天赋的。新生意颇受欢迎，一台 700 加元的二手车，经过维修后，竟然可以卖出 2300 加元的价格。两个小伙伴相当勤奋，为了省运输费和提高效率，经常自己取车、送车，一天可以开 1000 公里，一周工作 7 天也不知道累。Cris 看到留学生的需求，发展了车贷，满足各类购买者。这样几年下来，他靠自己赚钱，开上了法拉利和保时捷。

正当他踌躇满志，准备大展宏图之际，整个外汇市场、二手车市场都发生了巨大的变化，他手里囤的车，不得不一辆辆低价卖掉……车行不得不关闭。更令人悲伤的是，合伙人不知是迫于失败的压力还是其他不为人知的因素，在回到中国台湾一个月后，和他失联了，后来才得知他自杀了。合伙人的太太和孩子找到Cris，Cris非常难过，把卖掉当初投资的房子的钱都给了她们。

他回到了原点，100万变成零。

温馨幸福的归属和喜凤台的发扬光大

此时Cris的爸爸正需要接班人，希望Cris回到中国，帮他开展业务，Cris一周内跑遍了广东、韶关、东莞、中山来来回回开会，但是找不到成就感，集团所有高管都把他当太子，没有人愿意教他什么，他也很难服众，他最能发挥作用的地方，就是接待国外客户，陪客户打打高尔夫球。这样待了9个月，Cris决定放弃继承爸爸的事业，爸爸也尊重他的选择。如今爸爸也退休了，享受着财务自由，冬天滑雪、打猎，夏天打高尔夫球。

那时妈妈已经来到澳大利亚，她从中国香港移民澳大利亚后，发现这里没有好吃、地道的中餐，于是请来中国香港的师傅，在悉尼开创了以午茶和粤菜为主的喜凤台。Cris从11岁就离开妈妈生活，非常想念妈妈，他本来只是到澳大利亚看望妈妈，没想到妈妈希望他能够留在澳大利亚帮助她打理喜凤台。Cris以前有一点看不起餐饮生意，更没想过自己以后做餐饮。他没有立刻答应妈妈，但和妈妈在一起的温馨感觉，让11岁就独自生活的他，突然有了归属感，觉得澳大利亚是他的家。

于是他从洗杯带位开始，扎扎实实像一个打工者一样工作，这里没有人把他像太子一样供着。如此反而让Cris很快进入角色，他很快成为总经理，帮助妈妈打理整个生意，甚至不断开连锁店，包括自己探索，远赴布里斯班开店。他每周都和妈妈交流，厨房、楼面、糕点等，他都组织得井井有条。

看似顺风顺水，但疫情也着实给了喜凤台打击。封城期间，都是太太打包，Cris亲自开车送餐，妈妈接点餐电话。从此Cris学会了节约成本，比如库存降到7~14天。好在Cris一直在为员工报税，也因此获得了一些政府补贴；好在悉尼只有两次封城，每次只封了2个月，而且中间间隔了一年。这样，喜凤台也很快走出了困境。

总结在澳大利亚的这十几年，他觉得非常快乐，有妈妈、弟弟、太太、岳母、孩子，一大家子其乐融融。他也感受到他的努力，为家人带来的幸福。妈妈安心退休，他还为妈妈买了保时捷。虽然没有像爸爸一样叱咤风云，但喜凤台的品牌在他手中不断发扬光大，他觉得很知足。

顺应时代引领社会，走向平台，走向系统，走向 AI

疫情让 Cris 思考很多，尤其是疫情后人工贵到极点，这样一个在澳大利亚拥有 280 人的企业，压力可想而知。还有房租支出，喜凤台往往又都选址在高端购物中心。因此，通过新设的中央厨房，将喜凤台的早茶做成半成品，使之进入超市，将成为 Cris 下一步的重点。因为无论是疫情前还是疫情后，喜凤台茶点的品质都一以贯之，这要得益于 Cris 的妈妈对质量的严格把关，一个虾饺里，虾仁的大小、肉的比例、火候等都要一丝不苟。受利率等经济因素的影响，

Cris Chen

人们对价格的敏感度越来越高，可是对美食的渴望永远不会减退，如何平衡好这两项需求，让顾客吃上价廉物美的午茶，是Cris决心让喜凤台进入超市的最大动因。当然，即使现在喜凤台餐馆的食物也是性价比超高。

除了进超市，Cris也没有忘记大数据。喜凤台每天的客流量都是几千人，Cris很清楚这些数据的珍贵，他已经和IT团队打造了一套系统，让更多的餐饮消费享受便利，从批发、进口食材到出品对各流程进行优化。但是他说不会滥用这些数据，他要通过大数据把真金白银的优惠回馈给顾客，让顾客能通过大数据拿到优惠。

还有AI，Cris已经把AI机器人运用到了喜凤台，比如领位、送餐……购置一台机器人在澳大利亚本地要2万多澳元，是一笔不小的开支，但是Cris觉得必须走这一步，要解决人工贵的问题，更是顺应潮流，很多顾客小朋友就是要等机器人领位，否则就在门口等着不进来。当然AI的应用不止这些，Cris还有更多宏大的设想，比如自动售卖机的运用等。

总之，餐饮对他而言，不仅是餐饮本身，更是一个平台，一个无限想象的空间，在他那个充满生意想法的头脑里大放异彩。如今的喜凤台再也不是那个当初他有点看不起的事业了。

Cris Chen 夫妇

Arthur Weng

天降大任，玉汝于成
天玉君承创始主理合伙人

Arthur Weng：天玉君承（Sky Jade Partners）创始主理合伙人；IOC 国际企策联盟发起人；Cloud Paper Group 执行董事；AFC 澳大利亚金融圈特约栏目作家；AFSL 持牌人。

初见 Arthur Weng，没想到是一个"85 后"的年轻人。在投资行业听闻天玉已有数年，这次有一个偶然机会得以采访 Arthur 并深入了解天玉君承。

空杯心态，弯腰做事

本以为 Arthur Weng 是站在家族财富的高起点上开始创业，细聊才知，出身于普通知识分子家庭的他，这些成果源于天道酬勤。他曾为中国的一家声名显赫的地产集团献力。怀着继续深造的心态，Arthur 来到澳大利亚攻读迪肯大学的会计和金融专业的硕士学位。

生存问题和求职挫折迫使他迅速调整心态。哪怕任职雅高酒店前台，他也一丝不苟。倾注全力的奋斗回馈了他"销冠"的成绩。在五年的雅高生涯中，他累计三次获得"年度最佳员工"称号，并升任助理总经理。Arthur 回忆，"空杯心态"和"弯腰做事"是他最大的收获；怀着踏实、勤勉和善于思考的工作态度，机遇便无处不在。

2017 年，Arthur 开始涉足投资管理行业，并决定再次走出"舒适区"，正式开启澳大利亚创业之路。

天降大任，玉汝于成

来澳以后，Arthur 结识了对澳大利亚地产开发投资同样高度敏感的朋友，以及正式接管并开拓家族企业、致力于在全球范围内进行商业布局和运作的 Allan Rong。共同的价值观使他们强强联手，借势澳大利亚地产发展的黄金时代，筑下稳固良好的创业基石。他们每年都会参加一项全球性团队极限慈善活动——乐施毅行。在每一次两天一夜的毅行道路上，展开灵魂的对话。最终，大家决定在澳大利亚成立一家为全球合作伙伴挖掘商业机遇的专业投资管理机构——Sky Jade Partners，天玉君承。

"天"——天降大任，天道酬勤；"玉"——中国文化中的精神典范，君子如玉，温润儒雅。

2013 年至今，天玉君承整合全球商业资源，在澳大利亚金融服务牌照的监管下，深度布局地产、农业、教育、医疗、水资源和金融科技等领域，投资区域包括中国、澳大利亚、印度尼西亚、北亚等国家或地区，让投资伙伴持续性地把握、分享不同阶段发展的机遇与红利。

Coburg Gardens 市政公共住房项目

Arthur 认为投资人对一个团队和项目的满意不仅基于投资回报，还有一开始彼此就项目风险、收益进行的坦诚沟通和理解。因此，天玉君承在成立之初就非常注重投资项目的风险控制、投资邀约表述的客观真实性和对每个基金信托资金的严格管控。

"天玉一定要打造一个信息公开透明的生态环境，在认可团队核心价值的基础上，一同寻求互利互惠的投资机遇。" Arthur 坚持定期进行投资者汇报，公司也非常积极地通过内部的活动组织新老投资者互相认识。

虽然因疫情而来的封城导致天玉部分地产项目有所延期，但前期的汇报沟通搭建了理解信任的基础，投资者非常认可天玉设立的稳固的投资架构和风控措施，愿意共渡难关。

后疫情挑战和迅速转型

天玉也曾因成立时间尚短等问题受到经验丰富的资深客户质疑。Arthur 认为，时间的积累固然重要，但在这烈火烹油的时代，商业模式的发展与变革往往潮鸣电掣。因此，一个多元化、善于学习和积极拥抱变化的年轻团队所拥有的优势将得以最大化体现。

疫情期间，天玉始终以地产开发运营与资产管理为基底，以私募投管项目为探针，以透明、诚信为准则。尽管在大环境下困难重重，但是天玉依然负重前行，努力为客户财富保驾护航。

如今，天玉已经确立了其新的使命与愿景：成为专业服务的创造者，投资的组织者，投资的引领者。

作为专业服务的创造者，天玉提供地产开发与管理、基金牌照授权监管以及合规、投研与商业咨询、品牌推广、商圈服务在内的"一站式"商业服务解决方案。作为投资的组织者，天玉深入洞察市场信息，成功地组织了相应的投资和项目孵化，如布局在 Coburg 地区的市政公共住房项目，目前已完成项目整体预售，100% 排除了销售风险，并得到维州大型房屋建造工程支持与绿色审批通道许可。作为投资的引领者，天玉整合全球资源，为合作伙伴提供差异化的商业机会，确保他们在不同的发展阶段都能把握到机遇与红利。

创新与求变是面对挫折时所释放的新能量。疫情、市场波动和商业逻辑的根本变革反而打磨出更成熟坚强的天玉，这种反脆弱性就是 Arthur 希望天玉团队永远具备的凝聚力与核心竞争力。

随行聚力

作为一家国际投资管理公司，天玉君承带有与生俱来的中国情结。在天玉的合伙人中，既有在西方社会长大的华裔，也有在中国成长、海外留学并且拥有丰富国际社会工作经验的华人。东西融合的团队十分了解中国合作伙伴的深层次需求和顾虑，以及西方企业文化的长短板。天玉因而自发地成为连接东西方文化的桥梁。

2022 年，天玉获邀参加在印度尼西亚巴厘岛举办的 G20 二十国集团峰会以及旗下 B20 工商智囊会议，并作为澳大利亚本土的年轻华裔企业代表入选澳大利亚总理见面会，参会人员与总理合影留念，这也是天玉的高光时刻。

目前，天玉正在积极搭建国际企业联盟（IOC），联合全球各个领域的高端企业、机构和专业人士，使各方各展所长，为企业、人才的战略规划等需求定制综合性解决方案，也助力联盟企业走向国际，实现"随行聚力"的愿景。

从乐施毅行中的三四人到如今天玉君承全体员工、投资人和项目伙伴上百人的同路毅行，验证了"随行聚力"这句座右铭的精髓。

"许多投资人在国际布局中所遇到的最大问题就是文化差异所带来的内耗和沟通失误。在任何商业项目中，天玉最核心的价值就是我们以国际化的视野共享了不同群体的愿景，将利益诉求有机地绑定在了一起。"

"用正确的方式做正确的事情，毅行的路上一定会遇到越来越多的人加入和聚力。即使慢一些，我也相信未来我们一定会做得更好！"Arthur 坚定地说。

天玉君承的业务宣传

Grace Green

熟谙中西、商农兼容的贷款专家

许多人知道 Grace Green 都是从她的 YouTube 频道和微信视频号"澳格林一家的农场生活"开始的。她在传达丰富有趣的生活的同时，普及了关于澳大利亚农场和土地的知识，其实她的业务也是与此相关的。

大概从 2010 年开始，在澳大利亚购买商业物业和农业用地的华人越来越多，无论是囤地和土地开发、酒庄、牧场、农田，还是商业超市、酒店、办公室或者仓库等物业都有涉及，但是农业用地和商业物业不像家庭住宅，价值评估和贷款方面相对清晰容易。其中商业物业还好，主要看租金，而农业用地一般没有现金流，更何况动辄几百万到几千万的贷款额度，一般银行都特别谨慎，要求极其严格，即使批复，给予的贷款比例也很低。

但如果能找到一个资深的商业物业和农业用地贷款专家，熟谙澳大利亚地产、金融和法律知识，有较强的财务根底和融资渠道，在澳大利亚人脉通达，主流资源丰富，不仅为买家贷款，还可以用金融工具完成交易，就会让许多问题迎刃而解。Grace Green 就是这样一位资深的商农兼容的贷款专家。这些年，经她手的疑难贷款案例，几乎都化腐朽为神奇，重要的是 Grace Green 熟谙中西文化和语言，中西人士她都了解，且为人正直，最后往往能让买卖双方高兴地击掌成交。

这让我们特别好奇，不由得想探寻一下为什么 Grace Green 一个澳大利亚留学生出身、移民才短短十几年的人，就可以成为当地商农兼容的贷款专家。

有预见，有行动

Grace 2004 年来到位于阿德莱德的弗林德斯大学（Flinders University）留学，主修会计，那时候她 20 出头。这样的华人留学生在澳大利亚一大把，一般的路径就是读完本科，再读硕士，中间努力考个雅思，申请移民，如果一切顺利，毕业拿到 PR 后找一份安稳的工作，买车买房……这几乎是海外华人成功的标准了。完成此标准，一般留学生要 7～10 年，而 Grace 两年就完成了。

Grace 出生于东北一个普通的家庭，和经济实力强的留学生相比，发展更为不易。不过，Grace 具备那个年龄少有的预见性和行动力。早在十八九岁时，在中国她就开始学车了，同时英语特别好，雅思 7 分。

来澳大利亚后完全没有语言的障碍，打工自然也不必局限在中餐馆，她找到的第一份工作是在南澳妇女儿童医院。假期她则抽空开车两三个月进行环澳旅行。当别人都想当然地继续读硕士的时候，她果断拒绝，因为在澳大利亚，硕士学历反而比本科更难找工作。2006年当她顺利拿到永久居留权的时候，因为之前儿童医院的打工经历，她成功应聘成为南澳政府部门的财务人员，这样的工作连澳大利亚本地人都梦寐以求。

之后她并没有止步，又先后去了澳大利亚著名的必和必拓公司（BHP）和博思格钢铁公司（BlueScope Steel），这中间她还考下注册会计师证书（CPA），买了3套房产，看到这里不得不给她一个大大的赞。

Grace Green 一家四口

这样她还觉得不过瘾。2012年，她提出辞职，拿着旅游度假的工作签证去了英国，要边工作边游玩。她到英国第一周就找到了工作。中间回到澳大利亚在达尔文度假期间，偶遇"真命天子"格林。他是澳大利亚的飞行员，有着丰富的人生阅历。经过两年的恋爱历程，他们决定移居墨尔本。来到墨尔本后，因为先生对牧场的痴迷，他们居住在农场，同时接触了大量的农场。此时她不再满足于以往日复一日在大企业担当会计经理工作，顺势转入商农贷款领域，加盟了 Loan Market 贷款连锁机构，成立了连锁公司，专注于各类投资组合贷款，为各类投资者铺路搭桥。

有知识，有钻研

从会计转行到商农贷款领域，说起来容易，做起来难。且不说整个领域知识庞杂，重点在于，都是大客户，谁会愿意把这么大的生意交给一个新手呢？但 Grace 能吃苦，肯钻研，当然人也聪明。她上了大量的课程，钻研其中各种细节，她独辟蹊径，发现了"卖方融资"这个独特的、常人所不知的方式，从这个角度开始入手。

"卖方融资是什么？" Grace 侃侃而谈。先从卖家角度说，人们在购买大型农地或者囤地做开发时，这些抵押物在起初阶段现金流回报差，价值预期很高，

·173·

Grace 在 YouTube 频道的封面

甚至有买家对赌未来价格，但是买家包括海外买家很难在澳大利亚银行贷到款或者可贷比例极低，怎么办呢？便有人想出来"卖方融资"，甚至利用期权延长交割时间等形式。

从买家角度举了一个实际案例。因为物业新交割还没有稳定租约，银行不予受理此类贷款，Grace 帮助买家从非银行机构贷到评估价值的 65%，可因为市场下行，物业评估价值比实际购买价值低了 200 万澳元，于是 Grace 和卖家及卖家的贷款机构反复沟通，把 200 万差价和部分尾款转成"卖方融资"的方式，分两年还清，只还利息和少量本金。在这两年期间，买家对物业进行分割，进一步增加了物业价值，同时把物业满租，租金慢慢稳定，两年后就达到了银行贷款要求，Grace 又进行贷款重组给了银行，达成最终目标。

更重要的是，她懂商业物业和农业用地。她自己就住在农场，她的 YouTube 频道"澳格林家的农场"非常知名。人家没事儿去旅游景点，她没事儿就逛各大农场，对各大农场的买卖解说起来比中介还明白，而中介不懂贷款，以致 Ray White 农业用地部门聘请她当顾问，很多时候自然也请她为华人客户讲解农场和农地。

疫情突然而至，造成很多人资金链收紧，不得不打算卖掉变现性差的农场，买家趁机压价，而一旦让 Grace 知道，往往帮助农场主重新做市场估值，重新贷款、融资，使客户资金问题迎刃而解，也就不再被买家压价，被迫售卖了。她非常明白，其实疫情让澳大利亚农业用地大幅增值，未来随着经济的恢复，澳大利亚政府出台乡村振兴计划，在人口增长、全球粮食紧缺等多种因素作用下，澳大利亚农业用地升值潜力会更大，能不卖就不卖，况且她合作的 Ray

White 是澳大利亚最资深的农业地产中介，对后续经营管理有多种解决方案，即使不懂农场或者牧场经营的人，也不会有后顾之忧。

与买卖双方（或代理）的有效沟通甚至谈判，与双方贷款机构、双方律师协调，需要深谙各种高级贷款策略、技巧和法规，绝非一日之功，需要大量的案例实践和经验积累。澳大利亚能够做此类贷款的机构并不多，更不要说华人了。而 Grace 打进了这个圈层，获得了背后多个具有实战经验的西人智囊团队的支持，帮助很多华人解决了难题。

有理想，有责任

农业物业虽然保值，但是需要长期持有等待土地大幅增值，变现性不好，于是很多购买农业物业的投资人也需要投资变现性高的物业，以保证投资组合的稳健。个人或者企业投资商业地产来平衡投资组合是 Grace 经常遇到的。由于具备注册会计师的背景，Grace 处理这类贷款游刃有余，她和澳大利亚市场上几家著名的物业买家服务公司、财务管理公司共同为买家做咨询服务，用专业的技术和责任心为已经来澳大利亚安居乐业的投资人提供更高级的投资组合策略咨询服务。曾有一位客人找到她，对她说，有一个中介帮他找到非银行贷款机构贷款，利息将近 20%，而 Grace 认真研究之后，感觉这个案子完全可以从银行贷到款，但是一般中介一是对业务不熟悉，二是在银行没有找到资深有经验的人，可能因此得出结论，认为银行贷不到款。最后 Grace 帮助客人从银行贷到款，利息只要 6.5%。

Grace 说："我想和团队致力于为农业用地和商业物业投资的客户做购买培训或者购买代理服务。首先，是否可以成功购买，70% 取决于贷款，当然土豪除外，我在这方面的优势和经验会有更大空间来发挥。其次，买家看的是回报和风险管理，这里面是没有情绪的数字游戏，购买和风险管理都是有章可循的，有一系列的尽职调查是可以按照既定准则和目标，模式化完成的。华人需要这样的培训，可把'猜'的成分去除，减少被卖家忽悠的概率，也能更高效地把握投资机遇。"

眼前的 Grace 充满激情和责任心，相信未来她一定会实现理想，更上一层楼。

Jillian Xu

自我认知，自我探索，自我认可
Brilliantalent 猎头公司创始人

　　猎头服务和人力咨询在20世纪末才进入中国，这两个舶来品在近20年越来越被重视。猎头属于招聘行业里的细分，这个词另外的说法叫作高级人才寻访。"头"指智慧、才能集中之所在，"猎头"也可指猎夺人才，即发现、追踪、评价、甄选和提供高级人才的行为。当你接到猎头的电话，恭喜你，一是说明你厉害了，二是你改变命运的时刻到了……人力咨询是一个系统性工程，它让公司业绩倍增，长治久安。Brilliantalent是澳大利亚最大的华人猎头公司，而Motivus是中西合璧的人力资源公司，它们背后有一个共同的名字：Jillian Xu。

每个人都有一个自我探索的过程

1999年，14岁的Jillian从上海来到在悉尼的妈妈身边。妈妈在澳大利亚打拼多年，并没有太多时间陪伴女儿，母女相处的时间很短。像大多数初代移民一样，妈妈每天打三份工，努力为自己和女儿创造好的生活。妈妈的言传身教深深影响着Jillian。10年级，一到合法打工年龄，Jillian每天下午3点半下课就去打零工，周末去著名的跳蚤市场摆摊。除了减轻妈妈的负担，也为了能攒钱买机票回中国看望从小陪伴她的奶奶、姑姑、堂妹，还有一群好朋友。读高中那几年，她几乎没有向妈妈要过零用钱，攒钱进货、投资，统统靠自己。与此同时，她没有荒废学业。高中毕业，她顺利考上悉尼科技大学的商科。

这种经历自然磨炼了Jillian的意志，让她有很强的抗挫能力。虽然不是学霸型人才，但她学东西上手非常快，销售能力也强。大学她是半工半读的，在大学二年级的时候，她就在200多应聘者中脱颖而出进入澳大利亚联邦银行（CBA）。换作别人，这么年轻就进入澳大利亚四大银行之一，会非常心满意足，但Jillian不满足于此，她总觉得外面应该有更大、更精彩、更广阔的舞台，她内心一直有一种渴望，一种要出去闯一闯的冲动。

在CBA工作的几年里，Jillian完成了学业，组建了家庭，有了呵护她的丈夫和可爱的孩子。但她一直没有停止那种渴望，一直在探索自己的潜力，一直在寻找适合自己的机会和土壤。她做小商贩，从中国进货到澳大利亚销售；跳槽到美国运通去历练，做信用经理。每一个成绩都不断鼓励她去尝试新的领域和方向。

此时中国的快速发展搅动着Jillian不安分的灵魂。她在中国网络上投简历，看到一个纳斯达克上市的猎头公司Hudson招聘，上面描绘此工作可以接触到各大著名公司，这一下子打动了她，而公司也真给了她一个面试的机会。当她飞回上海，站在公司的大堂，一览一望无际的黄浦江的时候，回上海的决心已定。她顺利通过面试，尽管是应聘者中唯一一个没有行业经验的人。

此时她可不是单身，而是两个孩子的妈妈啊。想到自己童年和母亲分离的经历，不想把孩子留在澳大利亚，决定全家一起回上海。虽然先生工作可以网上完成，可是两个孩子要上整托，每次接送孩子都拉着妈妈大哭，让Jillian心碎不已。

好在工作顺利，集训中她的测评全部绿色，说明她天生就是一个做猎头的料。Jillian 也终于找到自己一生的目标。半年后她就升到中层，业务类别也从最边缘的行业进入最火的医疗、医药、快消、零售、电商等领域。

2016 年整个猎头行业大洗牌，Jillian 的顶头上司问她愿不愿意跟着他换到更著名的世界 500 强公司 Adecco，她欣然前往。这次她负责新兴行业，阿里巴巴、小红书、滴滴，都是她的客户，她的业绩也位于亚太地区的前列，做到了高级经理的岗位。

Jillian 终于完成了自我认知、自我探索、自我认可的三个阶段。

裁员潮 离职潮 换工潮 Brilliantalent 应运而生

2018 年她的第三个孩子即将到来，妈妈面临心脏搭桥手术，而上海的房价高不可及，大孩子也面临上学等各种问题，她衡量再三，决定回到澳大利亚。开始她应聘到澳大利亚猎头公司做兼职，自己请缨负责开发华人公司客户。老板抱着半怀疑半尝试的态度，让 Jillian 试试，谁想 Jillian 月月开单，让老板大为惊讶。

Jillian 创立 Brilliantalent 猎头公司在 2020 年 3 月，正是澳大利亚从边境封锁到全澳封城的时刻，疫情下所有公司的第一反应就是裁员，甚至已经决定录用的人才都紧急叫停。整个猎头行业阴云密布。

但 Jillian 觉得此时创业正好，如果论成本，就是自己一个人，没什么可怕的。因为 Jillian 之前积累的线上资源，疫情封城对她的影响不大，反而因为电商逆生长，新增了许多岗位，而且 Brilliantalent 业务不仅仅局限于高管的猎头，更有专业技术人员、中级管理层和批量的临时工和合同工的订单。

Jillian 深信，猎头并不只是单纯招人这么简单，她会协助公司制定用人策略，创建岗位人才画像，进行薪酬谈判，以及关注入职人才的长期留用等细节。随着时间的推移，企业也逐渐认识到猎头的真正价值。一开始企业仅将职位描述邮件发给她，后来企业开始更加积极地咨询："Jillian，我们有招聘需求，是否能请你协助我们制定精准的人才画像？这个岗位的薪资应该定多少才能具备竞争力呢？"

猎头有两端客户，一头是企业，另一头是人才。来澳华人中有很多的优秀人才，特别是技术人才，但往往在刚来澳大利亚的时候都非常迷茫。澳大利亚是一个看重本地经验的国家，所以寻职过程中会处处碰壁。有一次，某中国互联网公司战略部总监找到 Jillian，因为自己的行业、工作经历与澳大利亚本地市场不符，所投简历都石沉大海，他说再不行就去做地产销售算了。Jillian 给他做了梳理和规划，并把他的简历推荐给几个熟知的客户，其中一个客户见了候选人后如获至宝，专门为他创立了一个新职位。

疫情过后，政府补助结束，业务开始复苏，没有了封锁，许多公司还要扩张到海外，又出现大量员工短缺，有人找到了自己向往已久的工作，有人通过跳槽薪资一下子涨幅超过 30%，就业市场的人员流动性增强，于是涌现巨大的辞职潮，这为 Jillian 的公司提供了发展机遇。

除了原来的财务、人力资源岗位是她拿手领域，奢侈品零售、快消、地产、新能源行业的人才也增加到她的数据库，Jillian 的数据库里总是能满足双方的需求。能量是不断传动的，人才越来越多找到 Jillian，公司也越来越多和 Jillian 约谈。Jillian 忙得不可开交，公司规模也扩大到 10 个员工。

中西合璧　Motivus Group 为华人企业排忧解难

在猎聘过程中，Jillian 发现很多华人背景的公司的人力资源管理是一个薄弱环节。哪怕是知名大公司，也由于不了解澳大利亚当地的法律、人文环境，水土不服，又不重视，吃过大亏。比如一个中国上市公司，员工拿准了公司不懂法律，经常请病假，后来公司实在忍无可忍发了一封 E-mail 辞退他，结果他反告公司在他生病期间骚扰他，给他造成巨大的精神压力，外加公司没有买保险、没有正规合同，只能败诉。

Jillian 过去在上海就认识的一个老朋友 David King 也是她的客户，疫情期间她把他挖到澳大利亚的一个华人背景的公司当人力总监。他也深刻认识到澳大利亚华人背景的公司实在太需要专业人力资源管理了。于是，他们一拍即合，决定合伙拓展人力咨询公司，起名叫 Motivus Group（以下简称 MG）。

David 拥有 20 年的 HR 高管经验，曾经在澳大利亚著名的 Qantas 与必和必

个人业绩在亚太区排名前三（左一）、财务招聘组全澳排名第一（右一）的奖杯

拓公司（BHP）工作，在中国香港创业7年，在上海工作7年，在德国/美国上市的快消公司担任过亚太HR总监。他不但业务精熟，而且贯通中西，尤其是在辅导华人企业方面独占优势。

MG业务包含人事管理、业务外包、薪酬福利、项目招聘、业务转型、政府支持、市场调研、企业培训、文化落地、员工关系、组织结构调整与合规等综合人力资源服务。

HR最重要的是给企业赋能。KPI也好，OKR也罢，这些绩效评估如何真正在企业发挥作用，如何真正挖掘出员工内在的潜能，让公司受益，让员工找到成就感，这些都是HR的范畴。

MG接到的第一个客户，是一家中国投资的矿业公司，该公司要在澳大利亚建厂，因为对澳大利亚市场不熟悉，在各个环节都举步艰难。要知道矿业是高风险行业，一旦出错，就有坐牢的风险。MG和客户公司进行深入沟通，帮助建立本地公司HR和运营流程，保证其在HR和OHS的合规性。同时，在非常短的时间内，通过不同的招聘解决方案在3个月内让100人按时入职，并且建立完整的流程助力公司日后的发展。

而很多老板不重视HR，都是等惹到官司才想到HR。找律师打官司吗？可能光律师费就远超过补偿费，还不敢保证能赢。Jillian说如果提前制定好规则，通常就不会被员工钻空子、惹麻烦。HR就像一个后勤部队，如果一家公司把HR做好，那么元帅一心一意带着士兵们冲锋就好了。

随着华人企业的壮大，员工水平的提升，澳大利亚人才竞争的激烈，无论是猎头还是HR，已经是企业经营的必要一环，MG应运而生，愿为华人赋能！

Angela Hu

从规划的人生到绽放个性的品牌梦想

珠宝品牌 Angela Jewellery 创始人

人们对珠宝仿佛有一种与生俱来的迷恋感，流光溢彩的宝石和与之相称的精细设计总能勾动人们缱绻不尽的情思。

走进位于墨尔本 Toorak 高端精品街的 Angela Jewellery 珠宝店，立刻被一件件惊艳独特的珠宝吸引。每一件设计都充满着灵性，仿佛在诉说着一个个故事。更令人惊喜的是，物超所值的价格，无疑可让更多人拥有一件中意的珠宝首饰。

宝石之美，不仅仅在于绚丽夺目的外表，每一个平面、切割和纹理都赋予了它不同的魅力。每一位客人在衣着、举止和仪态上所不经意展露的气质，都应该有与之相称的宝石来搭配。在很多设计师眼中，珠宝就是专门用来讲故事的艺术品。那么我们就来认识一下 Angela Jewellery 的创始人，听听她与珠宝的故事。

命运垂青的天使

创始人 Angela 是澳大利亚 GAA 注册的宝石鉴定师，同时拥有 GIA、IGI 等国际权威机构颁发的鉴定资格证书。用 Angela 的话说："我应该是一个幸运儿，可以将爱好转变成自己的事业。"

2012 年，Angela 在机缘巧合下开始接触 IGI 比利时珠宝鉴定课。她从此爱上了珠宝鉴定，爱上了以设计珠宝来表达感情、思想。于是 2013 年她又只身前往美国攻读 GIA 宝石学家课程，在学习的过程中，她越发感受到在珠宝设计与鉴定方面的灵感。没想到，更大的机遇正悄然到来……

Angela 设计的作品

有一天，她心血来潮地在朋友圈发布了一幅刚刚完成的珠宝设计图，那是以神话中的美人鱼为原型创作的彩色宝石戒指图。没有想到，发布后几分钟就有人问："这件戒指成品多少钱？"这一问，一下子激起了 Angela 内心蕴藏很久的想法。2016 年，Angela Jewellery 珠宝设计工作室正式成立，她就此开始了自己的追梦之旅。

从珠宝鉴定到建立 AJ 品牌

Angela 很早便热衷于购买高定珠宝，且成长过程中不断接受来自东西方文化的熏陶，这使她的艺术创作领域极为宽广，她的设计风格总是能涵盖东西方艺术的不同特点，既有西方的浪漫立体，又有东方的端庄细腻。

最初，Angela 的珠宝设计工作室只是帮助客人鉴定宝石和定制设计，没有想过自己创立品牌。然而，一个偶然事件让 Angela 有了新的想法。

因为她设计的珠宝获得了许多客人的喜爱，为了能够在珠宝设计领域取得进一步的提升，Angela 决定去参加一个行业设计大赛，希望自己的作品可以获得大奖。但是没有想到，她投稿的参赛作品被严重剽窃，做成的商品在网上销售得到处都是。她大为震惊，恍惚间才意识到，只有打造属于自己的品牌，才能更好地保护自己的设计成果，让自己的设计之路走得更加长远。

可是珠宝品牌千千万万，风格更是眼花缭乱，如何找到属于自己的特色和定位？

经过无数次的市场调研、探讨和实践，Angela 以原先的高定珠宝为基础，终于在 2019 年正式推出轻奢副线 AJ By Angela Jewellery。副线创立的初衷，是让珠宝首饰传达的美感大于材质本身的价值。副线 AJ 侧重于运用天然淡水珍珠做设计，在降低价格的同时，丝毫不减优雅时尚造型感，让更多爱美的顾客可以拥有属于自己的珠宝。

方向确定，说干就干！实体店店址选在奢华时尚精品店云集的 Toorak Road，正当一切都迈向正轨时，疫情轰然而至，墨尔本前后 6 次封城，总时长达两年多。不计其数的店面因此而破产关闭。但是 Angela 并没有就此放弃，反而在 2020—2021 年疫情期间实现自我提升，在网上完成了法国珠宝艺术学院古董珠宝鉴定的课程。

不幸中的万幸是，AJ 品牌在线上的销售弥补了实体店面的亏损。机缘巧合之下，她收购了一个澳大利亚本地的珠宝工厂。这个工厂的创始人是一位年近花甲、手艺精湛的澳大利亚本地珠宝工匠。受疫情影响，他失去了大部分维持运转的订单，最终在 Angela 的诚意邀请下，该工厂正式成为 AJ 的一部分。该决定使 AJ 的产品吸纳了澳大利亚纯手工技法的简约风格，实现了制作流程本地化，全方面解决了由于物流等原因造成的供货延迟。

东西方艺术碰撞出的火花

疫情期间生意平淡，Angela 没有灰心，反而借着这段时间深造，逼自己更上一层楼，开始研读维多利亚时期珠宝的鉴别与设计课程。她认为珠宝设计就是一个轮回，几百年前红极一时的珠宝物件，许多工艺今天已失传，这类珠宝在大型拍卖会上炙手可热，如果可以解开其中的奥秘，意义非同小可。

Angela 对东方艺术的探索也从未停止。她早先学习了中国传统贵金属加工工艺，7 年来也一直陆陆续续向中国台湾"东方美学空间"创始人王心瑜老师学习点翠技法。王老师 30 年来专注于修复还原神秘的点翠珠宝，能够修补"老件"残缺，使其获得"新生"，成为高级别的收藏品。

中西结合，从古至今，这些不同种类不同时代的珠宝首饰皆是 Angela 的心头好。因为热爱，所以专业。

比如已经在发售中的 Bella 蝴蝶系列，该系列采用传统的珐琅工艺，设计精巧细腻，宛如蝴蝶在你的耳边、指尖轻轻飞舞。还有她设计的生辰石 Birth Stone 系列，十二个月份分别拥有属于自己的守护宝石，每一种宝石都代表着不同的意义，就好像人生的多样性，每个人都是自己世界的主角。无论是珍珠、钻石还是彩色宝石……每一种在她这里都不仅代表着美丽，更是人生意义的象征。

2023 年 10 月，Angela Jewellery 在墨尔本举办了一场为期一个月的"裸石展"。展览包罗了来自世界各地的彩色宝石、钻石、珍珠等，均由 Angela Jewellery 团队层层筛选把控，才最终呈现在观众眼前。该展旨在让客人零距离感受这些由大自然孕育的绚丽瑰宝。前来参观的客人可以物有所值地挑取一颗属于自己的

YOUTHS OF EXCELLENCE
青年翘楚

Angela 设计的作品

宝石，然后由 Angela 亲手设计，最终制成成品珠宝交付给客人。

每一件珠宝在 Angela 手中都仿佛被赋予了鲜活的生命，蕴含深刻的感悟。亦如 AJ 的品牌含义，即使生活很残酷，但是每个人的心中都住着一个小天使，守护着自己的一方天地。

王沛

走出低谷 耕耘澳幼教市场

刚刚登陆澳大利亚这片土地的新移民，大多需要或长或短的一段时间来调整和适应，不仅有心理落差、语言和文化的差异，还有来自家庭和新环境的压力与挑战。王沛也是如此，从中国新闻行业的佼佼者，一下子成了身居异国、找不到对口工作的公司职员和家庭主妇，经历了7年低谷，才终于一步步找回自信，成就了如今澳大利亚幼教市场的华人拓展者。

来澳初期　艰难的 7 年低谷

王沛 2002 年大学毕业后只身闯荡上海做记者。穿梭于各种经济会议，在充满激情与挑战的工作中历练了 5 年，也积蓄了在新城市开始新生活的经验和勇气。2006 年，先生的移民申请获批，王沛不得不放弃忙碌的记者生涯，来到澳大利亚定居。

那时候澳大利亚经济不像现在这样活跃，语言不过关都找不到工作。在最初的 3 个月，她尝试过很多兼职工作。遗憾的是，由于语言和学历的限制，最后只能选择进入一家进出口批发公司。她在那里工作了 4 年，乏味的工作无法填满日益加大的心理落差，若不是出于对家庭的责任感，她早就放弃了。回忆那时候的生命脉络，她说："唯一遗憾的是丢失了对未来美好生活的信念，让自己在很长的过渡时期里充满了压力，不自信和不快乐。"

好在王沛在看不到未来道路的情况下，还坚持通过学习和阅读去提升和疗愈自己！"与其迷茫，不如先把脚下的路走好。"她一边读会计课程，一边不断地尝试新的工作，不停地学习和思考所能接触到的生意运营模式，并从家庭的实际情况出发，帮助先生成功地完成了事业上的转型，为家庭奠定了一个良好的经济基础。在这个过程中，她也完成了自己人生的重大转变，从为人妻到为人母！

寻回自信　绝地反击

一直以来的迷茫和家庭的压力，将王沛推入了人生的谷底。2012 年母亲节那天，家庭医生说她可能患上了乳腺癌。对她来说，这个消息如五雷轰顶。短暂的失魂落魄之后，从小不服输、倔强的王沛，觉得人生再也不能这样过下去了，必须绝地反击，她告诫自己，再不能委屈自己，生命短暂，要好好度过每一天！

幸运的是，2013 年中澳关系开始进入蜜月期，中国有越来越多的中产阶级开始移民到澳大利亚，华人社区热度飙升，各种生意机会接踵而来。在经历了 4 年在家带孩子的生活后，王沛坚决地重返职场。

此时正值房地产行业蓬勃发展时期，王沛加入了悉尼当时最大的华人房地产销售公司。当时中国大陆和悉尼本地华人都争先恐后地购买公寓楼花，王沛工作踏实努力，业绩自然也扶摇而上。对澳大利亚房地产行业的了解也让她更上一层楼，她看好上游的地产开发领域，转入澳大利亚本地一家房地产开发公司。积累了丰富的经验之后，王沛终于可以自己创业了。2016年，她创建了自己的地产销售和投资公司。

生命是流动的，越是活出变化，就越精彩！

在创业的过程中，虽然承受了巨大的压力，但因为找到了属于自己的位置，她如饥似渴地学习新知识，探索新的领域：房产投资、房地产开发、商业项目并购、市场推广……各个领域的知识像拼图一样，让她不断地积累和完善经验和能力。

幸运之神总是青睐有准备的人。王沛在一次土地收购项目中遇到Oz Education 负责人，在并购过程中了解到幼儿园的房产投资与运营管理，她欣喜地发现，这才是她真正喜欢的行业。于是，2019年她打开了新的事业版图。

Oz Education——澳大利亚知名的40年幼儿教育品牌

澳大利亚幼教市场的总规模是140亿澳元，总计13000所幼儿园，为132万儿童提供保育服务。学前教育行业被澳大利亚政府纳入最基本的民生行业，尽管90%以上的幼儿园都是私立的，但是澳大利亚每个家庭都可根据家庭的收入比例向政府申请高达93%的幼儿园费用的补贴。政府每年向幼教行业提供95亿的补贴，占全行业总收入的68%，并逐年增加补贴的比例以鼓励生育，协助父母尽快返回职场，并确保所有的儿童都能获得更好的保育服务。政府的大力补贴和相关的税收优惠政策，促进了整个幼教行业从幼儿园地产开发到生意经营的蓬勃发展。

Oz Education 在澳大利亚幼教行业的运营始于1981年，致力于为年龄在6周至6周岁的儿童提供早教和保育服务，具有极高的声誉。它的目标是将高端的设施环境与专业的教育管理团队相结合，为儿童提供人生中最美好的开始。

随着中澳关系的发展，Oz Education 的董事总经理 Adrian Moschella 也在寻找拓展中国市场和澳大利亚华人社区的商机。他与王沛一见如故，在确定了一致的发展目标后，协助她迅速地融入 Oz 的管理团队，并成为这家幼儿园管理集团的品牌合伙人。

目前，Oz 在悉尼和周边地区成功地运营着 10 家幼儿园，并正在创建 15 家新园。预计到 2025 年，集团规模达到 25 家直营幼儿园，总计 2000 个学位，营业额 6000 万澳元。由 600 位学前教育的专家、老师以及保育人员为孩子提供高品质的学前教育服务。

有了知名的品牌和成熟的幼教管理系统作为生意运营的稳定基础，运营自然延伸到幼儿园商业地产的开发上，王沛也因此带领多个华人投资者进入这个行业。

投资幼教产业　利润丰厚，前景无量

幼儿园商业地产的开发，因免除地税的优惠、开发周期短以及近 30 年的长租约等优势吸引了大批华人投资者。只是大多数人因为行业壁垒而止步不前，也无从下手。王沛加入 Oz 团队后，积累了丰富的行业经验，建立了广泛的资源网络，连续 3 年为大家提供幼教产业的投资讲座，从投资架构、园所选址、资质审批、建筑装修，以及幼儿园的经营与管理，为上百位投资人提供免费的投资咨询。

王沛没想到，此次转型是如此幸运，不但没有受疫情影响，疫情造成的通货膨胀、高利息，反而让回报率高的商业地产更受欢迎，尤其是这种带有长租约、稳定品牌幼儿园生意的商业开发。

仅 2023 年前 10 个月，王沛就带领 Oz 的管理团队，为 6 位华人投资者锁定了 6 个投资项目，总价值 2000 万澳元。以悉尼一个西北区的项目为例，她在第一时间为客户提供项目信息，介绍专业的调研团队，协助客户制定购买策略，最终凭借客户的实力和 Oz Education 的品牌优势，以最优的价格在 3 位竞标者中胜出。项目交割后，客户也积极配合，重新修改设计方案，确保能为社区的孩子提供最合理的布局、最完备和安全的设施。

也有客户提供自有地产项目的信息，请 Oz 团队从市场咨询、人口构成、出生率、竞争对手等角度，进行专业的调研分析，确认是否建议客户投资幼儿园

王沛

地产。如果建议投资，再进一步帮客户分析，幼儿园的规模以及年龄构成，以契合社区的需求，并协助客户完成园所的内部设计，以最合理、最合规的布局降低客户的风险和周期。客户还可以凭借 Oz 品牌的实力和信用向金融机构申请建筑贷款。

如今，Oz Education 也积极地向其他州拓展品牌和服务。计划每年增开 5 家新园，在未来的 10 年里，至少成功地运营 50 家幼儿园，确保为社区提供最优质的服务，也为投资人带来最丰厚的回报。

这让王沛非常有成就感，她终于找回了当初自信的自己，现在她怀着回馈社会的宗旨，为客户的财富增值助力。

深耕某一领域，不断地学习和提升自己，让自己变得更有智慧、更有力量，充满了明亮的光，与世界分享自己的天赋，不断地创造全新的自己，谱写一个健康、丰盛、宁静，充满喜悦和爱的人生故事！这正是王沛给我们的启发。

无关时机，只问发心
春天金融创始人 刘子暄

如今，无论身处国内国外，很多"90后"已经在各自的岗位上崭露头角。他们有的进入管理岗位，有的继续深造，有的创业，举手投足都尽显成熟风范。在墨尔本，也有一批这样的"90后"，敢想敢做，有勇有谋。刘子暄（Mia Liu）就是其中的一员。

成熟源于自律自强

2009年，Mia还在念高二的时候就来到澳大利亚。小小年纪就要面临新语言、新文化、新环境的挑战，更何况离家万里，少了父母的照料和监管。如果不是一个非常自律的孩子，则很容易迷失方向，而Mia从小就目标清晰，知道自己要什么。

大学毕业后，Mia坚定了自己攻读金融专业研究生的目标，并且从研究生学业一开始就同时实习。有些留学生的实习工作是家长给找的，本人没有动力，往往三天打鱼，两天晒网，不能从实习经历中学习到真东西，自然也不能在实习结束之后获得带薪工作的机会。Mia的坚定体现在她的行动上。除了完成学业，她每周免费实习三天，从助理的助理做起，不谈条件，不辞辛苦。实习结束之后，带薪的工作机会自然就降临到Mia的身上，她开始了贷款销售的全职工作。

获得工作对Mia来说并不是值得炫耀的成绩，而只是一个开始。她把一天当两天用，像海绵一样地吸收着与工作相关的一切知识和技能。很快，她的成长超出了公司所能给她的。她需要更大的舞台。

创业伊始 不以工作为苦，方能持久

2015年，Mia租下办公室，开启了自己的事业——春天金融。虽说初创企业既是老板又当员工，没有人员开支，但单是办公室的租金也是一笔不小的费用。家庭条件优渥的Mia却决心不向父母要钱。她每天的行程一直排到晚上8点，一个客户接着一个客户地拜访，但她从未觉得辛苦。在她看来，这是创业再自然不过的事情。

有过创业经验的人或许都品尝过被利益追着走的压力，即使这压力不来自自己，也会来自投资人，以及每个月要发的工资和要交的账单。即便是在这样的情况下，Mia却从一开始就坚持自己的信念，只有踏踏实实服务好每个客户，真诚对待与公司事务相关的任何一个人，公司才会有长久的利益可言。

Mia的第一个客户就是这样获得的。她主动联系每一个认识的房产中介、过户律师和所有与房地产业相关的人士。精诚所至，她终于打动了一个开发商的销售部门，对方把一个楼盘的尾盘两套房产的贷款服务交给她做。拿到项目，Mia 尽心尽力，表现完美，把第一个案子当成作品一般地完成。

创业维艰　最坏的时机，最好的心态

有的人拨开乌云便豁然开朗，一旦事业打开口子便顺风顺水，而有的人面临一关一关的考验。2015 年 Mia 开始创业没多久，澳大利亚审慎监管局突然收紧海外贷款政策，政府也突然提高了海外购房的门槛，房地产市场迅速降温。对投资者而言，尤其是华人投资者，不仅购房的主观意愿受到压制，贷款难度也瞬间加大，客户的购房贷款需求一下降到冰点。

大环境的艰难，有多少人能急流勇进呢？不过 Mia 似乎没有受到什么打击，她说："我并未经历过最好的时代，所以最坏的时代于我而言也坏不到哪儿去。"Mia 指的最好的时代就是澳大利亚房地产市场过去十几年的黄金时期，那时候华人大量购房，各大银行监管松，用海外收入贷款也很容易。在大势所趋的时期，闭着眼就能赚钱。而 Mia 进入市场的时候已是这个周期的尾巴。她没有经历同行业其他从业者的巨大心理落差，没有幸福过，也就不觉得苦难有多苦。这是不幸，也是幸运。

最靠谱的路就是自己走出来的路。Mia 深知这一点。她深耕开发商和房产中介的资源，用真诚的态度建立信任，说服客户尝试自己的服务，一旦获得机会便不遗余力。当时，有些大客户的项目连银行经理都接不下来，而春天金融

Mia Liu

春天金融公司宣传册

却咬牙去做。初期吃的所有闭门羹 Mia 都不会放在心上，她告诉自己来日方长，此时不成保不定未来会成，种子种下去是需要等待的。

崭露头角 人无我有，人有我强

一面是做好服务做好口碑，一面是打磨专业业务能力。短短时间，春天金融就做出了骄人成绩，在澳纽银行（ANZ）贷款量排名中，春天金融进入维州的行业前三名。此外，春天金融还直接与 20 多家银行和非银行金融机构合作。从最开始四处找客户到现在客户主动找上门来，而且每周都有不同需求的新客户上门咨询。

事业慢慢有了起色，从刚开始的单枪匹马逐渐开始招人带人，到目前管理一个团队，Mia 坦言，这个挑战比开拓市场、增长业绩还大得多。熟悉每一个人的方方面面，互相磨合，平衡友情和上下级关系，打造团队凝聚力，这对一个涉世未深的年轻女性来说实为不易。其中的起起伏伏、好好坏坏，个中滋味只有Mia自己知道。遇到难以排遣的压力，Mia说通常就是把事情放下，去运动，去休息，跟朋友聊天。等第二天再回来处理的时候，思路往往变得清晰真切，情绪缓和了，压力也减小了。

2019年Mia从少女成为人妻，虽然双方父母都是成功的企业家，但Mia的婚礼温馨而朴实，都是夫妇俩亲自操办的，没有奢华和铺张浪费，没让双方父母操心。

2020年成为母亲，Mia更忙了，由于疫情，墨尔本的保姆不好找，哺育孩子过程中Mia不断调整心态，深深体会到女性干事业的不易。

尽管如此，Mia的事业没有止步，而是又要开创新的旅程。开始进军自己真正要做的事业——地产基金和债务基金。

进军昆士兰　优先股权，固定回报

自从2032年夏季奥运会举办权花落布里斯班之后，昆士兰就成为热点，各种基础设施建设，各种政策扶植，产业结构调整，昆士兰顿时生机勃勃。中国新一批移民也纷纷奔向昆士兰，那里气候好，房价便宜，更重要的是有发展空间。

Mia和几位志同道合的伙伴一起看好昆士兰，他们在资深专业人士的带领下进军昆士兰，做大地产分割项目。Mia和她的团队专门负责项目的股权融资，作为优先股权，实行固定回报，回报率达到年化15%。

不仅这个项目，Mia的其他业务也都转入地产基金，进行股权或债权融资，有一级抵押、二级抵押。与贷款业务相比，这对Mia是一个巨大的挑战，但是更加成熟的Mia相信，澳大利亚的房地产和地产基金，尤其是在昆士兰，前景无量。

我们祝愿春天金融犹如春天的嫩芽，生机勃勃，茁壮生长，成长为参天大树。

Jordan Ma

连续创业者
拥有一个特立独行的有趣灵魂

小马修车行在墨尔本算是小有名气。小马给人的第一印象，像一个好学又古灵精怪的学生。自称连续创业者的小马从容又自信，讲着自己跌宕起伏的人生，逻辑清晰又轻松幽默，让人一会儿为他大笑，一会儿又开始揪心，但最后忍不住竖起大拇指为他点赞。

为留澳放弃大学　特立独行不必在乎面子

"80后"小马，前后算来，竟已有十几年的创业经验了。他的人生经历起起伏伏，生命质地结结实实。虽说道路曲折，可从不是弯路，因为他从未偏离小时候的梦想，那就是要做领袖，做生意，走出一条不同寻常的路。

小马的特立独行从他十几岁来澳大利亚上高中就显现了。那时他就勤工俭学，赚出了自己的生活费，还攒下盈余，买了生平第一辆车。他高中毕业后的选择更是超乎寻常。一般人毫无疑问都会准备上大学，而小马热爱澳大利亚，想留下来，觉得尽快拿到永久居留权最重要。相比三年到四年的大学本科，职业技术教育学院（TAFE）只需读两年，还能读自己喜欢的汽车修理专业，最关键的是毕业就能获得永久居留权，因而成为小马的选择。联想到中国"80后"的成长背景，有上大学的机会而放弃简直是疯狂之举。但小马不以为然，跟随自己的心，大胆而坚定。

打工为创业蓄能　搬运工变成总经理

在这个元气满满、干劲十足的年纪，小马工作时下午四点半去TAFE上课，白天其他时间就到服装工厂打工，星期六去酒店做清洁，星期天上周日市集摆摊卖中国的小商品。他不仅最大限度地把时间用在赚钱、积累商业经验上，还动用自己的聪明才智，在每一份看似初级、简单的工作中翻出花样来。

在酒店做清洁，原来收拾一个房间需要两人同时工作45分钟，他优化到只需1个人半小时；在服装厂当搬运工，他花了很多时间观察思考，为老板写了一份报告，老板惊呆了，想不到一个小小的底层打工仔有如此创意，通过他的设计，公司省去了好几个岗位的人员开支。每一份在旁人眼里就是出劳力的工作，小马却当作脑力劳动来做，处处留心，时时在意，因此节节晋升，最后由搬运工变成了总经理。

小马笑言，刚开始并非什么都会，不过自己爱看书，爱琢磨。他坚信，人与人之间的差距在于上班打卡的8小时之外。所以他每到一个行业就买相关的书籍，并且学以致用，把理论用在日常工作中，这才使得他能提出优化方案，每次给老板写意见书都能立即得到赏识，加薪升职不在话下。

未毕业先创业　跑得快摔得狠

然而，10万年薪的总经理职位在小马眼里仍然只是一份工作，而不是一份事业。于是，TAFE还未毕业，小马就风风火火地开起了"小马修车行"。当时华人市场只有三家修车行，且都只专注于某个专业领域。小马决心干就干大的，他的车行提供一条龙服务，机械、电路、钣金、喷漆，自己都能上。与其他几家车行以老师傅为主的传统作坊不同，小马打出了"身为留学生，服务留学生"的口号，很快就吸引了目标群体，小马喜不自胜。为了车行，小马拿出全部积蓄并借资凑了6万澳元，与一个朋友合伙。初出茅庐的小马头一次跟人合作，毫无防备，狠狠地掉进了坑里。

合伙人黑了钱，小马舍不得车行，舍不得自己的梦想化为泡影，舍不得辛苦经营起来的名誉，他咬牙苦撑，甚至不惜借高利贷给师傅发工资。客户更是通过在一个个停车场，挨个停车位插广告小卡片辛苦拉来的。2004—2008年，整整5年的时间，小马几乎都在为人性的丑恶和自己的年少无知偿债，车行几乎每一笔收入都用来添置新设备，最好的情况也不过就是盈亏平衡。

冰火两重天　圆梦之路磕磕绊绊

5年时间过去，车行的窟窿终于补上，经营恢复正常，现金流的充裕让小马的眉头展开了，仿佛柳暗花明又一村。2010年开年，一场不期而遇的冰雹就像从天而降的"黄金雨"，让小马赚得盆满钵满。他给心爱的妻子买房买车，感谢妻子在困难时期的同舟共济。

谁知刚刚尝到甜头，立刻又吃苦果。就在小马美滋滋地享受成功的喜悦和富裕的生活时，冰雹之后半年，车行遭遇火灾。保险公司认定车行是责任人，拒绝赔付。几十万的设备报废，还被责令整改。小马顿时跌入每天一睁眼就是大笔支出，而车行因停业收入为零的深渊。祸不单行，小马收到政府的传票，被控"危害公共安全"等四项罪名。如果罪名成立，小马将面临90万澳元罚金甚至监禁。

好在虚惊一场，小马被判无罪，但仍须缴纳10万澳元罚金。小马痛定思痛，开始谋划开分店，因为教训告诉他，这次火灾最大的损失在于停业失去的收入。如果有分店的收入，就能降低风险。然而事情的复杂程度远远超过这个年轻人的想象，车行分店开开停停。

第二次创业　奶茶店：理想丰满，现实骨感

为了尝试更多的行业，小马在管车行的同时，开始研究奶茶店，并拿下了某奶茶品牌的澳大利亚总代理。小马坦言，自己是一个行动派，想到什么就马上做，毫不拖泥带水。可事情的两面性就在于此，他没有想到那时澳大利亚华人还不足够多，而西方本土人士完全不知道这是什么东西，此时开奶茶店超前了。2011—2013年，3家奶茶店开起来，又关下去。车行赚的钱都贴补了奶茶店，又一次被现实击打得七零八落。

但小马没有气馁。这或许就是创业者的共性，永远向前看不向后看，永远不认命不服输，永远都能在失败中成长而非在失败中沉沦，永远看到的是机会而非风险。

第三次创业　奥车宝App：家庭面前，成功可等

结束奶茶店的生意之后，小马回归汽车行业，开始经常回国考察学习。他发现二手车市场和修车行业做"互联网+"有一个痛点，那就是互联网从业人员不懂修车行业，而修车行业的从业人员不懂互联网和用户体验。小马的热情又被点燃。2016—2017年，小马花了几个月时间画了几百张流程图，铺满了家里的客厅。这些流程图后来被编程，摇身变成了手机App"奥车宝"。即便用现在的用户眼光审视几年前开发的这款手机程序，也会感到惊艳。十几年的汽修行业经验在移动互联网领域大放异彩，"奥车宝"在澳大利亚获奖，小马趁热打铁回国创业。可最终，在巨额投资和回归澳大利亚家庭之间，小马还是选择了后者。

小马从不后悔自己的选择。因为家庭必须捍卫，这是不可妥协的原则。奥车宝失去了巨大的成功机会虽然可惜，可长远看来，汽车行业毕竟是夕阳产业，索性去探索一下朝阳产业。于是，小马在2018年回国六七次，考察下一轮机遇。

第四次创业 健康零食，热爱永存

这一次，小马相中了健康食品行业。在国内考察时，小马发现国内消费者对澳大利亚的食品有绝对的信任感，这主要得益于澳大利亚的绿色农业和严苛的食品安全标准。近两年全球经济不景气，澳大利亚经济也疲软，但食品品牌厂商和代购并没有受到太大的冲击。不过生鲜是重资产，轻易不能碰，小马就瞄准了细分市场——水果深加工副食。通过18个月的选品、制配方、找代工厂、升级包装，有完美主义情结的小马把一款水果零食做到了极致。只可惜后来遇到疫情，只能暂停。

一路走来，小马的人生可谓大起大落，遭受的挫折之重也远超同龄人。可是小马的脸上丝毫没有被碾压的痕迹，反倒是既有少年的激情和光芒，又有成熟男性的历练和从容。仿佛他的人生不是笑中带泪，而是哭着哭着就笑了，没多大点事儿。

这种乐观从他广泛的兴趣爱好也可窥见一斑：看书，打篮球，钓鱼，做自媒体。他热爱阅读，家里的书以吨计算，一年写一本日记；他在电台做嘉宾，一做就是四年；他写微信平台文章，写微博，最多的时候微博粉丝有12万。

而多年的连续创业经验让小马发生的最大变化是从盲目自信，一个人包揽所有的事情，到相信团队的力量。目前，为了他的健康食品事业，小马正在广纳贤士。他认为，中国移民为澳大利亚、为中澳关系做的贡献仍不够，他相信自己正走在双赢的梦想之路上。

Jordan Ma 在中国济南参加活动

华人之光

PRIDES OF THE CHINESE COMMUNITY

谭跃继 我们要为这个世界留下什么？
里昂家庭博物馆馆主

2023 年 6 月底，谭跃继（Yueji Lyon）全家搬离墨尔本 Kew 的里昂家庭博物馆（Lyon Housemuseum），因为他们已经把总价值 5600 万澳元的整个建筑和馆内 350 多件收藏品，悉数捐赠给非营利组织里昂基金（Lyon Foundation）了。

我有幸参观了博物馆。无论是整个建筑的宏伟壮观，还是里面每个细节的匠心巧工、藏品的新奇独特，都让我惊异，不敢相信如此伟大的工程竟然是夫妇两个人，靠着勤奋工作，从 1990 年开始一点一滴积累、建造和收藏的。

这是怎样的坚韧和耐心？这是怎样巨大的动力？他们背后的故事又是怎样的呢？

澳大利亚人 Corbett Lyon 的梦想

年轻的时候，每个人都会有梦想，但是很少有人真正付诸行动，而且行动一辈子，更难得的是，还要带上伴侣共同奋斗。但 Corbett Lyon 实现了。

里昂家庭博物馆占地 1400 平方米，建筑面积有 1200 平方米，2003 年开始设计建造，2008 年完工，历时 5 年。2009 年开业以来，已接待成千上万人来此参观。它曾被评为世界十大家庭博物馆之一。2010 年获得了澳大利亚建筑师协会颁发的哈罗德—德斯布罗—安尼尔建筑奖。之后 10 年他们又在家庭博物馆隔壁建设了一座公共博物馆。

馆主 Corbett Lyon 是墨尔本 Lyons 建筑设计事务所的创始董事。作为澳大利亚获奖最多的设计从业者之一，Corbett 拥有 40 多年的专业经验，其以人为本的建筑设计思想享有美誉。昆士兰皇家儿童医院、皇家墨尔本理工大学的新学术大楼，还有必和必拓公司前总部都是他的杰作。

这个博物馆的每一处都显示着设计师丰富的想象力：进门隐藏式旋转的储藏包柜、隐藏式画柜，天棚上全家用两个星期想到的所有词汇打印出来拼出的"ART"字符，古式管风琴铸造的音乐圣殿，以及浑然天成地融入整个博物馆的厨房、餐厅、书房、卧室……

Corbett 也是墨尔本大学的教授级研究员，并于 2009 年被任命为该大学墨尔本设计学院的建筑设计客座教授。他还是一位澳大利亚当代艺术品的重要收藏家和评论家，曾多次参加澳大利亚和国际性的当代艺术和建筑论坛。Corbett 也是维多利亚国家美术馆的名誉理事和澳大利亚建筑师协会的终身会员。

打造一座家庭博物馆，这个梦想源自他的一次游历。1980 年，他在威尼斯参观了美国收藏家 Peggy Guggenheim 的一栋豪宅。那是一座家庭博物馆，开放了 28 年，直到主人去世。Corbett 深深为之震撼。那时澳大利亚在世界艺术领域并不突出，Corbett 暗下决心，也要建设一个家庭博物馆，让澳大利亚也能拥有世界著名的家庭博物馆。

当然，Corbett 也确实有这个条件，他热爱艺术，且有很深的造诣。更重要的是，他出身于建筑设计世家。父亲拥有一个建筑设计事务所；母亲是室内设计师，她自己也出身于建筑世家。作为家中四个孩子中的老大，Corbett 一直表现优秀且充满责任心，他中学就读于墨尔本著名的私立学校 Brighton Grammar，大学毕业后获得美国国家电报协会国际奖学金，借助奖学金就读宾夕法尼亚大学并获得硕士学位。毕业后回澳大利亚创业，虽几经波折，但最终功成名就。

博物馆外观

如此杰出的 Corbett 在 36 岁时还是单身，他在等待谁呢？

上天派来的天使谭跃继，一个东方女性的奉献

谭跃继，1961 年出生于上海的一个知识分子家庭。父亲是上海交通大学毕业的高才生，业务强，英语好，20 世纪 80 年代初就被派往国外工作。父亲在海外省吃俭用攒下一些钱，先送谭跃继的哥哥谭跃初到澳大利亚，等谭跃继从上海大学计算机专业毕业后，也把她送了过去。

谭跃继说，自己一直像个男孩子，一心奔事业。1990 年，她从皇家墨尔本理工大学硕士毕业后正赶上当地经济衰退，工作很难找，好不容易找到一份免费的实习工作，她分外珍惜，好在后来老板决定留下她当程序员。之前，家里给了一张机票和第一学期的学费，其他一切都要靠自己。她不愿意靠嫁人拿身份，于是自己申请了技术移民，很快获得永久居留权。有了工作经验，有了身份，也就有了资历，她进入澳大利亚四大银行之一的澳大利亚国立银行（NAB）的软件中心工作。

工作稳定后，父母开始催婚了，此时她已经 33 岁，经人介绍认识了 Corbett。上天就是如此神奇，两个忙于工作、无暇谈恋爱的男女，就像等待彼此已久，见面有说不完的话。两人虽然有不同的文化背景，但三观相当一致。Corbett 的父母看到儿子终于谈恋爱了，大喜过望，也开始了西方父母少有的催婚，或许这就是所谓"在对的时间、对的地点，遇上对的人"。于是两人相识 3

个月就结婚了。

1994年结婚的时候，他们没有举办仪式，只用100澳元租了一套婚纱，全家人一起吃个饭。婚后住的是一间破旧的两室一厅的排屋，下雨的时候还会漏水。原来Corbett这些年赚的钱，一方面用于扩展生意，另一方面购买了许多藏品。谭跃继说，结婚近30年，她没有买过一件奢侈品。或许Corbett就是看中了谭跃继有东方女性的美貌和美德。

博物馆内部

跃继说谈恋爱的时候，Corbett也兴致勃勃地述说了他的伟大梦想，但她当时根本没有具体的概念，只表示全力支持。她完全没有想到，这会是一辈子的事。跃继先后生了两个女儿，虽然Corbett的父母对她特别好，但是各自有各自的生活，她一边工作，一边带孩子，非常辛苦。等孩子稍微大一些的时候，历时5年的博物馆设计也完成了。

整个建设从2003年开始又花了5年时间。建设过程更是艰辛。比如，一个墙面要用1100个圆柱镶成一个图案，每个圆柱重1.5公斤，还有正反面，建筑公司不愿意花时间，跃继主动请缨让她来干。每天工人收工后，跃继就爬上高高的脚手架，每次拎几个，一个个粘贴。这样的例子比比皆是。

在为筹备第二个博物馆而向市政厅提交申请的过程中，遇到很大的波折，一个官司打了一年，仅律师费就花了30万澳元。胜诉的那天，跃继大哭一场，她没想到，实现一个梦想这么不容易。但是想到人生的价值在于为这个世界留下一些什么，而不是追求荣华富贵、娱乐享受，她认为值得。

跃继也很感恩先生，她说这些年，他们几乎没有发生过争吵，遇到不同的意见，都是慢慢地讲道理。跃继记得婚后自己第一次发火是因为女儿的学习，她虽然不是虎妈，但是受自己成长环境的影响，对孩子学习也有比较严格的要求，先生当时虽然有不同意见，但并没有当着孩子的面反驳，而是等跃继冷静后，才阐述他的教育理念，跃继被说服，也不再逼孩子学习。如今两个女儿也都是优秀的设计师。

两代之间：父母的财富是属于父母的

Corbett夫妇的两个女儿应该算富三代了，但面对父母捐赠5600万澳元的决定，她们大力支持。按照一般人的想法，这些本该作为遗产留给她们。但是他们一直培养女儿独立的观念，就像Corbett自己也是独立创业，没要父母一分钱，甚至特意避开父母的帮助，追求自己的成就感。

Corbett全家在博物馆整整生活了14年，他们的两个女儿也算是在博物馆长大的，熟悉这里的一切。住在博物馆的益处是：在餐厅吃饭时可以看到墨尔本著名艺术家Howard Arkley的画作；坐在沙发上看书，旁边摆着的就是艺术家Patricia Piccinini的雕塑；而在厨房做饭，则能欣赏摄影大师Polly Borland拍摄的英女皇的照片。

不过害处也很明显，从小她们就被要求整洁，因为一周总要有两三天对外开放，想想家里三天两头地来客人，偌大的博物馆，清洁可不是一件轻松的事情。跃继从来都是自己亲力亲为地打扫，她认为自己可以给他们的博物馆和收藏品最大的呵护，这更是她的骄傲和荣幸。此时她对收藏已经相当内行了，有时候先生都要听她的建议。但是女儿明确表示，家庭博物馆是父母的梦想，她们有自己的梦想。跃继非常尊重她们的想法，因此从来不要求女儿当博物馆免费的劳动力。

如今，Corbett和跃继已搬出博物馆，但还担任博物馆的管理人。他们正在将两间博物馆打通，准备2024年年初开放，跃继说她以后会欢迎更多的华人来这里参观。同为华人，我也深深地为跃继感到骄傲和自豪。

想想，我们的一生应该为这个世界留下些什么？

关伟

跨越东西方文化的实验者与实践者

在海外华人艺术家中，关伟先生的标签尤其多：画家、雕塑家、装置艺术家、跨越东西方文化的实验者与实践者、中澳艺术交流的使者，等等。他还在2021年获得西悉尼大学授予的创意艺术博士的殊荣。

关伟33岁时移居澳大利亚，30多年来一点点被澳大利亚观众熟知并喜爱，成为澳大利亚最有影响力的当代艺术家之一。他的作品，不仅被很多主流艺术机构与画廊收藏，也获得私人收藏家和名人们的青睐，奥斯卡金像奖最佳女主角获得者凯特·布兰切特也是关伟作品的收藏者。关伟在世界各地举办了70多场个人展览。

从中国艺术家、华裔澳大利亚艺术家到澳大利亚艺术家

关伟 1957 年出生于北京一个满族家庭。或许是因为血液里继承了老北京爱玩的传统，关伟在青年时期就是艺术圈的活跃人物。"20 世纪 80 年代，各种西方思潮涌进中国，我们那时候很年轻，如饥似渴地迎接这些知识。当时北京有很多充满思想、艺术类的小团体，比如星星画会、无名画会……我们几个好朋友也有个一小圈子，大家在一起探讨艺术、一起写生、一起画画。"

1988 年，时任澳大利亚塔斯马尼亚大学艺术学院院长 Geoff Parker、堪培拉国立大学艺术学院院长 David Williams 和国家美术馆馆长 Peter Churcher 来中国访问时，参观了关伟及两个朋友的展览。看过展览后，Geoff Parker 和关伟展开了关于中国当代艺术的激烈讨论。"当时很年轻，觉得西方人好像有些居高临下，就不服气。我那时看了一些西方的书籍，也结合自己的探索，就和他们关于中国有没有后现代艺术争论了起来。"也正是这次讨论，让 Geoff Parker 认定了关伟卓越的才华，他回澳大利亚后不久，就向关伟发出了担任塔斯马尼亚大学访问学者的邀请。

初到澳大利亚，如何让澳大利亚人把他作为个体艺术家重新认识，成了关伟的首要思考。"这需要一个过程，差不多经历了六七年的时间。"澳大利亚人对关伟的称呼有几个阶段，从"中国艺术家"到"定居澳大利亚的中国人"，再到"华裔澳大利亚艺术家"，现在则是"澳大利亚艺术家"。这也反映了关伟个人艺术语系形成的过程。

"刚来澳大利亚的时候，因为对澳大利亚不是很了解，我沿用了中国文化的元素，如文字和穴位。渐渐地，我对澳大利亚风土环境有了一定认识，开始把水、天、岛这些澳大利亚的元素加入作品中。后来，我开始关注澳大利亚的社会政治问题。现在，中国和澳大利亚的文化在我的作品中自然地融合。"

在谈及中国和澳大利亚元素的选择时，关伟说这种选择在早期是有意识的考量，但现在是一种驾轻就熟的组合。"在澳大利亚生活了 30 多年，澳大利亚的自然生态环境和历史都是我作品中很重要的题材。但我在中国生长到 30 岁后才来澳大利亚，中国的文化元素在我的骨血里也是根深蒂固的，所以能自然地把中国的文化如道家理念，很好地贯穿在作品当中。"

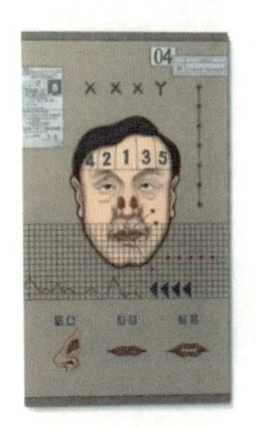

关伟作品《整容术》

  关伟的艺术理念得到澳大利亚社会的认同。新南威尔士州美术馆前馆长埃德蒙·卡彭说："我们都非常熟悉他精彩而富有特色的作品；我从来不认为关伟的作品中有太多过于强烈的'信息'，反而认为他的作品中充满了叙事性、机智、幽默和明确的目的。他的作品隐含着一种善良、人性和乐观的精神。在关伟的作品中，人们显然可以感受到他对中国深切而不可忽视的归属感——他对自己固有文化的忠诚毋庸置疑，还有他在移居的家乡澳大利亚的见闻和奇思妙想。"

  从某种程度上说，关伟不属于任何一个国家和文化，他是跨越东西方文化的实验者与实践者，因而他的作品无论在澳大利亚还是中国，都备受关注和喜爱。

画作：哲理深刻、举重若轻的艺术风格

  关伟说自己是一个理想化的艺术家，非常重视作品与观众的关系。"我希望自己的作品能传达出积极、正面，能带来思考的东西。除视觉愉悦外，也有哲学上的考量。所以我一直强调幽默、智慧与知识，这三点都是从观众的角度出发，考虑如何让他们接受我的作品。"关伟的作品在细节上都精细耐看，而在整体上又举重若轻。东西方文化被巧妙而有趣地结合起来，以生动风趣的表达方式缩短了与观众之间的距离，同时又有一定的深度，时刻激发着观众的思维。

关伟的绘画和雕塑作品

在他的艺术中，有很多憨态可掬的小人儿和让人忍俊不禁的动植物，而这轻松愉快的图像处理背后，却是艺术家对人类生活和普遍问题的关注与探求："作为一名亚裔艺术家，我要站在移民的立场上在澳大利亚发声，建立一种自己的身份和语系。2006年我做的大型壁画《另一种历史》，实际上探索的是一个身份的问题。在这个作品里，我编造、杜撰了一个新的历史：明朝郑和的船队最终抵达澳大利亚，颠覆白人首先发现澳大利亚大陆的正统历史。这是一种在澳大利亚主流文化之外的解读，目的是让观众开拓思维，去思考澳大利亚和亚洲的关系。"在关伟创造的自由空间里，每个观众都可以摆脱既有意识形态的束缚，进而自由想象，个体不再是被标签化的某一类人，而是可以参与历史、重构身份的每一个人。

关伟参加阿契伯尔肖像大奖赛的作品《整容术》，也体现了他从幽默角度出发，表达深刻哲理，举重若轻的艺术风格。在全球化影响下的今天，关伟选取了"整容"这个看似轻松的题材，诙谐地探讨了普遍存在的身份认同问题。"这个作品一共有四块画布：第一块是我在中国时期的脸；第二、第三块开始整容，比如把鼻子垫高，把眼睛染蓝，再把头发染黄；到第四块画布时，已经变成了一张新的脸，但还能看出来是我的脸。"《整容术》里还有很多体现身份的符号，比如公章、文件，甚至还有关伟当年申请移民的表格和医保卡（Medical Card）。虽然画中的关伟整容后有了西方人的高鼻子、蓝眼睛和金头发，但是画作本身完全不同于西方三维立体、阴影造型的肖像画法，采用的是中国明清家谱以及面相图谱的形式。"这个作品具有实验性，是一个新东西，和其他的作品都不一样，又能体现我个人的特色。"

雕塑：天人合一 怡然自得

说到关伟的雕塑，不同于画作，其作品往往体现的是天人合一，怡然自得。

比如雕塑作品《渡》，采用大小对比，大是一个类似"佛"的形象，小是人的形象，中间用"云"来过渡，使人和佛形成一种有趣的组合。同时虚的云和实的人与佛，也使作品有一种既轻松又神秘的感觉。我们每个人都有向善之心，都有追求快乐之本质，但是在纷纷扰扰的大千世界，和使人焦虑不安的世俗生活中，我们迷失了自己。作品《渡》就是想表现一种快乐的禅意生活。禅是一种精神，禅相信人的清静自性和善。禅要一个人的心自在无碍，发现本心，走向智慧和快乐的生活。

探寻禅，对来自中国的关伟而言仿佛是一种本能。他的系列作品《云之上》中便用"云"这个意象代表禅意。关伟希望自己能像云一样地生活，像一朵云一样栖息在山上、海上、地上。风吹到哪里，云就飘到哪里，安安静静，没有什么事情要达成，也没有什么东西可以失去，只是享受无为的存在，庆祝当下的喜悦之情。身体在云上自由快乐地伸展，也传递了反对各种体制对人的自由和个性的束缚之意。

在关伟先生的作品中，代表自由的不仅有云，还有水。名为《海洋》的雕塑作品借鉴了中国古代佛像雕塑的造型方式。特别是水的造型，借鉴如来佛座下的莲花托。有重量感的三维雕塑借着这个"水托"，重量感顿时消失，同时进入一种轻柔、漂浮的水世界之中。身体在水中快乐地自由伸展。

关伟不仅是一个艺术家，也是中澳艺术交流的使者，为中澳艺术活动牵线搭桥，为中澳艺术家的互动提供支持。从 1995 年担任亚太地区三年展的策展人，到参与首届中国（隆里）国际新媒体艺术节，关伟为中澳艺术家互相了解起到了至关重要的作用。

Jenny Chen

从 15 岁的小留学生到
堪培拉 ACBC 主席

  澳大利亚中国工商业委员会（ACBC）成立于 1973，对澳中交流起到了举足轻重的作用，它促进商业，连接交流，提供最新的市场洞察力，中澳知名企业家多为 ACBC 会员。ACBC 全澳主席包括前维州州长 John Brumby，金杜律师事务所国际总监 David Olsson，各州的主席也都是德高望重的人物。而你绝对想不到，澳大利亚首都堪培拉的 ACBC 主席这样一个重要的职位，却由一个年仅 34 岁的中国女性担任，她就是 Jenny Chen。

  为什么 Jenny 能在别人事业刚刚起步的年龄，担当如此重任呢？她在澳大利亚有着怎样的成长历程？

澳大利亚是一个只要努力就能得到回报的国家

也许你想不到,眼前这个头脑清晰、做事麻利、勤奋好学的领导者,曾是一个 15 岁来澳大利亚,在飞机上一个人抱着毛毛熊哭泣不止的小留学生。

2002 年第一次离开家,面对澳大利亚这个陌生的世界,她非常恐惧和迷茫,不知道未来一个人面对的世界是什么样子,于是越想越伤心。此时坐在旁边座位的是一个在澳大利亚主流大公司工作的叔叔,就安慰她,内容 Jenny 没有记住太多,但有一句话令她铭记在心,叔叔说:"澳大利亚是一个只要你努力就有回报的地方。"就是这句话给了 Jenny 无比的信心和力量。

在悉尼读高中,Jenny 第一个难题当然是英语。为了学习语言,她去本地人开的冰激凌店打工,在绝大多数留学生中,不要说高中就去打工,研究生打工的都寥寥无几。后来去位于堪培拉的澳大利亚国立大学读书,也没有停止打工。她在咖啡店上早晨 7 点的班,5 点多就要起床。其实 Jenny 家境殷实,完全不需要打工赚钱,爸爸妈妈也不同意她去,但她说服父母,打工不仅可以增加工作经验,更可以锻炼口语,扩展人脉。Jenny 非常感激澳大利亚的综合教育体制,让她不用只注重成绩,而是具有独立思考和不断付诸行动的能力。

果真,Jenny 在大学二年级就获得了回报。几乎所有的留学生都知道,要想进入澳大利亚主流的四大银行工作,没有永久居留的身份,是绝对不可能的事情。但是 Jenny 在大学二年级,年仅 20 岁的时候,就被澳新(ANZ)银行破格录取为兼职员工了。

不断在 ANZ 创造奇迹的人

Jenny 进入 ANZ 银行不久,她所在的 Dickson 分行的副行长因母亲突然摔倒住院,需要请假 4 个月,这时候区域经理问谁愿意临时无偿担当这个职位,Jenny 举起了手。我问她为什么敢举手呢?她说:"那些业务我业余时间都研究过了,我都会呀。"这 4 个月的成绩一下子让大家对这个小女孩刮目相看。有了副行长的实践之后,Jenny 又争取机会,被选派到 City 分行做正式的副行长。

她非常感慨地说,ANZ 银行风气正,她的每一点儿进步都被鼓励,都得到正面的回馈。记得有一次银行开展展位推广活动,当时推出了一个专门给小孩

ACBC 堪培拉团队主要成员和 ANZ 银行堪培拉国际部主管合照，一排左二为 Jenny

    的产品，Jenny 看到一个抱孩子的女士就热心推荐给她，那位女士非常感兴趣，但没有带孩子的出生证明，于是说马上回家去取。当这个女士走出百米的时候，Jenny 问身边的老职员，如果医疗保险上有孩子姓名行不行？对方说可以啊，Jenny 二话没说，以百米冲刺的速度追上去，最后帮助那位女士开了账户，没想到这一幕被路过的大区域经理看在眼里。

    还有一次，一对刚刚从欧洲移民到澳大利亚的用户，由于输入错误密码，信用卡被机器吞了，他们非常气愤地走进银行大发脾气，经过 Jenny 的耐心解释，并教他们使用网上银行，最后不但让两位顾客笑逐颜开，而且还用账户的存款买了理财产品，这一幕也被区域经理看到，他深深记住了 Jenny 这个中国小姑娘。

    不久，区域经理就鼓励她可以考虑担任分行行长，这次 Jenny 有些胆怯，她才刚刚 23 岁啊。区域经理鼓励她，一点点给她讲怎么建立权威，告诉她权威一方面是公司赋予的，另一方面是靠自身业务的娴熟，而 Jenny 的业务的确比

PRIDES OF THE CHINESE COMMUNITY

华人之光

Jenny Chen 担任形象宣传的 ANZ 春节海报

那些在 ANZ 待了 20 多年的 50 多岁老员工理解得还透彻。区域经理鼓励她先去最小的分行 Manuka 工作 3 个月，如果不行就回来。没想到 Jenny 去了一年多，竟然把这个在当时全澳 800 多家分行中排名 700 多位的分行的业绩，做到了全澳第一名，这下 Jenny 声名赫赫了。

于是 Jenny 被委以重任，到最大最繁忙的 Belconnen 分行担任行长，任职短短 3 个月后，Jenny 又把这个在全澳排名 400 多位的分行的业绩，做到了全澳第 14 名。

Jenny 在 ANZ 的第 7 年，个人和所在分行先后获得了 2009ATC／NSW 最佳分行副行长，2010 ATC 最佳"尊重"员工品质奖，2011 业绩最佳分行，2011 和 2012ACT／NSW 最佳分行行长奖！

后来 Jenny 怀孕，在休产假期间体会到社区对每个人的支持而带来的不同。产后恢复上班的第一年她积极参与社区活动，把更好的银行服务带给留学生、老年人这些弱势团体，又获得了 ANZ 最高荣誉——集团总裁认可大奖（Group

CEO Recognition Award），这是从全球 6 万多员工中评选出来的。

尽管孩子还小，但 Jenny 从没有停止学习，进而转到小微企业贷款、大中型企业贷款部门担当业务经理。其中她有一年多时间每周都要出差，她非常感激丈夫的大力支持。Jenny 告诉我，当初为了转到商业贷款部，她每个月都自学，然后跟商业银行负责人沟通自己学习了什么，如何进步，这样一直坚持了 6 个月，才有机会转到商业银行。我一方面感叹眼前这个女孩内心蕴藏着巨大的力量，另一方面赞叹澳大利亚公正公平的文化，没有歧视，但凡你努力就有回报。

学习领导力，增加影响力

转到商业银行后，Jenny 更多地和企业打交道，这引导她走向更高一层的主流社会。机会总是留给有准备的人，30 岁的时候，她被选入 ACBC 堪培拉分会的核心团队，后来又被选为主席。

虽然 ACBC 是一个非营利组织，她也是义务职，但是她也和对待工作一样，拿出百分之百的用心和努力。2020 年正赶上堪培拉和北京建立姐妹城市 20 周年，她觉得自己就是文化教育的受益者，两个城市的交往可以从教育的角度入手，于是她组织了北京第十中学和堪培拉文法学校之间的"双城 20 年"的演讲大赛。北京的学生用英文，堪培拉的学生用汉语，通过直播短视频的形式比赛，双方的学生都感觉受益匪浅，两个城市的政府机构也非常满意。

对一个年轻的华人女性而言，打破天花板，继续发展，成为西方主流社会的领导者是不容易的。Jenny 说，她在这个职位上学习了很多，尤其是领导力和影响力方面，她不断反省，不断请教，不断学习，好在有那么多人不遗余力地帮助她，让她永远相信，在澳大利亚，只要努力就一定有回报。

我问她领导力的秘诀是什么？她说："就是做好自己，拥有自己独立的性格、自己的梦想和一颗温暖的心。用真实的自己，带出好的团队，把大家的潜能挖掘出来，把每个人最好的一面调动起来。"Jenny 相信领导力就是能创造出一个让人自由发展、不停前进的安全空间，让大家相信自己，相信前进的方向。

我们期盼 Jenny 扬帆起航，再创辉煌！

赵惠云

"玛丽"医生的故事
墨尔本 VOGUE MEDICAL 全科诊所创始人

　　看到赵医生第一眼的感觉是，秀外慧中、优雅脱俗。似乎像其他澳大利亚医生一样，她也是养尊处优惯了。然而事实并非如此，而且你也无法想象她曲折崎岖的人生和医学生涯——在中国接受教育、在巴布亚新几内亚淬炼人生、在澳大利亚治病行医。她医术精湛，精通中医，做过10年内科主治医生和23年全科医生，现担任澳华医疗联盟主席、世界华人全科医师协会秘书长、世界华人医师协会杂志编委，荣获2020年世界杰出华人医师霍英东奖章。她就是墨尔本 VOGUE MEDICAL 全科诊所创始人赵惠云女士。

海外 30 年不忘初衷　救死扶伤敬佑生命

赵惠云医生

20 世纪 90 年代，医生在哪儿都是稀缺资源，在岛国巴布亚新几内亚更是如此。该国得到联合国教科文组织（UNESCO）支持，本来在中国的医院做内科主治医生的赵惠云，就这样被一个偶然的机会带到了异国他乡，成为援助最不发达国家的国际医疗团队成员。

虽然知道巴布亚新几内亚条件艰苦，但真实的体验还是让人意想不到。赵惠云医师最初就职于拥有 600 张床位的安戈纪念综合医院门诊部，其医疗服务覆盖急诊、全科、小型手术、儿科、妇产科、社区医疗等各个领域。

她不畏艰苦，为患者出诊，翻越过深山老林。她敢于承担，由于本地医生罢工，她在没有影像和化验室的条件下曾经连续工作 10 个月，治疗过刀伤、枪伤、创伤和内外妇儿各科急诊、传染病和性病。当时医院里还有另外三位国际医生负责麻醉师、普外、病理的工作，她们共同担负起医院的超负荷运转。她的儿子常常被忘记在学校里直至深夜。

她组织资源，10 年里每年两次组织社会活动，为医院和科室从澳大利亚、新西兰募捐药品和医疗器械。所有款项，一部分用于教育讲座，另一部分用于医生短期进修和购置电脑与网络设备。

她热心教育，不定期组织医院内外的医生、护士和其他医疗从业人员的医学培训。10 年期间，她把所有的节假日都用于自我教育和培训。

当然，她的付出是有回报的。她把医院当成家，把患者当成家人，不分白天黑夜、不分工作假日地治病救人，十年如一日，让当地政府和社会十分感激和动容。她的事迹受到了巴新卫生部的高度称赞，当地大报小报多次在头版头条对她进行报道，以至于当地百姓都称呼她为"玛丽"医生，寓意圣母般的仁爱，当地政府也给她配备司机和保姆。

有一次，在凌晨1点钟，赵医生出诊的车辆遭遇一个20多人的持刀劫匪团伙的拦截，本来以为凶多吉少，但戏剧性的一幕发生了：当对方看到车里坐着赵医生时，马上高喊"'玛丽'医生，对不起"，并集体为车辆开路，让赵医生安全通过……

赵惠云（中）在墨尔本参加2019年世界华人医师年会

赵医生不仅受到所有人的感激和爱戴，在医术上也实现了飞跃。一是因为巴新缺医少药，很多时候纯粹是靠医生的"妙手回春"，这给了赵医生极大的淬炼，很多专业技能甚至小手术就是在这里学会操刀的；二是赵医生在巴新行医多年，从不放假休息，业余时间全部用来学习钻研，既是为了当地医疗的需要，也是为了满足自己对精湛医术的追求。

直到今天，赵医生仍然每年组织两场慈善活动，将所得善款捐给巴新百姓。

临床治病以人为本　治学带教严谨有方

因为偶然的机会，赵医生的人生轨迹再次改变——澳大利亚卫生部的官员在访问巴新时，向赵医生伸出了橄榄枝。他们认为，赵医生会在澳大利亚有更好的发展，于是赵医生以外国医学专家的身份被引进澳大利亚，开启了医学和教育事业的新篇章。

"不是在看病，就是在看病的路上。"我想这句话用来形容赵医生一点儿都不为过。为了节省时间，我们的专访就选在她的办公室里。这是她在2011年建立的综合性诊所，也是她创办的第4家诊所——VOGUE MEDICAL。

赵医生说："我已经为墨尔本大学医学院带教有8年之久，我这里基本上每

A JOURNEY WITH 50 CHINESE-AUSTRALIAN ELITES
记录：澳大利亚华人精英50人

VOGUE MEDICAL

天都有 2 ～ 4 名墨大学生在实习和实践，我还负责部分考试内容，并带一些来自西班牙、法国、新加坡、加拿大、越南，还有中国北京协和大学的学生。我们诊所也为澳大利亚医学研究提供了诸多临床医疗数据。"

VOGUE MEDICAL 汇聚了多学科专科医生，医疗领域覆盖内科、外科、妇科、儿科、皮肤科、精神科、全科急诊、旅游医疗和病理学收集（血液检查、心电图、肺功能等）、心理健康、物理治疗、中医中药、针灸、足疗、饮食与运动生理服务……赵医生也提醒，初到澳大利亚的留学生和新移民，很多人不了解怎么最大化地利用当地医疗制度，也可能会因为两国医疗体系的差异而感到受挫和沮丧，所以她建议所有人都应该仔细了解，为自己和家人提供最佳医疗保障和权益。

中澳医学和教育交流大使

似乎最成功的人不是想着为自己做些什么，而是想着能为他人做点什么。一位在异乡行医多年、在澳大利亚扎根的华人医生，还是无法放下对祖国医疗教育事业的牵挂。从制度建设到医学人员的培养，赵医生都亲力亲为，受到中澳两国官方、学界和民间的敬重。

实际上，澳大利亚和西方其他一些国家的全科医生制度经历了半个多世纪的不断摸索、试点和调整，今天已经到了相当成熟和有效的阶段。85% 的预防、护理、诊断和治疗可以在全科医生（家庭医生，GP）那里得到妥善处理。

"澳大利亚是全球全科临床医学的 No.1，国家对培养高质量的全科医学导师和学生给予十分慷慨的资金支持，基本上是学生个人出 1 澳元，国家就会相应补贴 9 澳元，而且 GP 与其他类别医生相比，待遇更高，因而很多英国的 GP 希望移民来澳。"在赵医生看来，澳大利亚的医疗保健制度也比英美两国更合理，它结合了公费医保和私人保险的双重优点。2018 年，她还和其他几位医生共同创办了"澳中全科医疗联盟"，重点着眼于全科医师教育培训、全科医师资质认证、全科诊所和社康医院建设及其资质认证，旨在为"健康中国"尤其是中国的基础医疗建设做出更多贡献。

在医学人才培养上，澳大利亚医学教育更系统。"我们诊所经常有两个国家的医学院学生过来实习，我会让他们独立问诊，观察他们的表现。总体而言，澳大利亚学生在问诊思路和独立工作方面更具优势。墨尔本大学医学院 2 年级学生甚至比国内大学 5 年级学生显得更自信成熟，更具有系统性，误诊也少。"这得益于澳大利亚医学教育对全面性思维和批评性理念的重视。在中国，学生注重书本知识，强调科研和文章发表，但在临床表现上往往成长得较慢。

此外，赵医生常年笔耕不辍，不遗余力地为中国医学教育贡献理论和知识，她的很多工作带有志愿性质。她执笔了澳大利亚对华全科教育大纲的前 4 版，撰写中国教育部主管的《世界教育信息》专栏相关内容"澳大利亚医疗教育历程"；翻译了很多英文原版执教文献，并经常回中国参加各种讲习班会议，甚至自筹资金为很多医学院学生和医生讲座上课，把自己的专长和国外医学理念介绍给他们。同时，她也在澳大利亚继续钻研和践行传统中医。

一棵树也许能提供阴凉，但一片林才能带来屏障。我想，对这样一位医生和医学工作者，我们除了肃然起敬，还可以去想想，我们每一个人能为他人做些什么力所能及之事，哪怕只是尽些绵薄之力，但涓涓细流终将汇聚成河海……

张震 在澳大利亚崭露头角的华裔精神病专家

自新冠肺炎疫情以来，世界动荡导致大量精神问题的产生：压力，焦躁，抑郁，成瘾……自杀的、行凶的甚至造成集体性恶性事件的层出不穷。对远离故土和亲人的新移民和留学生而言，更是雪上加霜，这时候如果在澳大利亚能找到一个会说中文的资深精神病专家可谓救命稻草。张震就是这样一位被澳大利亚主流认可，出类拔萃的华裔精神病专家。

澳大利亚新南威尔士州法庭资深精神病司法鉴定专家，悉尼万丝利高加华医院院长（Medical Superintendent），医学学术顾问委员会主席；悉尼精神病专家中心主任。看到这么多头衔，很难想象这是一位华人，毕竟这是精神专科，不仅需要医术高明，英语精湛，更需要天赋技巧，能够矫正西方人精神和心理的问题，其难度可想而知。

张震讲了很多精神卫生问题，从华人留学生到企业家，从澳大利亚社会名流到监狱罪犯。除了周末，他几乎每天工作都超过 8 小时。"患者实在太多"，张震痛心地讲述了华人移民自杀的问题。临床工作中张震不敢有丝毫懈怠，每一个求助的患者，如果你掉以轻心，都有可能失去生命。

在悉尼能讲中文的精神病司法鉴定专家大概只有他一个，一些疑难杂症患者也不断地从其他医生那里转到他这里。他能综合患者的多方面因素，找到其中的关联。比如，一个久治不愈患者，他细心观察到此人没有胡子，果断地让他检查雄激素浓度，一下子找到了病根；一个多年被诊断为精神病的澳大利亚人，他经过几次问诊后，果断地确认这个人没有精神病，最后患者和家属卸掉精神负担后，真的一切如常……

我忍不住问他：你每天接触这么多患者，听那么多关于童年的伤痕，是不是负能量太多了呢？他说："看着患者一天天好起来，我其实很有成就感，我很喜欢做精神病专家。""喜欢做精神病专家"，这会是怎样的一种心路历程呢？

天赋异禀，兴趣是最好的选择

张震毕业于同济医科大学武汉分校。大学毕业后被分配到当时的中国卫生部，之后到澳大利亚继续进修。一开始在新南威尔士大学读公共卫生硕士，之后又被录取为悉尼大学统计学博士，学习卫生统计。性格外向、乐于与人交流的张震觉得做卫生统计太枯燥，于是决定考行医执照。他曾担任综合医院急诊科、内科、外科、妇科、儿科的住院医生，儿科医院住院总医师。

原本计划从事外科手术医生培训的张震，在实习期间有 3 个月的空档期，而他除了精神科，其他科都已工作过，于是他就将空档期利用起来，选择去了精神科工作。这个偶然的选择竟然改变了他的行医之路。

他没想到，在培训过程中发现自己对精神病科很感兴趣，学得很起劲，所以他向位于悉尼的威尔士王子医院（Prince of Wales Hospital）递交了加入精神病专家培训计划申请，经过严格面试后，他被录取了。他发现帮助别人，通过和他们谈话就能给他们治疗并解除痛苦是一件很有成就感的事情。于是他一干就是 5 年。到第 3 年时，因为他出色的表现，被推荐到一个高级位置（Senior

Registrar），负责指导培训医生的业务。

张震说，外界通常不了解，要成为一名澳大利亚的精神病专家、精神病司法鉴定专家有多么不容易。精神病专家与心理医生有区别：大学本科学心理学，毕业后做临床心理工作的就是心理医生。精神病专家首先要是医学本科毕业，然后继续精神病学培训，考试通过之后才有资格成为精神病专家，在此之后，又经过3年培训才能成为精神病司法鉴定专家。众所周知，澳大利亚医学界非常严谨，专家培训对任何人而言，都是一场硬仗。

在威尔士王子医院，张震成长得很快。那里有很多世界一流的专家、著名的教授，学术水平很高，医院的培训也很严格。在澳大利亚要成为专家学院院士更具挑战性，不但有基础理论考试、临床考试，还要写文章、做研究，要突破许多关卡。

至今他还清楚记得第一天走进培训教室时，看到里面共有12名学生。老师对他们说，在这12人里面大概只有四五个人能当专家。当时他感到压力很大，因为所有的学生中只有他是非英语背景。张震仍清楚记得专家学院考试的难度与强度：考试严格到时间以秒计算，稍有不慎就会失败。为了通过这次考试，他做了很多准备，经历了无数次的演练，付出了比别人多得多的努力。功夫不负有心人，2009年他成为澳大利亚和新西兰皇家精神病学院院士，后来他又顺利取得了精神病司法鉴定硕士学位。2013年他成为澳大利亚和新西兰皇家精神病学院精神病司法鉴定部院士。

之后，张震听从老专家的建议，没有从经济回报去考虑，把自己全部时间放到私立医院，而是一半时间投入公立系统。看到自己能用一技之长帮助大众、帮助华人群体，他很欣慰。

到沙漠去磨炼

目前张震在悉尼一家著名的私人医院担任精神病主任医师，还担任澳大利亚新南威尔士州法庭资深精神病司法鉴定专家，任大学讲师，同时还有一家自己的诊所，每周1~2天在那里为患者看病。

张震做事有这样几个特点：一旦确定了目标，就持之以恒。他擅长与人交

PRIDES OF THE CHINESE COMMUNITY
华人之光

张震

流，待人真诚，守信用。除要求自己的专业要达到最高水准外，张震还喜欢做管理工作。在中国上大学时他就曾担任班长、学生会主席及省学联副主席。

在张震的诊所墙上，挂着一幅澳大利亚红色乌鲁鲁大岩石的照片，那是张震亲自拍摄的。鲜红色的巨型大岩石在红土地的旷野上巍然屹立，雄姿勃勃。张震回忆，来到澳大利亚之前，只听说过澳大利亚有悉尼歌剧院和乌鲁鲁大岩石，所以在他拿到行医执照，成为一名医生后，就自愿选择到离乌鲁鲁大岩石最近的爱丽丝泉医院做住院医生。

张震很喜欢那里，在爱丽丝泉医院比在澳大利亚其他城市医院工作都更具有挑战性。他刚开始在急诊室工作，之后又到别的科室轮转当医生。医院患者约 30% 是土著人，又因为地处偏远，可以见到很多平时见不到的病例，这对他锻炼很大，专业上很快得到提升。本来只计划在那里工作一年，结果因为他的不舍而又延续了半年。

把世界最先进的精神治疗理念带到中国

一般人所称的精神病多指"精神分裂症"。事实上，精神分裂症只占精神病的极小一部分。厌食症、烟酒上瘾、抑郁症、赌博、老年痴呆、焦虑症、儿童强迫症、行为问题等都属于精神病。人的一生中患抑郁症的可能大概超过四分之一。

在西方，精神病科是所有医学专科中最大的一科，但中国精神病这方面的医疗资源缺口很大，如果能回中国做点工作的话，意义重大。

因此，2018年张震开始把自己的专业知识带回中国，把澳大利亚的医疗文化、经验和理念带回中国。现在张震以联合创始人的身份在深圳、广州、上海成立了多家泊恩心理咨询门诊，求诊者众多。

"泊恩心理"是以循证医学以及循证心理实践为基础的临床精神心理专科门诊。张震不仅帮助中国一些机构做医生培训，回中国授课，在疫情期间，泊恩心理咨询门诊还获得了网上治疗的许可，实现了质的突破，更可以在网上为更多跨地域疑难患者服务。未来通过数字化管理、灵活化连锁业态结构、互联网医院等更多特色，张震将带领泊恩医疗走得更远、更好。

宋正

人工智能背后的智能
——宋教授的开挂人生

谈到近年来大热的词，人工智能（AI）当然位列其中。随着 ChatGPT 带起的热度，人们对"强人工智能"的话题津津乐道。而在这种泛娱乐化的讨论之下，真正的人工智能领域其实正以一种蓬勃的态势，紧密结合各行各业，积极地应用于各种实际场景中，悄无声息地改变着我们的生活。如今，人工智能已不再是遥不可及的技术，而我们正身处其中。

在人工智能领域，宋正博士（Andy Song）是一位不折不扣的专家。他拥有澳大利亚皇家墨尔本理工大学（RMIT）人工智能博士学位，是该校的副教授、博士生导师，主导了一系列科研开发项目，曾获得超过 200 万澳元的项目研究经费。

宋正因为童年喜欢看科幻小说而"误入"计算机科学领域。目前，担任 RMIT 人工智能研究中心主任一职（AI Centre director），主导了一系列科研开发项目。大学院墙之外，宋教授积极主导和参与产学合作。他担任澳大利亚人工智能委员会秘书长一职，是中国 72 变智能物联网平台首席科学家，上海市人工智能技术协会专家委员会副秘书长，还积极参与各种 AI 大会的筹办与组织，比如环太平洋人工智能国际会议（PRICAI）、IEEE 进化计算大会（IEEE Congress on Evolutionary Computation）以及在上海召开的世界人工智能大会（WAIC）等。宋正教授与行业广泛合作，积极融合计算智能、移动互联和集群感知先进技术，为交通运输、物流和仓储行业管理优化提供服务。

目前，人工智能是一个人才格外紧缺的领域，在学术上要做出开创性的研究十分不易。而在市场或各界描摹的"大饼"的诱惑下，在实际领域中跨行业而来却未能真正掌握前沿技术的人比比皆是。因此，像宋正教授这样的尖端人才投身于实业，更显意义重大。

正如宋正所言："要致力于把研究成果带到实际领域中，再从实际应用中看到问题，用来自真实场景的问题做研究，带来更深远的社会意义。"

72 变智能物联网平台

作为宋正参与的重头项目，72 变智能物联网平台不是面向终端消费者，而是面向酒店行业，所以普通消费者未必有所耳闻。在酒店行业，尤其是连锁酒店行业，72 变是行业领军者趋之若鹜的平台，它提供的是一整套智能酒店解决方案。

从客户体验的角度来看，智能酒店展现更为个性化、智能化、千人千面的酒店服务。通过房间配备的智能电视或智能音响，简单地发出指令，就可以操控房内的电视、灯具等家电，完成温度、灯光、窗帘模式随意切换；通过信息服务系统，完成点单等各种服务需求，还可以实时查看自己的账单，获取或向商家反馈各种信息等。

作为很可能成为影响酒店业的下一个重要差异化因素，"AI＋"的模式吸引了首旅如家酒店集团的目光，率先开始了与 72 变的合作，自智能系统上线以

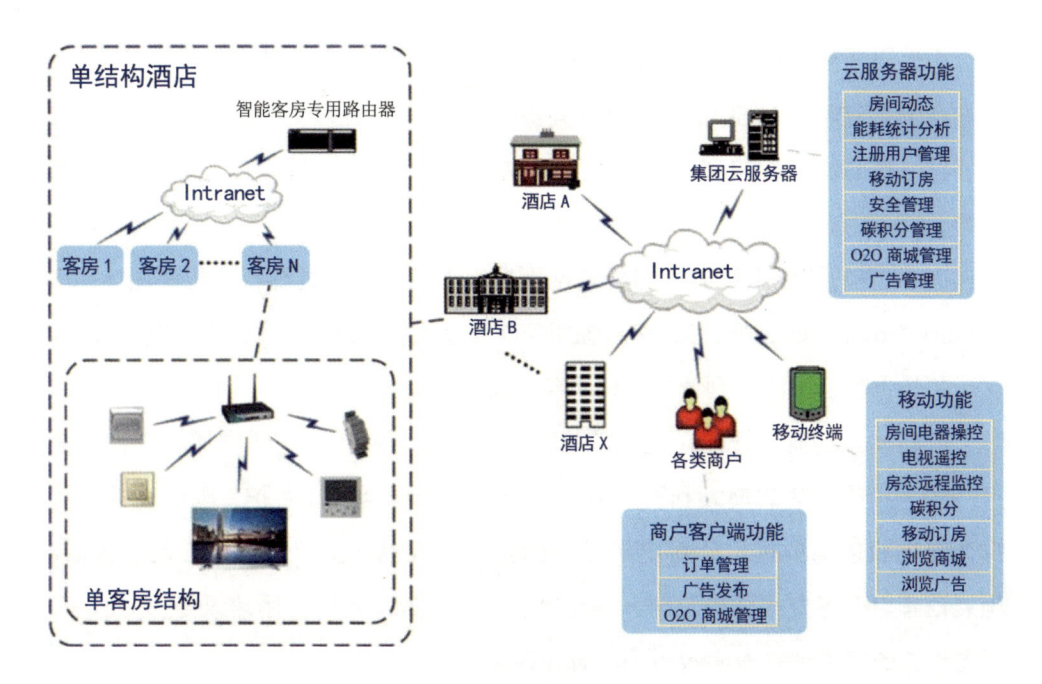

AI 酒店智能模型

来推出的"万人试睡"等活动都引起了热烈的反响与讨论,热度不断攀升。

从酒店管理者的角度来看,首先,智能系统大大提高了管理效率,整个智能系统连接着大大小小所有的酒店房间,让管理者可以轻松掌握所有的情况,实现集团化管理。其次,智能系统能实现节能优化。比如,整个智能系统与空调系统连在一起,这就可以实现对每一个区域的智能检测与数据采集,从而降低整个大楼的能耗。比如有一个区域,总是每到 8 点就有人来开会,那么它会在 7 点半之前提前把空调打开预热,完全不需要人为操作,这些都可以通过机器学习、预测来实现。像如家这样拥有近五千家酒店、现有房间数量排名世界第八的大型集团,实时掌握所有房间的数据和信息,其意义、影响之大不言而喻。

宋正没有贸然跟风比较前卫的"无人酒店",他与 72 变团队着眼的智慧型酒店走得相对稳妥,并非以颠覆整个行业为目标,而是在现有的酒店基础框架下为其赋能。这主要是基于对大众情感接受度的考量。人工智能和传统人力在场景应用中的合理结合,保留适当的"人情味",是更适合目前社会接受度,且更易大面积推广的商业模式。人工智能领域对受众"培训"仍需要时间,而实际应用也需要随着技术的进步，循序渐进地促成未来社会模式的变革。

当前，在酒店行业市场规模位列世界第二、中国第一的锦江集团也与72变签约，这意味着，72变的智慧酒店服务每年将改变数以百万计人的出行住宿体验。

而72变的智能系统的应用场景绝不局限于酒店。通过与新世纪集团（New Century Group）的合作，72变系统即将进驻墨尔本的办公写字楼和现代公寓。这一趋势也吸引了澳大利亚本地的老年公寓开发商。

放眼澳大利亚，智能化建筑的应用其实可以延伸到更广的领域。在注重医疗与养老设施构建的澳大利亚，通过智能系统实现全天候看护，随时监控患者身体各项机能与数据，让对电子设备陌生的老人也能简单地通过控制遥控器、施展语音口令等方式获得及时、贴心的服务，获取最新的健康建议等，对医疗、养老设施的完善都是充满吸引力的补充模块。

交通引流和停车系统的智能化改造

能者多劳。宋教授还受到莫宁顿半岛（Mornington Peninsula）市政府之邀，参与了当地交通引流和停车系统的智能化改造项目。莫宁顿半岛因为离墨尔本较近，风光优美，海岸线绵长，因此被称为"墨尔本后花园"。每逢周末，墨尔本的工作族们就蜂拥而来，造成严重的交通堵塞和停车问题，市政厅为此头疼不已。宋教授及其团队研发出了智能管控系统，不仅能导流交通，还能监控停车违章。经过一年的测试，系统目前运作良好，预计很快就会在维州其他地区推广。

宋正还常年往返于澳大利亚与中国。他是上海市人工智能技术协会专家委员会的副秘书长。该协会以企业成员为主，组织长三角地区的业界活动，为长三角人工智能发展政策和规划提供战略指导。

对世界各国人工智能发展水平如数家珍的宋正，对澳大利亚的人工智能非常有信心。诚然，中美两国因为人口和经济体量的原因，对人工智能的投入比澳大利亚这样的人口小国要大得多，但是澳大利亚的人工智能科研方面水平名列世界前茅，而且成果转化率也很高。

宋正除了忙于自己的科研、产学合作，还指导着好几个博士研究生。他的团队在研究方向上非常注重实际应用场景，包括建筑能耗优化、物流效率优化、交通系统优化、医院床位安排优化等。

冷静看待 AI，不必杞人忧天

人工智能已经出现在很多工作和生活场景中。对 AI 的想象和讨论，从来没有像现在这样五花八门，其中有特别激进的，也有特别悲观的。宋正作为一线业内人士给出的建议是，冷静看待 AI，其肯定是未来趋势，既不要期待过高，也不必杞人忧天。

为什么这么说呢？第一，对 AI 讨论最热烈的就是它会取代很多的工作，造成大面积失业。其实 AI 在可预见的未来只会取代重复性强、模式强的工作，AI 是压缩这些工作的就业空间，而不是替代整个行业。说得具体一些就是，不同的 AI 系统替代不同的工作内容，比如自动生成文件的 AI 系统、自动检索的 AI 系统、自动寻找法律条款的 AI 系统。这些系统能帮助律师做好相关的工作，提高效率，而不会取代律师这个行业。

第二，AI 会为人类带来大量财富，造就新的机会，这个也是事实，但那时又会出现新的财富分配问题。眼下很多国际会议在研讨如何使用和推动 AI 造福人类。

宋正认为，就 AI 而言有讨论不完的话题，但一定是问题和解决方案并行。他衷心地希望"AI+"能成为被广泛接受的常态。"AI+"就是人工智能与各行业深度结合。各行各业的专家通过学习人工智能的应用，将行业的问题转化成 AI 能读懂的问题，与 AI 共同解决行业问题，实现行业升级，这才是人工智能的正确打开方式。

翟慧娟

现代版的蝴蝶夫人
女高音歌唱家

　　《蝴蝶夫人》是经久不衰的世界著名歌剧之一，也是澳大利亚最高艺术殿堂——悉尼歌剧院的经典演出作品。非常值得骄傲的是，在悉尼歌剧院演出中担任女主角的竟是华人女高音歌唱家——翟慧娟。她曾拜师于意大利著名的女高音歌唱家 Tiziana Fabbricini 和著名指挥家、钢琴家 Leone Magiera（帕瓦罗蒂的启蒙导师及一生伴奏），可以熟练地使用中文、英文、意大利语、德语 4 种语言，并可以使用 8 种不同语言演唱。

出国：一位中国版现代蝴蝶夫人的诞生

《蝴蝶夫人》讲述了一段跨越时间、跨越文化，凄美又悲凉的爱情故事：一位天真纯洁、为爱执着的日本姑娘巧巧桑（蝴蝶姑娘），突破了宗教束缚、文化差异，嫁给美国海军上尉平克尔顿……这部歌剧的出现对西方社会具有时代意义。20世纪初，东西方文化的交流还处于浅尝辄止的阶段，而《蝴蝶夫人》的出现，无疑为西方世界打开了一扇了解东方的门。

正因为这部剧的特殊意义，使翟慧娟的身上，也同时承担着中国和西方社会的双重期待。一个华人能够获得悉尼歌剧院的高度认可，要有高超的艺术造诣和实力。"想要表演一出好歌剧，一定要了解他们的文化和思想，读懂他们的语言。"她就像一条纽带，为西方世界介绍东方文化，也代表中国美声表演艺术登上国际舞台。

1999年，翟慧娟毕业于中国音乐学院歌剧系，师从赵静教授并获得多种国内大奖，在2002年还登上了中央电视台春节联欢晚会的舞台。然而，这些成绩并没有使她满足于现状。歌剧起源于西方，想要在歌剧艺术上真正做出成绩，出国是必经之路。4年文工团生活后，她毅然决定赴澳大利亚深造。

"作为东方面孔在西方艺术界，偏见不可避免。但是我一直坚信，如果你做得足够出色，就可以让人忽略所有偏见，只关注你的能力。"翟慧娟以最高分的成绩获得悉尼音乐学院歌剧表演专业硕士学位，随后获得澳大利亚政府颁发的特殊人才绿卡。这是走向国际认可的第一步。学习期间，她的名字频繁出现在西方主流媒体上：ABC古典台、3MBS等电台，*The Age*、*Mosman Daily*等报刊。2004年，翟慧娟获得Mietta Song Recital Award国际声乐比赛金奖。

在这样的成绩面前，很少有人能够真正舍弃并重新开始。然而翟慧娟为了爱情和家庭，再次远赴意大利，这又是十年光景。

意大利的成长——"我就是蝴蝶夫人，她在我的生命里"

说到和悉尼歌剧院顺利签约，翟慧娟的脸上洋溢着自信。"我就是蝴蝶夫人"，翟慧娟这样讲，"这不是去表演塑造一个新的角色，而是她就是我生命里

《蝴蝶夫人》剧照

的一部分。我能够感受到她。"这与她的生活经历息息相关，除了与蝴蝶夫人一样拥有东方背景，她也拥有一段东西方文化碰撞下的浪漫爱情。

在悉尼的一次演出上，她邂逅了一位热爱歌剧，浪漫又成熟的意大利男人。故事的开始与蝴蝶夫人惊人地相似。他们一东一西，拥有完全不同的文化和宗教背景，然而爱让这些都显得微不足道，可是很快他们的爱情便遇到考验，由于先生的工作调动，两人不得不分居两个大陆。

短暂的分别后，翟慧娟做出了一个惊人的决定——去意大利。"我觉得我可能比蝴蝶夫人更幸运，因为我的家庭不曾离开我，它们是我生命里最重要的东西……刚开始会觉得生活很安逸幸福，可是我不能不唱歌，唱歌是我生活的一部分。"于是，在孩子1岁多的时候，翟慧娟在意大利复出。

幸运的是，她遇到了对她影响最深的两位艺术老师——意大利著名的女高音歌唱家 Tiziana Fabbricini 和著名指挥家、钢琴家 Leone Magiera。"与他们的相遇是我演唱的一个转折点，对我来说意义太重大了。跟他们一起，我学到了最为正宗的意大利唱法，有很多是从未有过的歌唱体验。"翟慧娟亲切地称呼两位老师为亲人，"他们让我明白，唱歌重要的是把唱歌当成说话一样去交流。""唱歌一定要耐得住孤独。"即便是现在，她也尽可能保持每天3小时以上的基本功练习。同时，对多种语言的掌握也是她能够获得国际认可的重要因素。她可以熟练地使用中、英、意、德4种语言，以8种语言演唱歌作。

意大利的经历也让她更加熟悉《蝴蝶夫人》的文化背景。"想要真正表演好

PRIDES OF THE CHINESE COMMUNITY

华人之光

一出歌剧，你一定要了解它创作时植根的文化背景，这样才能够真正地做到打动人心。"由于这出歌剧起源于意大利，了解意大利文化当然至关重要，而翟慧娟恰好两次与意大利结缘。在澳大利亚读书期间，她曾赴意大利学习语言。"对于学歌剧的人来说，死记硬背、不知其意的演唱是没有灵魂的。"几年后，为爱重回意大利，让她无论从语言还是文化理解上都经历了更深入的碰撞。

翟慧娟

与蝴蝶夫人一样的东方面孔，相似的爱情开端——东西方文化的交融，10年的意大利文化背景，再加上她卓越的美声功底，让她成为当之无愧的中国版现代蝴蝶夫人，也成为备受期待的蝴蝶夫人。

归澳："文化的翻译家"和"艺术的传递者"

为了孩子，她选择回澳大利亚。"意大利虽然有更加浓厚的艺术氛围，但是我的孩子接受的更多是意大利语的教育，我希望他能够看到更多彩的文化世界。"这一次，不再只是翟慧娟一个人的放弃，而是一家人的决定。说到这里，她的眼神里充满了感动，他跟我说，"身外之物不要紧，最大的幸福，就是在一起"。

回到澳大利亚的翟慧娟，有着比照顾家庭更大的梦想和目标，"我希望能够作为中国与西方文化交流的纽带，让更多的人看到中国文化，也希望能够为中国歌剧文化的发展出一份力。"以中国人的身份，让世界艺术看见中国，也让中国了解世界。

然而，文化的发展，不仅在于交流，传承同样重要。"我想要通过身体力行让我的孩子看到我的选择和我代表的文化背景。希望他能有意识地感受到推动文化交融的意义。"在闲暇的时间里，翟慧娟也会以歌唱老师的身份，把多年积累的歌唱技巧和感悟传递给下一代，帮助更多的孩子去体验歌剧，感受歌剧。

纵然已经有了非常值得骄傲的成绩和广泛的国际认可，但她从不觉得应该停下脚步。"现在我依然会留出一部分时间去学习，时不时与我的意大利老师交流。我觉得我永远都不会停止学习。"

疫情后，"我致力于声乐教育事业，在中国网上平台讲课，至今已拥有上万名学员，其中不乏声乐专业学员，包括一些大学声乐老师。由我独创的翟氏练声中的五大声乐法则已经申请了专利，这是在意大利一种濒临失传的练声方法基础上，结合生活中的语言去练习声乐的学习方法。因为我相信，练声需要随时随地、无时无刻都存在，而不是想练的时候才去练。平时的说话方式就决定了我们是否拥有正确的肌肉机能。我希望能够指导大家纠正不良的说话习惯，把正确的肌肉记忆放在音阶上，结合翟氏教学的两大宝藏专栏，咽音与说话以及五大声乐法则，使每一位能正常说话的人都可以学会唱歌。这个方法是解决一切声乐困扰的法宝，更是能够帮助每一位声乐专业人员达到最高歌唱境界的法宝。"

《月亮与六便士》中有这样一句话，当所有人都在低头寻找六便士的时候，只有他抬头看见了月亮。人生转折下的洒脱，为爱为家不顾一切的执着，对艺术永不停歇的追求，让翟慧娟成为一个"真性情"的追光者，也成为中国版现代蝴蝶夫人。

"文化的翻译家""艺术的传递者""永远的学习者"，翟慧娟在此三重身份下，将不断地发光发热，成为更出色的华人歌唱表演艺术家。

艾琳

西方诗歌盛宴中的东方元素
华裔诗人、当代艺术家、独立策展人、艺术评论人

2022年4月9日，悉尼诗歌（Poetry Sydney）联手内西区嘉年华（Inner West Festival）为象征派诗歌先驱、法国最具影响力的诗人之一查尔斯·波德莱尔（Charles Baudelaire）和著名华裔诗人艾琳（Aileen Moka）举办了一场跨越时空的生日庆典。总策划Angela Stretch女士表示，她非常赞赏艾琳女士的艺术品格和艺术成就，当得知艾琳与波德莱尔的生日为同月同日时，便萌发了发起这次诗歌活动的念头。她感到特别荣幸，能够首次邀请到华裔诗人以中英文双语形式做客悉尼诗歌，以诗为媒与波德莱尔隔空对话。

艾琳是谁？她是怎样出现在悉尼诗歌的聚光灯下的呢？翻开关于艾琳的陈述，有这样一段话："用生命奋不顾身体味生活的追光者，把日记和书籍藏进旅行箱，无畏行走的流浪者；把漂泊的孤独、肆意的不羁、刻骨的柔情落于笔尖，融进艺术表达，用一首首动人的诗句和一件件艺术作品将自身的感悟雕刻进时间长廊无我之旅。"

无需高大的学历堆叠，没有酷炫的艺术履历，也不在乎繁复的头衔堆砌……寥寥数语阐释了艾琳空灵的艺术境界和洒脱的处世哲学。在 Google 上搜索"华裔诗人"，关于艾琳的新闻几乎占据了整个页面，"鸢尾的情绪"系列诗会、受邀文学艺术论坛、作为艺术大赛评委公益使者等报道不胜枚举。

艾琳，华裔诗人、当代艺术家、独立策展人、艺术评论人，新南威尔士大学（UNSW）艺术系策展与文化领导学专业硕士学位，专注当代艺术、艺术评论与艺术收藏。著有 *Iris Lovers*、《鸢尾的情绪》《艾的绪语》诗文专辑，举办"鸢尾的情绪""鸢尾的旅行""鸢之花"系列艺术分享会，"陪孩子写一首诗""给孩子们的诗""山水之恋""有没有一首歌""粉红十月"主题活动策划人。艺术主题与对话关注女性成长与权益、多元文化与全球化语境中的文化自信、城市化进程中人与自然的共生关系……

无畏纷杂·厚积薄发

尽管艾琳有企业家、画家等多种头衔，但大部分人是通过诗歌认识她的。仅 2019 年"鸢尾的情绪""山水之恋"系列活动便在中澳两地举办了 13 场，诗歌分享不仅怡情雅集于山水间、美术馆、艺术中心，而且走进清华大学、上海交通大学、桂林电子科技大学、华东师大一附中的校园。每一次诗会都高朋满座、诗意盎然，其中值得一提的是，在桂林阳朔举办的由胡润艺术荟总监杨建勇先生策划的"鸢尾的情绪"艺术分享会，通过线上线下互动的艺术形式展开，网络关注人次高达 20 余万。

近年来，无论是华语文坛的中华诗词交流及创作国际研讨会、徐志摩诗歌雅集、艾青诗歌月，还是国际性的昆士兰诗歌节、悉尼诗歌节、歌德诗歌之夜

（德国）、简·奥斯汀嘉年华（英国）、波德莱尔之夏（澳大利亚）、莎士比亚之夜（澳大利亚），艾琳都接到了主办方的盛邀，这位华裔诗人成为各文学艺术盛宴中闪亮的东方元素。

艾琳和她的画作

无论在东方还是西方，诗歌都已经成为小众艺术领域，但艾琳一直笔耕不辍。她在谈及文化自信时，写下尤为令人感动的一段文字："水是有记忆的，即使在被任意次稀释后，仍能保留先前溶解在其中的物质记忆。作为移民艺术家，我们都有着一串串、一层层不断叠加的记忆。有时似乎很确定我是谁，从哪里来，但更多的时候我们则是陷入无尽的迷茫，迷失在平静的空气中，迷失在波涛汹涌的大海里，迷失在不断的自我找寻中……童年的文化记忆，就像一叶轻舟从夕阳的余晖中闪现，随即又骤然消失在霭霭迷雾之中。在持续的艺术探索中，在自我身份省思的过程中，我会将潜意识的碎片不断地拼接，慢慢地，便形成了独特的文化记忆，当这种记忆的浓度和厚度足以支撑我的艺术表现的时候，文化自信便油然而生。这种自信包括华裔背景的认同、海纳百川的宽容和厚积薄发的深沉。"

她涉猎广博，表达经纬纵横，观点明确犀利。当被问及艺术生涯，她微笑着说："若不是著名的当代艺术家关伟先生和胡润艺术荟总监杨建勇先生联名推荐我去学习当代艺术和艺术评论，我还没有清晰地意识到曾经的那些让父母很困惑的诗句和作品有这么高的人文价值。"艾琳十二三岁便开始用长短不一的"暗语"写日记，业余时间读书、习字、绘画、写诗……一坚持便是30年。

自由独立·至纯至善

艾琳的当代艺术实践是现实生活的及时映射,直情径行,用自由独立艺术语言阐释省思的深意。2022年年初,她关注到悉尼疫情的暴发,一场为期12天即兴创作的当代艺术展《囚·变》拉开序幕。艺术展本身便是一件行为艺术品,空无一物的艺术空间在7日内变成一座囚城,又在闭幕当日一夜之间消失殆尽,整个过程用艺术的形式探讨城市化进程、人类文明的变迁与发展,探讨身陷其中的人们面对着怎样的境遇。

其间,展出了艾琳在疫情期间创作的《七十二变》《祥云与交椅》《囚》《回》《鸢之非花》《风暴》《隐曰》等系列绘画作品,集街头艺术和装置艺术于一体的作品《囚城》,还有艾琳在12天的自我隔离期间,就女性自我意识觉醒、权利欲望、两性关系、浪漫主义、消费主义、多元文化、城市化建设等主题进行的深刻省思与探讨。

2022年4月,因于上海的策展人林明杰策划了一场以"葱"为主题的云展。在这场单日流量高达百万的《葱荣岁月·云摄影展》中,艾琳在海边种葱的短视频成为唯一受邀的海外行为艺术作品,受到了多方的关注。艺术现场是一片愁城,她立于海天之间,孤立无援,观众无法靠近也爱莫能助。她一遍又一遍地在巨浪袭来的海岸线上种葱,直到它们稳稳地扎根方才罢休;她用葱在沙滩上种出了一道道屏障,随意摆放的人字拖被阻隔在汹涌的浪潮之外,她静静地关注着巨浪的一次次汹涌,神色凝重却一言不发……

艺术评论·公益参与

在艾琳艺术矩阵的排列组合中,我们探寻出非常多元的元素,丰富程度令人惊叹。她从事诗歌创作,不仅能用俊朗的硬笔书法形成视觉艺术品,还能用声音的艺术多情地演绎;她创作艺术作品,能同时用中英双语撰写艺术评论,这为艾琳成为2019年青少年礼仪大赛评委、2020上海国际青少年诗书画大赛现代诗评委会主席、2021全球华语朗诵大赛评委打下了良好的基础。

近年来,在作为评委的过程中,特别令艾琳感动的是,在公益活动中连线

英国、加拿大、意大利、日本、中国等世界各地的热爱艺术的青少年朋友。看到他们不时的进步、分享各具特色的艺术作品，艾琳心中感到无比骄傲。她曾连线西藏、广西等一些边远山区的孩子，听他们朗诵一首首自己书写的小诗，那美好的情景仍记忆犹新。

《囚·变》艺术展

作为2023年上海书展上华东师范大学出版社的销售冠军、青少年诗歌艺术集《倾听未来的声音》的主编，《中国当代诗歌大辞典》《中国百年诗歌精选》等诗文集的副主编，作为粉红十月"Pink Hope""Marvelous Her"乳腺癌宣传月系列活动的策划人、"生命之轻"女性艺术对话的主持人，作为"山水之恋"公益环保系列艺术活动、"悉尼青少年诗歌艺术节"的负责人，艾琳在艺术探寻的路上不断地回馈社会，更希望可以用自己的绵薄之力为艺术家和爱好艺术的朋友们架起互动的桥梁。

青少年时期海派的人文气息、开放包容的教育赋予艾琳良好的艺术底蕴；后续海外的求学、创业、生活给了她海纳百川的文化包容性；十余年穿行于欧洲、中国、澳大利亚之间的艺术访学与世界文化遗产寻迹之旅，开阔了她的格局与视野。在当代的诗歌和艺术界，艾琳俨然成为一道独特的风景。在她的工作室还有往后20年的艺术规划图。此时，她顽皮地拿出了写给自己的生日寄语，权作本文的结束语：

美目有盼四十有余，盛而不赘，警而不惊。

不依草木，不附空谷……潜行，潜行……

路靖虹

环球航海，把家安在海上

　　5年，只是漫长人生中的一小部分。无数人把数个5年过得一模一样，平淡无奇，碌碌无为甚至乌烟瘴气，但也有人把"5年"过成许多人一辈子可望而不可即的梦想。

　　"5年环球航海帆游其实就是一种生活方式，是一种修行，是以船为家，带着家一起游历。"路靖虹是我的师姐，她在阿尔巴尼亚的远洋上讲述着自己的故事。我心中的惊天壮举、艰巨的挑战，让师姐说出了本质上的哲学意义。

2022年4月，路靖虹和她的先生Wayne离开悉尼。到目前为止，已航行16000海里，探访了170个城市、乡村小镇及岛屿：悉尼—昆士兰远北托雷斯海峡的星期四岛—跨阿拉弗拉海到达印度尼西亚马坡岛游玩（3个月）—跨新加坡海峡—马来西亚—新加坡—马来西亚（2个月）—泰国（1个月）—跨北印度洋第一航段（9天）—马尔代夫（1个月）—跨印度洋第二航段（14天）—吉布提（10天）—穿越红海—苏丹（4天）—沙特（10天）—约旦（3周）—埃及苏伊士运河（3天）—地中海—塞浦路斯（15天）—土耳其（1个半月）—希腊（2个月）—阿尔巴尼亚（10天）—黑山共和国……

这一年多，我不时地从路靖虹的微信朋友圈看到她的海上生活。她说："你看到的都是美好的，背后的艰辛不亲身经历是体会不到的。"当然，她有她的先生Wayne保驾护航，这艘14米长、7.6米宽的三层双体帆船是他第8条帆船了。Wayne是澳大利亚人，11岁开始玩船，参加过各类帆船比赛，但是自驾帆船环球游还是第一次。环球航海是Wayne的梦想。她也不是一个安分的人，好奇之心让她激情澎湃。两个人一拍即合，她卖掉生意，Wayne辞去银行高管工作，孩子们也都长大成人，终于可以放飞自我了！

其实路靖虹真正在帆船学校专业学习也只有2个月，实战只有1年多，这让环球船友们都惊叹不已，本来一个漂亮的华人女子就够独特了，再加上1年多的船龄就敢环球航行，这勇气绝对非凡。在这次预计为期5年的航海之前，他们尝试了从悉尼到北昆士兰的蜥蜴岛往返4800海里的半年航行，技能勇气都得到磨炼后，才决定投资十几万澳元升级船上的设备。16个月后，当我写这篇文章的时候，已经故事多多了。

环球航海更像一场修行

路靖虹体会到，环球航海更像一场修行，放下世俗世界所有的一切，在海上，只有夫妻两个人，金钱、虚荣、浮躁、焦虑、担忧……所有束缚人心的繁杂都随着船驶入茫茫无际的大海而消失殆尽……

如今船的设备已经相当先进，大多数时间，在平静的海面都可以做到无人自动驾驶。因为没有网络信号，他们夫妇做得最多的就是看书、听音乐。Wayne一

路靖虹夫妇

年多看了50多本书，而路靖虹看不是母语的英文书，阅读速度慢，只看了6本，但这已是她在澳大利亚生活20多年来看书最多的一年。

她说："海上孤独但不寂寞，总有做不完的事。"比如听音乐，是一首曲子或歌反反复复地听，细品每一句歌词，体会每一小节的曲调，这些都会陶冶性情，仿佛是在与自己的心灵对话。

海上让她有大段的时间去思考，人生什么才是最重要的？时间一定不能浪费在无意义的事情上面，比如夫妻吵架。路靖虹说，先生总是能心平气和地与她沟通各种问题，让她经历了前所未有的修心养性，感觉到的都是纯真、简单和质朴。

本来她只是想帮助Wayne实现梦想，对放弃经营20年如自己孩子一般的生意，也有些恋恋不舍，而且习惯了每天有钱进账，一下变成吃老本花积蓄，最初内心还有些纠结。但是，做什么不都是有失有得吗？航海毕竟需要精力和体力，而且两人都已跨过知天命之年，再不扬帆起航付诸实践就真的玩不动了。如今她非常欣慰和先生做出的决定，也感谢先生几十年的帆船技能让她拓宽了视野，见识了不同的世界。

航海的人都有一颗自由魂

除了先生，路上遇到的人生故事也给予她很多启迪。帆友们从大公司的高管、高级工程师、医生、护士、大学教授、心理咨询师、IT工程师到餐馆老板、普通职员等，五花八门，但有一点是相同的，就是都喜欢发现和探索，都喜欢挑战，都喜欢过自己所喜欢的生活。

帆友中年龄最大的是一对来自美国的夫妻，丈夫 80 岁，妻子 74 岁，在海上帆游 11 年了，退休之前丈夫是大学教授，妻子是科学家。最年轻的是一对来自德国的小夫妻，和路靖虹的儿子同龄，他们辞职后用两年的时间环游了世界。

过红海的时候，因为担心索马里海盗，他们与在印度尼西亚和马尔代夫相识的 5 条船的帆友结伴而行，航行中每天下午 4 点通过 VHF 的一个频道开会，沟通信息，甚至每次会议结尾大家都固定讲一个笑话，来缓解航行中的疲劳。在经过亚丁湾——索马里海盗猖獗的海域时，每天收到两次在吉布提驻扎的日本海军巡查机的问候，有在吉布提的 20 多国包括中、美、英、法、日等的驻军做后盾，给了他们极大的勇气，那种患难与共的感觉让路靖虹非常感动。

但航海的人都有一颗自由魂，不会一直抱团。分别总是让人伤心的事，互道珍重，依依惜别。虽擦肩而过，但短暂相识相聚的温暖一直留在各自的内心深处。

空间上的距离增进了路靖虹和儿子的感情。以前天天在一起，人生琐事，唠唠叨叨，没有太多爱的表达。现在儿子下载了软件，天天跟踪她的位置，每天给她发视频、留言，这让她内心无比温暖。

最有趣的则是路靖虹的老妈，已经 85 岁的老人，电话里和她说要飞到欧洲和她一起体验航海。她大笑着说："或许我就是遗传了我妈妈身上不安分、喜欢挑战的基因。"想当初，20 世纪 80 年代末大学毕业的她被分配到省政府工作，让人羡慕，如今她的同学很多在各大政府部门任要职。她却选择了一条和别人不同的路，求学澳大利亚，在澳大利亚著名的国立大学攻读 MBA。毕业后留在澳大利亚开始了自己的创业生涯。先后经营进出口公司、连锁咖啡店，以及一个似乎和女人不搭边的汽车维修中心——那时候她是悉尼修车行中唯一的女老板。她总是有勇气与众不同，而这个修车行生意一做就是 20 多年，最后为了航海才卖掉她用心血一点一点发展壮大的企业。

读万卷书，更要行万里路

一年多的时间，路靖虹已经走过 170 多个城市和岛屿。每去一个地方都要做足功课，从当地的自然环境、天气状况到历史文化与风土人情，网上先查资料学习，做到知己知彼，然后在探访中用自己的眼睛看世界，观察、体会、记录、写作。她说，这一年多最大的收获之一，就是开始尝试写中文散文了，出国 25 年，中文写作都已经生疏了。同时她也深刻体会到，看到的和想象的不一样。

他们曾到访印度尼西亚一个极其隐秘的小港湾渔村，岛上没有商店，日常用品都要开船出去采购，全岛 600 多人都是基督徒，还有几个人会说英文，也用社交软件，他们热情地簇拥着路靖虹夫妇到岛上教堂等各处参观，还送她一大包土特产。没有欲望、欺骗、邪恶、狡诈，只有回归自然、古朴和简单，她感到这里的幸福指数真是太高了。

同样，也是印度尼西亚，他们到过一个小岛。岛上居民虽然不会说英文，但也以最大的热情接待他们，送给他们一大包本来可以卖到日本，换很多钱的鹿角菜。村里两名妇女看路靖虹在岛上拾贝壳，就把她们家里自己收集的鹦鹉螺贝壳送给她，这种贝壳大的有 15 厘米长，非常漂亮稀有，网上一个就要卖到 100 多美元，她们竟然送给她大大小小共 6 个。

路靖虹在海上

结语

路靖虹说："每一天看不同的世界，不同的人，无论好与不好，都是生命最宝贵的体验。"

当然，这种帆游是充满挑战的，需要知识、技能、金钱、健康身体、强大心理等。近两年的航行使他们外表多了沧桑，而内心更为强大，这种回报不可量化，是无形的财富。她说："希望我们的故事可以激励更多的人勇敢地追求梦想。"

向死而生，人生不设限
同舟瑜伽创始人 许建屏

  中年危机对很多人而言是事业和家庭双方面压力的极值，大部分人遇到工作晋升的"瓶颈"，上有老下有小的经济负担，面对职场后浪的沧桑心情，还有日益后移的发际线。然而，有些人的中年危机来得尤为猛烈，那就是健康的恶化，精神的崩溃。

  这样的中年危机对当时仅36岁的许建屏而言来得太早。20世纪90年代的经济繁荣让年轻优秀的许建屏搭上了快车，在36岁的年纪就坐到了企业高管的位置，手持公司股份，谈笑有鸿儒，往来无白丁。但还未来得及好好体会人生赢家的滋味，许建屏就被疾病压垮了，失眠、哮喘、风湿、颈椎病，最严重的时候出现了两次间歇性失明。本以为一切都在自己掌控中的许建屏突然发现，自己原来这么脆弱和不堪一击。要强的她陷入了自暴自弃的情绪状态，精神上的抑郁更加重了身体的病痛。她害怕阳光，整天将自己关在密不透风的房间里，拒绝社交，并且逐渐肥胖……

生命转角，瑜伽之光照进来

那时，如果没有人来拯救许建屏，或许她会不堪抑郁放弃生命。然而命运的转折兴许就出现在山穷水尽之时。转机来自一个来看望绝境中的许建屏的朋友。她被朋友"逼"得没有后退之力，勉强接受了瑜伽。

就像《创世纪》天顶画中亚当孱弱的手指被上帝之手触碰到，许建屏也像被电流一样的强大生命力击中。这生命力来自瑜伽，一个源自陌生国度的陌生事物。许建屏的身体和精神像被打通了似的，睡眠开始恢复，情绪也逐渐好转。慢慢地，身体上的病症在减轻和消退。许建屏奇迹般地"活"了过来。她紧紧抓住这个挽救了自己生命的瑜伽，几乎成天泡在瑜伽馆。一次，瑜伽馆的一位老师因故无法上课，许建屏还被瑜伽馆老板委托代课。

印度求学，为得瑜伽真谛

从学生到老师，原本的偶然不料竟成了许建屏的终生道路。一位朋友得知她教起了瑜伽，便建议她去印度学最原汁原味的瑜伽，许建屏动心了。2005年，在瑜伽还是小众健身方式的年代，许建屏踏上了"东渡取经"之路。

那时专门去印度学瑜伽的多是欧美人，中国学生甚少。来到瑜伽"圣殿"，许建屏才第一次意识到原来瑜伽不仅是健身方式，还是一个体系庞大的生命学

同舟学员在印度学习

科。瑜伽姿势仅为其表，其里蕴含着呼吸法、冥想法及理疗；而追其根本，更有着深厚的哲学性。当时，像许建屏这样的国际学生不多，因此授课老师都是瑜伽各个学科的顶尖教授和大师。

在印度，沉浸在纯正瑜伽王国里的许建屏不幸感染蠕虫纤维菌，几乎丧命。再一次死里逃生的许建屏开始感叹生命之珍贵，身、心、灵已充分接受瑜伽的许建屏开始能感知天人合一的能量，从内心深处生发出平和、谦卑、感恩。

学员获得印度阿育吠陀大学毕业证书

因为热爱，瑜伽成为终身事业

因为瑜伽，因为心态的转变，许建屏说自己的生命开始出现奇迹。她后来曾在北京国贸一家环境非常高雅的瑜伽馆做老师。一段时间之后，主教练因故要离开，而这个时候的瑜伽馆老板也因工作打算离开北京。许建屏成为老板最理想的委托人。而最终，她竟然以不可思议的价格得到了属于自己的瑜伽馆。正如《牧羊少年奇幻之旅》一书里写的："当你真心想要一件东西的时候，全宇宙都会合力帮助你去完成。"一心想把自己在印度所学传递给更多人的许建屏有了自己的场地。她说至今都对那家瑜伽馆念念不忘，一溜的落地窗，淡雅的地毯，像梦境一样的场馆托起许建屏的瑜伽梦。

梦未止步于此，许建屏一家一家的连锁店开了下去，遇到瑜伽在国内的蓬勃发展时期，势头挡也挡不住。北京、天津、上海、内蒙古、新疆、山西、山东等地，在高峰期的时候，许建屏在全国竟发展起了十几家连锁店。作为总部的国贸馆承办起瑜伽老师培训业务，组织老师、学生赴印度留学等，也向加盟商开放。

再遭不测，为家人中断事业

人生的起起伏伏就像洋流上的小舟，生命之河不断湍流向前，有柳暗花明又一村的惊喜，又有山重水复疑无路的困境。

在许建屏的路最顺畅最完满的时候，生命的打击再一次降临。刚上大学的儿子被诊断为肌无力，这就像一纸判决书，宣判孩子能享受的健康的生活开始倒计时。许建屏永远都知道什么对自己最重要。这个时候，陪伴孩子是什么都不能取代的。她把旗下瑜伽馆全都盘了出去，全身心陪伴孩子，带着孩子四处求医。

而许建屏的先生也因为生意所托非人，被骗走了几乎所有资产，巨大的压力刺激下先生突发心脏疾病，所幸抢救及时，保住生命。先生不甘心，报警立案。许建屏却淡定很多，她认为打官司非常耗损生命，人生的光景并不长，而且钱买不回来生命，于是说服先生放弃追讨，好好养生。柔软的生命最有弹性。或许因为这样的心志，转机又出现了。儿子的"肌无力"被证明是误诊。虽然损失了辛苦积累的大量财富，但许建屏认为，在生命面前，即使舍弃身外之物也在所不惜。

重新出发，瑜伽打开广阔天地

一家人又健健康康地在一起了。人生仿佛又走到一个岔路点。为了照顾先生心脑血管疾病不适应北京寒冷气候的健康要求，许建屏全家决定移居位于南半球的澳大利亚悉尼。

在澳大利亚，许建屏一个朋友都没有。用她自己的话来说，只要是跟瑜伽有关，神奇的事情就会发生在自己身上。那时刚有微信，许建屏为了认识人，打开微信的"附近人"搜索华人同胞。几句话介绍，对方就欣喜地发现许建屏是瑜伽老师。那位华人朋友真诚地鼓励许建屏开瑜伽课，因为当时悉尼没有华人教授的瑜伽班。

就这样，许建屏又白手起家，在澳大利亚的悉尼开了华人的第一家瑜伽馆，得到华人媒体的采访和报道，许建屏的事业迅速发展起来。从2012年至今，许建屏的同舟瑜伽馆在各地开花结果，分店遍布澳大利亚各地。许建屏说，很多华人有过新移民的艰辛经历，但是可能因为自己传播的是瑜伽，所以在澳大利亚以及周边国家都获得了老移民华人朋友的真诚帮助。得知邻国斐济的华人同胞很需要瑜伽平台，许建屏便带领同舟师资队伍前往斐济，在斐济首都苏瓦为当地华人做了大型的公益瑜伽讲座和课程。通过自己的瑜伽平台，帮助海外华人有习练瑜伽强身健体的丰富海外生活，许建屏说这是自己最欣慰的事情。

跟随瑜伽探索不设限的人生

到了收获人生果实的时候了，这时的许建屏精神矍铄，充满了更大的使命感。她过去从瑜伽收获了健康、友谊、事业、境界，她希望未来能吸引更多同道中人，为世界带来更多积极正向的影响。她正在将同舟瑜伽打造成一个海外华人的平台，让同胞们在此聚集、交流、互助。同时，也让平台被更多西方本地人士看到，让它进一步成长为中西融合的文化中心。许建屏的先生是英国人，还是第五届WFF（世界健身联合会）世界健美锦标赛冠军。因为先生的成就，也因为自己在瑜伽事业上的建树，许建屏被WFF邀请担任该组织第75届世界锦标赛的女子冠、亚、季军颁奖嘉宾，同时，她还担任WFF世界健身瑜伽联盟主席。许建屏希望通过参加这些活动融入健身瑜伽的世界，为瑜伽平台带来更大影响力。

在新冠肺炎疫情期间，为了让更多隔离在家的海内外华人在最困难的时期仍然可以做瑜伽，以缓解压力与焦虑情绪，保持身心健康，许建屏在第一时间开设了网上瑜伽课程，让世界各地的华人都可以享受亲切熟悉的中文授课。许建屏说，瑜伽的本义就是链接，人与人，人与天地，人与万物，都有着美好的链接。许建屏希望瑜伽之光能照耀大地，愿世界因链接走向和平。

宋大田

首位成功横渡英吉利海峡的澳大利亚华人

2012年8月10日,宋大田成为澳大利亚华人中第一个成功横渡英吉利海峡的人。

从那之后,他没有停止挑战自己的脚步。现在,他更是成为能冰泳一英里的澳大利亚第一人。宋大田并不是体育专业人士,他曾是澳大利亚IT界精英,年薪达十几万澳元,但为了"人生就是体验"这样一个理念,他放弃了这一切,追求随性、自在、自己掌控的生活。

13 岁移民，30 岁成为人生赢家

宋大田是"70 后"，特立独行是他灵魂的烙印。1989 年，13 岁的他跟随父母从北京来到澳大利亚，小小年纪什么活都干过：餐馆刷盘子、给大楼做清洁、酒店整理房间、外卖送货。在悉尼科技大学攻读电脑专业后，他搬出家住，为了给自己赚生活费和学费，他找到一份稳定的工作：开出租车。他边开出租车边学习，一天，他在机场拉到一个客人，客人惊异于这个开出租车的小伙子正在听古典音乐，于是和他聊天，越聊越对他感兴趣，于是给了他联系方式。

大田没有想到，这位客人竟然是全球第三大软件公司澳大利亚分公司总经理。更没有想到的是，过了几天，接到这位客人的电话，让他去公司面试。不久，大学还没毕业的宋大田就被这家公司录用。在别人看来，宋大田是无比幸运的，因为短短几年之后，他就进入公司管理层，拥有了股权，年薪达十几万澳元。

31 岁辞职，接连跳出"舒适区"

然而这些在外人看来的"成功"在大田眼里慢慢成为束缚，他不想走一眼望到底的寻常路。31 岁时他辞去 IT 高管工作，潜心从事摄影 6 年，获奖无数，再次走到人生高点。他却再一次跳出舒适区，开始游泳训练。至于横渡英吉利海峡，宋大田说不是一开始就以此为目标，而是在游泳训练的过程中听说了这件事，于是就决定试一试。做这个决定之前，宋大田还只在公开水域游过 2 公里远。

英吉利海峡因水温低、水流湍急而著名，被横渡者称为"水中的珠峰"。横渡英吉利海峡，通常是从英国的多佛港的莎士比亚海滩出发，游到对岸法国加莱的格里内兹角（Cap Gris-Nez），直线距离为 23.69 英里，相当于 38.33 公里。1875 年英国的 Matthew Webb 船长成为第一个横渡英吉利海峡的人，到现在已有 130 年，其间只有大约 1200 人成功游渡。因为潮水涨落的关系，游泳者要以 S 形路线游 40 公里或更多路程，平均横渡时间为 12 ~ 14 小时，从白天到黑夜或从黑夜到白天不能停顿。海水寒冷，游泳者又不能穿潜水装，因此也面临体温过低的危险。

从 2 公里的玩票到 40 公里的横渡英吉利海峡，这中间是大田探索自己潜力的过程。一位渡友已经连续游了 7 年，也失败了 7 年，还在不屈不挠地准备再次游渡。也有一位女性曾经横渡海峡 30 多次，包括几次横渡来回，被人们称为"海峡女皇"。

35 岁立下横渡英吉利海峡的目标

宋大田不是专业运动员，他预计自己大概 14 个小时才能完成单渡。这 14 个小时中间不能碰任何物体，比如船或桨。支持团队会从导航船上投下装有流食或者饮料的水瓶，只能边踩水边喝些东西。吃完流食还要继续游，很多时候会吐，那么只能接着吃。

训练是相当艰苦的。每周要训练 6 天，每天至少游泳 3 小时，上午在游泳馆训练体力，下午则要下海适应水的温度。周末长泳一般都是 4～8 小时。宋大田觉得悉尼的海水不够冷，还特意飞往墨尔本游，到塔斯马尼亚练。有一次他到墨尔本，本计划在 13℃的海里游 8 个小时，结果游到 6.5 个小时的时候他就放弃了。那次他很沮丧。他也为自己的目标困惑过，甚至有时也恐惧。人生很多时候，可能一念之差就放弃了，所谓的成功，更多的时候来自不屈不挠的意志力和对自己目标的坚信。

训练不但要付出大量的时间，更需要资金的支持，比如教练费、营养费、机票、住宿，横渡当天还需要导航船、支持团队等。既然立志要横渡英吉利海峡，他就决定以最高目标去努力，他最终申请的是双渡，而非单渡，也就是从英国多佛港游到法国加莱港之后再游回到起点。大田说"取法乎上，仅得其中；取法乎中，不免为下"，他的信念是以最高目标为愿景，即使达不到，也远远超越普通水平。

父母为他加油打气

很多华人父母不太支持孩子冒险，大田的父母也是如此。听说儿子要横渡英吉利海峡，他们吓了一大跳，不过在澳大利亚长大的孩子，父母一般是不干涉的，不但不干涉还会大力支持。训练时为了抗寒，要争取在最短时间内增长

PRIDES OF THE CHINESE COMMUNITY

华人之光

体重，看到儿子大田由原来的75公斤增加到82公斤，妈妈感叹：儿子本来身材匀称，模样帅气，唉，要奋斗就会有牺牲！

爸妈经常跟着儿子去训练。确定后，父母也执意决定到时全程陪伴。马上要横渡了，从多佛港传来一个令人悲伤的消息——来自爱尔兰的游泳者在开始横渡英吉利海峡15个小时左右后突然去世，此时离法国海岸只有

宋大田和父母合影

1公里左右的游程（后来证实是心脏病突发）。听到此噩耗，大田心情沉重，当天打电话告诉妈妈："我刚刚去买了一单人寿保险，如果我出现了意外，你们可以得到30万元的赔偿。"好在随行的船上有山姆，他曾成功游渡海峡，也是奥林匹克火炬手之一，这次他将作为认证员随船同行。

终于要出发了，关于父母是否上船，讨论了好几个小时，大田担心父母身体受不了，最后还是拗不过父母，让他们都上船了。

妈妈不敢睡，一直紧张地注视着大田。一夜没合眼，终于熬到天亮了。而爸爸呼呼大睡，以至于大田好久没有看到爸爸的身影，还担心爸爸出什么事情了呢。

游到六七个小时的时候，大田开始感觉右臂疼痛，怕船长知道后逼迫他上船，只是和船长说，想换到左舷游泳。换到了左边游，右臂的压力小一点。大田游得越来越慢，右臂几乎抬不起来了。他忍不住问山姆，还有多远？山姆说："快了，加油！"山姆说，这最后一段时间是所有游泳者最困难的阶段。

一步步游向胜利的终点，边游边揉右臂。全船的人都在瞪大眼睛紧张地观看。有谁说了一句："千万要踏在沙滩上啊。"因为脚下有一点水都不算完成。2012年8月10日早上8点33分，宋大田横渡英吉利海峡成功。根据船长的计算，大田一共游了46.6公里，时间为16小时12分钟。

大田又回到海里，他准备游回程。因为肩膀疼痛，只能游蛙式，而且游得

很慢。山姆跟宋妈妈说："你是他妈妈，请你告诉他，他不能再游了，否则肩膀会形成永久性损伤。"大田停在那里，自言自语，足足有5分钟之久。大家都在等待，只听山姆说："你要快做决定，按照现在的速度，你至少还要游22个小时。"最终大田做出了决定——上船！全船人拍手欢迎。

再战冰泳　谁说人生有天花板

大田坦言，准备横渡的过程是艰辛的，完成之后竟有了落空的感觉。如果说对于人生，宋大田有什么不满足的地方，那就是挑战。在一座山峰插上锦旗之后，大田就不再恋战，而是望向另一个山头。不久，他就开启了冰泳模式。

如果说横渡英吉利海峡最大的感受是"冷"，那冰泳最大的感受是"疼"，大田说，像刀割一样地疼。从脱衣服到全身麻木之前，就像穿行在刀锋之中。大田第一次尝试冰泳是在纽约，海滩上全是雪，他突然领悟到这是一件极度困难的事情。

开始锻炼和尝试比赛之后，大田去过俄罗斯、芬兰、阿根廷，甚至南极。冰泳1英里的挑战目标是在0℃～5℃的冰水里（没有任何体温保护的情况下）游1英里，也就是1.6公里。挑战人士通常会耗时半小时。2014年9月，宋大田在Falls Creek雪山旁的人工湖里成功完成1英里冰泳，成为澳大利亚第一个完成这项挑战的游泳者。2018年11月，宋大田又创下澳大利亚第一位冰泳者成功在南极0℃水温下游渡1公里的纪录。

对于成功这件事情，宋大田说其实很多事情并没有想象的那么难，只要试着去做，别人能做成的，我们为什么做不成？做事也不分大小，重要的是要敢于不断地追求自己的梦想，敢于挑战自己。我们中国人绝不差体力，当然不一定每个人都要以英吉利海峡来作为挑战，生活中任何自我突破、促进个人拓展的挑战都是在"横渡一个海峡"。

宋大田参加南极0℃水温下1公里游渡比赛

后记

草感地恩，方得其郁葱；花感雨恩，方得其艳丽；己感彼恩，方得其壮大！

在本书终于可以付梓之时，我感慨万千。在编写此书的3年中得到了太多人的大力支持，不仅仅是书中所写50人，更有很多给予鼓励和支持却不留姓名的人。滴水之恩，当以涌泉相报。

感谢许仰东先生慷慨作序，他不仅是澳大利亚著名的企业家，更是一直坚持不懈的媒体人。他在上海有近20年的媒体生涯，曾经创造一周出版100版财经房产报纸的纪录，来到澳大利亚后依然笔耕不辍。疫情期间，又推出了"许仰东看世界"短视频的创作，非常令人敬佩。

我更要感谢商圈的同仁，也是本书的编委们：黄晓霞、吴艾米、杨乐、龚小然、燕燕、丁朝、曹琳等。他（她）付出了辛苦劳动，书中有约30%的采访由杨乐、燕燕、丁朝、曹琳完成，因为出版社的署名要求未列举在封面。采访过程中反复的联络、沟通、确认……每一个写到书里和没有写到书里的人物采访过程中，都有很多故事，当然也有遗憾，尤其是很多精彩的细节被删除。同时感谢周意、匡林、申蓝在供稿上给予的大力支持。

感谢我的先生，全方位默默无闻地无私奉献；也感谢我的儿子，我频繁出差，但儿子非常独立，且能分担家务，让他了解这些精英的故事，也是我的动力之一。唯一遗憾的是，我的父母在疫情期间相继去世，没有机会看到这本书的面世，希望他们在天堂有知。

感谢本书编辑，为本书做了很多细致的工作，书籍设计过程中，更是烦扰设计者反复确认、修改。

最后要感谢读者，希望你们提出宝贵建议和反馈，没有你们，这本书将失去意义。

雨萌
2023 年 10 月